Fucking Famous

1. Jöricke, Frank: Mein liebestoller Onkel, mein kleinkrimineller Vetter und der Rest der Bagage. Solibro Verlag 1. Aufl. 2007
ISBN 978-3-932927-33-1 / gebundene Ausgabe
ISBN 978-3-932927-36-2 / Broschur-Ausgabe
eISBN 978-3-932927-53-9 (epub)

2. Barski, Klaus: Prügel für den Hausbesitzer
Tatsachenroman eines Immobilienspekulanten
Solibro Verlag 1. Aufl. 2012; ISBN 978-3-932927-48-5
eISBN 978-3-932927-52-2 (epub)

3. Barski, Klaus: Sweet Florida Keys. Abenteuerroman
Solibro Verlag 1. Aufl. 2014; ISBN 978-3-932927-78-2
eISBN 978-3-932927-89-8 (epub)

4. Barski, Klaus: Lebenslänglich Côte d'Azur. Roman
Solibro Verlag 1. Aufl. 2018; ISBN 978-3-96079-049-5
eISBN 978-3-96079-050-1 (epub)

5. Barski, Klaus: Exil Ibiza. Roman
Solibro Verlag 1. Aufl. 2018; ISBN 978-3-96079-051-8
eISBN 978-3-96079-052-5 (epub)

6. Usch Hollmann / Markus Böwering: Wasserschloss zu vererben.
Ein Münsterlandroman
Solibro Verlag 1. Aufl. 2018; ISBN 978-3-96079-055-6
eISBN 978-3-932927-92-8 (epub)

7. Barski, Klaus: Der Frankfurter Spekulant.
Solibro Verlag 1. Aufl. 2022; ISBN 978-3-96079-002-0
eISBN 978-3-932927-92-8 (epub)

8. Hashagen, Anne: Fucking Famous – Wie ich zu einer Million Followern kam und dabei unendlichen Spaß hatte.
Solibro Verlag 1. Aufl. 2024; ISBN 978-3-96079-112-6
eISBN 978-3-96079-113-3 (epub)

Anne Hashagen

Fucking Famous

Wie ich zu
einer Million Followern
kam und dabei unendlichen
Spaß hatte.

solibro

Anne Hashagen erblickte in Wuppertal das Licht der Welt und liebte als Kind Astrid Lindgren, Enid Blyton und ganz besonders Michael Ende. Als promovierte Wirtschaftswissenschaftlerin arbeitet sie als Bankerin im Finanzwesen. Ihre private Leidenschaft ist das Schreiben. Ihr psychologischer Ratgeber *Ja! 10 Regeln den Mann fürs Leben zu finden* wurde u. a. bei *3nach9* vorgestellt und in mehrere Sprachen übersetzt. Es folgten ihre beiden Jugendbücher um die Figur *Anton Pfeiffer*, die von zahlreichen Literaturblogs empfohlen wurden. Ihr Roman *Die Wette* wartet als englisches Drehbuch auf Verfilmung. Das Sachbuch *Ich denke, aber wer ist Ich? Neue Antworten auf die alte Frage nach dem Sinn des Lebens* veröffentlichte sie zusammen mit dem Philosophieprofessor und Robotiker *Riccardo Manzotti*. *Fucking Famous* ist ihr sechstes Buch, ein zeitgeistiger Roman, in dem sie sich – inspiriert von existierenden Prominenten und eigenen Erfahrungen – satirisch, humorvoll aber auch bitterböse mit Social Media und dem Influencer-Phänomen auseinandersetzt.

ISBN 978-3-96079-112-6

1. Auflage 2024 • Originalausgabe • auch als eBook erhältlich

© SOLIBRO® Verlag, Münster 2024 / Printed in Germany

Umschlaggestaltung: *Michael Rühle*

Druck & Bindung: *ScandinavianBook, Neustadt a. d. Aisch*

Solibro Verlag • Jüdefelderstr. 31 • 48143 Münster

verlegt. gefunden. gelesen.

SOLIBRO.de

Nichts ist realer als nichts.

Samuel Beckett

To the wild bunch of thoughts, the happy band of misfitting dreams and crazy ideas instilled in my heart and soul and to those who never gave a dead rat's ass and celebrated the absence of any fucking care with the warmth only the wings of a dragon can provide.

(Hiob 41: 19)

Prolog

Auf dem Rand meines Bierglases landet eine Fliege, verharrt kurz, putzt sich die Flügel, versenkt ihren Rüssel in einem Schaumrest. Ich bin zu träge sie wegzuscheuchen. Fassbier scheint nicht ihr Ding zu sein, sie hebt ab und lässt sich auf der Jugendstil-Deckenleuchte nieder. Messing-Halterung mit floralem Ornament, mundgeblasen und früher bestimmt mal opalweiß. Damals in den 20er Jahren. Im Lampenschirm liegen Reste toter Fliegen. Ich schließe die Augen. Außer mir ist kein Gast in der Kneipe. Es riecht nach Verwesung und Buletten. Es reicht, Lotte. Wie lange bist du schon hier? Du hast Bier noch nie gemocht. Geh nach Hause. Hier isst niemand Buletten, was hier stinkt, musst du sein. Wie lange hast du nicht geduscht? Ganz ehrlich, du bist eine Schande für dich selbst, Lotte, auch wenn das jetzt ohnehin jemand anderes ist.

In dem Moment spüre ich einen Luftzug am Rücken. Die Tür geht auf. Helle Stimmen, aufgekratzt, eindeutig alkoholgeschwängert. Ein Haufen Jugendliche. Ich fasse es nicht. Was für eine einfallslose Generation. Tragen unsere 90er-Jahre Klamotten und behaupten das sei neu, hören ABBA, weil ihre eigene Hiphop-Scheiße grauenhaft ist, und jetzt okkupieren sie auch noch Berliner Uralt-Kneipen, weil das seit Neuestem als kultig gilt.

Ich hebe die Hand und gebe dem Kellner hinter der Theke ein Zeichen, dass ich zahlen will. Nichts wie raus hier.

Es dauert länger als gedacht, bar geht nicht, denn ich finde nur noch ein paar Cent in meiner Tasche, und das Kartenlesegerät hakt. Neben mir steht jetzt einer der Jugendlichen.

Baggy Pants, NIKE-Treter, sponsored by Mutti, blonde Haare, vorne lang, hinten kurz, halb ins Gesicht gekämmt. Backstreet-Boys für Arme.

Der Bengel schaut auf das Kartenlesegerät und grinst mich an.

»Probleme mit der Technik?«

Ich sage nichts, tippe nochmal meine Geheimzahl ein. Jetzt funktioniert's. Der Kellner reicht mir den Beleg.

Der Bengel steht immer noch da. Ich greife meine Jacke und drehe mich zum Gehen. In dem Moment reißt der Bengel die Augen auf.

»Sag mal, bist du nicht diese Dings?«

Das hat mir jetzt noch gefehlt.

Zwei besoffene Mädchen nähern sich der Theke.

»Diese Dings? Was für eine Dings?«

Die eine steht jetzt vor mir. Pimkie-Jeansjacke, zu viel Drogerie-Schminke, Harley-Quinn-Frisur. Ich versuche noch den Kopf zu senken, dass mir Haare ins Gesicht fallen, aber es ist zu spät.

»Neee! Geil, das ist diese Hohenfeld-Tante!«

Jetzt steht eine Traube Jugendlicher um mich rum.

»Voll lit, ey, wie abgefahren!«

Ich ziehe meine Jacke an und tue so, als wäre ich nicht gemeint.

Einer der Bengel zückt sein Smartphone und drängelt sich neben mich.

»Ein Selfie bitte!«

Jetzt werde ich sauer.

»Sag mal, hakt's bei dir? Pack die Möhre weg.«

»Hihi«, kichert das Harley-Quinn-Mädchen, »hat sie gerade Möhre gesagt?«

Der Bengel mit dem Smartphone hebt die Hände:

»Ok, Boomer, schon gut. Kein Selfie. Das triggert dich voll, was?«

Entgeistert starre ich ihn an.

»Boomer? Hast du mich gerade Boomer genannt?«

»Ja klar«, zuckt der Bengel die Schultern, »du bist doch über Vierzig? No front, Lady.«

Ich fasse es nicht.

Ich schiebe die Mädchen, die vor mir stehen, zur Seite und gehe Richtung Tür. Jetzt gilt es Ruhe zu bewahren. Bloß keine Hektik anmerken lassen. Ich habe alles unter Kontrolle. Was nur so halb stimmt, denn ich merke die drei Bier in den Beinen.

»Die Alte ist ja völlig lost«, höre ich jemanden sagen, dann fällt die Kneipentür hinter mir zu. Gott sei Dank.

Scheiße, es regnet. Auf ein Uber warten geht jetzt nicht, ich muss dringend weg hier, sonst folgt mir das GenZ-Pack noch. Einfach verschwinden. Ich fange an zu laufen.

Ich merke, wie ich immer schneller werde. Hinter mir höre ich Stimmen, es könnten Jugendliche sein, vielleicht irre ich mich aber auch. Umdrehen geht nicht, ich muss weg. Das Haar klebt mir im Gesicht, noch zwei Straßen, dann kommt der Kollwitzplatz. Um den Pfützen auszuweichen, verfalle ich in so eine hüpfende Schrittfolge, es muss ziemlich bescheuert aussehen, wie wenn Mr. Bean auf einem unsichtbaren Steckenpferd durch Berlin galoppiert.

Plötzlich merke ich, dass meine Beine nachgeben. Verdammt, ich strauchle. Im nächsten Moment braunes Pfützenwasser vor meiner Nase. Ich stütze mich mit den Händen auf, scheiße, das tat weh. Ich merke einen sauren, leicht beißenden Geruch in der Nase. Mühsam beginne ich mich aufzurappeln, meine Hose ist komplett nass. Ein verwahrloster Alt-Junkie lehnt neben mir an der Hauswand und grinst mich zahnlos an.

Angewidert strecke ich meine Hände von mir weg, denn ich weiß jetzt, was daran klebt: frisch Erbrochenes. Ich fühle, dass mir gleich schlecht werden wird. Aber bevor das passiert …

… macht es »Klick«. Ich schaue reflexhaft hoch … und nochmal »Klick«, ein Smartphone-Blitz blendet mich, jemand fotografiert mich.

»Sag mal, hat die Kotze im Gesicht?«

Helles, jugendliches Gelächter folgt.

»Die ist echt mega cringe, die Alte!«

Aber halt, hier muss ich kurz unterbrechen. Nicht, dass ein falscher Eindruck entsteht. Das hier ist nicht das Ende der Geschichte. Und auch nicht der Anfang. Welche Heldin wird bitte gleich zu Beginn ihrer Reise gedemütigt? Na also. Um zu verstehen, was hier abgeht, gehen wir also lieber ganz zum Anfang zurück. Irgendwie habe ich das Bedürfnis, all das hier zu erklären. Der geneigte Leser soll verstehen, wie sich gewisse Dinge entwickelt haben. Ist nicht Bekenntnisliteratur auch gerade angesagt? Man lässt komplett die Hosen runter und fungiert quasi als Seismograph, um generelle Entwicklungen sichtbar zu machen. Oder so ähnlich.

In eine missliche Situation wie diese zu geraten, ist ganz und gar nicht meine Art. Ich meine, hallo, eigentlich bin ich ein ganz normaler Mensch. Zumindest war ich das mal. Ehrlich. Und zwar noch vor anderthalb Jahren.

Kapitel 1

Der Tag, an dem ich beschloss berühmt zu werden, war ein Samstag.

Nachmittags hatte es geregnet, dann kam die Sonne raus. In den Müllhaufen in Neukölln gedieh eine neue Pilzsorte, die Jahre später scherzhaft von Studenten »Berliner Schimmel« genannt werden sollte, und am Abend spiegelten sich in den Pfützen erleuchtete Wohnungsfenster, hinter denen mit veganem Curry gegen Existenzschmerz angekocht wurde. In der Stadt war nichts los, und falls doch, wusste man nichts davon oder war nicht eingeladen. Ein Abend, an dem Alkohol zu Hause die beste Option war.

Wir saßen in Tessas Wohnzimmer, dem größten Raum ihres Lofts in der Brunnenstraße, ich auf der Fensterseite ihrer riesigen Ledercouch. Ich nippte an einer Bloody Mary, meiner dritten glaube ich, und Olga, eine von Tessas Assistentinnen, ein androgynes Wesen mit Nasenpiercing, stand am DJ-Pult, im Begriff, eine Scheibe von Erasure aufzulegen. Tessa hatte das Pult aus dem Nachlass eines Techno-DJs erworben und gleich dazu seine ganze Plattensammlung. Die thronte nun nach Farben einsortiert auf Regalen, die sich an den unverputzten Backsteinwänden in die Höhe zogen.

Auf dem Couchtisch vor uns in der Mitte thronte, irgendwie verloren, Tessas handbemalter Keramik-Aschenbecher. Die Farben schon blass und leicht abgeblättert, ein Erinnerungsstück von Tessas polnischer Großmutter, das hier stand, solange ich Tessa kannte, das wohl schon mehrere Umzüge mitgemacht hatte, und an dem sie offenbar hing. Inmitten des ultramodernen Industrial Chics des Lofts wirkte der Ascher seltsam deplatziert, wie ein kitschiges, stets mit Kippen gefülltes Fragezeichen, das irgendwie auf eine vergangene Zeit in Tessas Leben hinwies, näheres aber im Dunkeln ließ.

Mir gegenüber auf der Couch saß Tessa. Ein Stück neben ihr ein mittelalter, bulliger Typ mit rundem Gesicht und raspelkurzen Haaren in Lederkluft, der in einer Zeitschrift blätterte. Und zwar in einer BUNTE, was irgendwie skurril aussah. Bei Tessa waren oft skurrile Leute zu Gast, sie kamen, und sie gingen wieder. Dieser war ein Kumpel aus Tessas Bikerverein. Oder ein Türsteher vom KitKat-Club. Ich hatte es schon wieder vergessen.

»Und ich sage dir nochmal, Lottchen: Der Teufel scheißt auf den größten Haufen!«

Eigentlich heiße ich Lotte. Jeder nennt mich so. Außer Tessa. Hatte sie gerade »scheißt« gesagt? Seit bestimmt einer Stunde und einer nun halb leeren Wodkaflasche versuchte sie mir die Mechanismen der Medienwelt näherzubringen, von denen ich, wie sie feststellte, keine Ahnung hatte. Das Thema ermüdete mich. Wir hätten ausgehen sollen, aber jetzt war es spät und ich zu träge.

»Sagt wer? Nietzsche?«

Tessa sah mich an, wie man ein Reh anschaut, das man im Wald mit verstauchtem Knöchel vorfindet. Wehrlos, bedürftig. Im Grunde lebensunfähig.

»Lottchen, Lottchen«, seufzte sie. Und zündete sich eine Zigarette an.

Tessa ist, das sollte ich hier kurz erwähnen, die beeindruckendste Person die ich kenne. Wegen ihres Intellekts und auch ihrer Optik. Beides geht bei ihr quasi eine perfekte Symbiose ein. Wer eine Vorstellung haben will, sie ähnelt der Partnerin von Keanu Reeves im Film Matrix: Carrie-Anne Moss oder so ähnlich heißt die. Kurze schwarze Haare, ein ernstes Gesicht, die perfekte Römernase. Ich bin mir recht sicher, dass sie das weiß. Jeder hat diesen Film gesehen, oder? Vielleicht deswegen habe ich mich nie getraut, ihr das zu sagen. Es wäre zu profan.

Tessa sah mich immer noch an.

»Du weißt wirklich nicht, was ich damit meine? Der Teufel scheißt auf den größten Haufen?«

»Ich mag es nicht, wenn du Fäkalausdrücke verwendest«, sagte ich. Mich ärgerte das Schulmeisterhafte an ihrem Tonfall.

»Denn wer da hat, dem wird gegeben werden, und er wird die Fülle haben. Wer aber nicht hat, dem wird auch, was er hat genommen werden«, erklärte Tessa.

»Matthäus Evangelium. Kapitel 25.«

Entgeistert starrte ich den Typ in Lederkluft neben Tessa an, der weiter in seiner Zeitschrift blätterte. Seit wann waren Altrocker bibelfest?

»Korrekt«, nickte Tessa ihm zu und zog an ihrer Zigarette, »man nennt es den Matthäus-Effekt. Ein Begriff aus der Soziologie. Die Reichen werden reicher, die Erben werden zu Gründern und die Berühmten werden berühmter. Kurzum, The Winner Takes It All.«

»Jaja, mag alles sein. Aber was hat das jetzt mit mir zu tun?«

»Du willst doch ein großes Werk schreiben?«

Ich nickte unbestimmt.

»Beschwerst dich ständig, dass niemand dein Buch liest.«

»Ich beschwere mich nicht.«

»Du hast dich vor fünf Minuten noch beschwert.«

Ich spürte Ärger in mir aufsteigen. Sie hatte natürlich recht. Das Thema ließ mich nicht los. Vor sechs Monate war mein erstes Buch bei einem gar nicht mal so kleinen Berliner Verlag erschienen. Vor ein paar Tagen hatte dieser die erste Abrechnung geschickt. Das Ergebnis würde für zwei- oder dreimal Essengehen reichen. Im Borchardt definitiv nur für zweimal.

»Allein der Titel deines Buchs. Viel zu bieder!«, erklärte Tessa und nahm einen weiteren Zug, »da muss mindestens ein »Fuck« rein. Am besten zwei.«

»Ich bin nicht Charlotte Roche. Ich schreibe nicht über Hämorrhoiden, und ganz sicher nicht über Analspülungen!«

»Das ist schade«, stellte Tessa fest.

»Wer bin ich denn?«, ereiferte ich mich, »ich will von der F.A.Z. rezensiert werden, ich will nicht ins Big Brother-Haus!«

Tessa lachte, »kein Mensch liest dein Buch, und weißt du warum? Weil du nicht bekannt bist.«

»Manche Bücher werden durch die F.A.Z. bekannt«, sagte ich trotzig.

»Ach ja? Das möchte ich bezweifeln. Heute zählen Viralität, Memes, Hypes, Fame!«

Tessa stand auf und kam zu meiner Couchseite. Sie setzte sich neben mich.

»Wir leben im Spätkapitalismus, Lottchen. Ein unendliches Angebot steht einer begrenzten Nachfrage gegenüber. Nur Aufmerksamkeit hat noch einen Wert. Verstehst du das? Wer die einmal hat, bekommt immer mehr und kann damit alles Mögliche erreichen. Der Teufel scheißt auf den größten Haufen. Dein Haufen ist zu klein.«

Tessa grinste. Im Grunde wusste ich, dass sie recht hatte. Sie sah mich an, ihr Blick hatte etwas Liebevolles. Tessa stand auf Frauen. Ob sie auch auf mich stand, vermochte ich nicht abschließend zu beurteilen. Ich denke, sie sah in mir eher ein persönliches, drolliges Projekt, das ihren Beschützerinstinkt, ihre Neugier und vielleicht ihren Ehrgeiz weckte. Irgendwann hatte ich sie beleidigt gefragt, ob sie mich denn gar nicht heiß fände. Sie hatte gelacht und den Kopf geschüttelt: »Nein, Lottchen, und weißt du warum? Weil du was Besonderes bist.« Daran dachte ich immer mal wieder, und wenn ich daran dachte, spürte ich eine unbestimmte innere Wärme und Freude. Vermutlich gibt es nichts Besseres im Leben, als etwas Besonderes in den Augen eines sehr besonderen Menschen zu sein.

»Die Leute wünschen sich, dass es eine gerechte Ordnung gibt. Irgendein heiliges, kosmisches System, in dem Erfolg denen zusteht, die ihn verdient haben. Aber da gibt es nichts. Einfach nichts.«

Tessa lächelte und strich mir über den Kopf. Ich betrachtete ihre dunklen Augen und dachte für einen Moment, dass sie mit diesem Nichts irgendetwas zu tun hatte. Die Strippenzieherin des Nichts? Die Masterplanerin hinter Chaos, Kontingenz und dem schwarzen Loch jenseits unserer Existenz? Und war diese Instanz nicht im Grunde der Teufel? Aber ich war zu müde, dem Gedanken weiteren Raum zu geben.

»Lottchen, wir kriegen das hin«, Tessa griff mein Glas, leerte es und stand auf, »hiermit beschließe ich: Du wirst berühmt.« Sie sah mich an.

»Aber du musst es auch wollen. Willst du?«

Ich sah sie an. Und seufzte. Was gab es noch zu sagen? Ich nickte.

Kapitel 2

Ich hatte Tessa in einer Bar kennengelernt. Und zwar in Pankow, wo weder sie noch ich normalerweise unterwegs waren. Eine Affäre hatte soeben mit mir Schluss gemacht. Ein gar nicht mal schlecht aussehender Typ der Sorte aufstrebender Schauspieler, der sich von mir an seine Mutter erinnert fühlte. Angeblich kritisierte ich wie sie ständig an ihm herum. Zurecht fand ich, bei einem Haschkonsum von fünf Tüten pro Tag. Da seine bescheidene Bude in Pankow war, hockte ich nun dort in dieser Bar und trank einen Daiquiri an der Theke. Zum Runterkommen und um den Ärger darüber runterzuspülen, dass ich diesem Kerl, den außer seines gut definierten Oberkörpers am Ende nur seine linksintellektuelle Weinerlichkeit ausgezeichnet hatte, den Triumph des Schlussmachens überließ. Tessa stand irgendwo auf der anderen Seite der Bar. Sie trug eine schwarze Lederjacke, darunter ein weiß-blaues Marineshirt. Bei jedem anderem hätte es nach Möchtegern-Jean-Paul-Gaultier ausgesehen, bei ihr verströmte es reine Coolness.

Offenbar hatte ich ihr Interesse geweckt, denn sie kam zu mir rüber.

Sie setzte sich neben mich, zündete sich eine Zigarette an, bestellte einen Wodka-Shot, prostete mir damit zu und lächelte:

»Kummer-Saufen in Pankow?«

Ich ärgerte mich, dass diese seltsam attraktive Frau mich derart schnell durchschaut hatte.

Betont gelangweilt zuckte ich mit den Schultern:

»Tinder-Affäre.«

»Geht vorbei«, stellte Tessa fest.

»Wie ein Furz im Universum.«

Warum ich das jetzt gesagt hatte, weiß ich auch nicht mehr. Es war mir direkt peinlich. Andererseits stimmte es irgendwie, und schließlich bin ich studierte Philosophin. Arthur Schopenhauer wäre stolz auf mich gewesen.

Wir schwiegen einen Moment.

»War's wenigstens gut?«

Ich überlegte kurz.

»Es war das erste Mal, dass ich nach dem Sex geheult habe.«

»Ach ja?« Ihre Neugier flaute merklich ab.

Ich nahm mein Glas und leerte es.

»Ja. Diese unglaubliche Jämmerlichkeit des menschlichen Geschlechtsakts. Das war heftig.«

Von da an waren wir Freunde.

Dass besagte Affäre ein beeindruckend großes, bestes Stück gehabt hatte, so groß, dass es mir einmal tatsächlich die Tränen in die Augen trieb, erwähnte ich nicht.

Den restlichen Abend unterhielten wir uns darüber, ob in ferner Zukunft künstliche Intelligenz der Menschheit den Stecker ziehen würde, ob das Fermi-Paradoxon wirklich stimmte und ob Kim Kardashian eine dumme, fette Planschkuh oder ein mega sexy Superbrain sei. Zwischendurch überlegte ich, ob es irgendetwas gab, mit dem ich Tessa von mir beeindrucken könnte, aber mir fiel nichts ein. Das ärgerte mich, aber es ließ sich nicht ändern. Ich beschloss, zu sein wie ich war. Wenn man weiß, dass jemand sich nicht manipulieren lässt – und diese Frau neben mir ließ sich definitiv nicht manipulieren –, kann man die Show auch einfach unterlassen. Das befreit. Was gab es zu verlieren?

Gegen ein Uhr, als ich gerade darüber philosophierte, ob ein tiefliegender Schuldkomplex mich dazu trieb, Affären mit lebensuntüchtigen Künstlern einzugehen, war ich so betrunken, dass ich fast vom Barhocker kippte. Tessa bugsierte mich in ein Taxi, und ich übernachtete bei ihr auf der riesigen Ledercouch.

Ich habe nicht gezählt, wie oft ich seitdem auf dieser Couch übernachtet habe. Tessa schaffte für mich eine extra warme Alpakawolldecke an. Und Dior-Plüschhausschuhe. Schließlich sei ich ihr Lottchen. Und ein Lottchen braucht's gemütlich.

Tessa war in allem mein Gegenteil. Was an mir hell und weich war, war an ihr dunkel und streng. Da wir einander optisch in nichts ähnelten, war zu vermuten, dass sich auch unser Innerstes fundamental unterschied. Selbst wenn ich mit ihr bis in die Nacht gelacht und gequatscht hatte, war ich mir unsicher, ob ich Tessa wirklich kannte. Das Entscheidende jedoch war, dass Tessa beschlossen hatte, mich als ihr Lottchen zu adoptieren. Direkt an jenem Abend in der Bar in Pankow, und sie hatte diesen Beschluss seitdem nicht mehr revidiert. Ich hatte ihren Eignungstest bestanden, und obgleich ich nicht das Gefühl hatte, sonderlich originell oder geistreich performt zu haben, war Tessa da und blieb es. Das erstaunte mich. Es verwirrte mich. Und es machte mich glücklich.

Bei manchen Männern hatte ich mich sexy, unwiderstehlich oder cool gefühlt, bei Tessa fühlte ich mich liebenswert. Ein Wort, das man viel zu leicht dahinsagt. Es wert sein, geliebt zu werden. Die Jahre des Datings waren anstrengend gewesen, energiezehrend und ernüchternd. Ich brauchte eine Zuflucht vor der Welt. Und die war Tessa.

Tessa war IT-Beraterin. Ihr Loft und ihr Lebensstil ließen keinen Zweifel daran, dass sie darin erfolgreich war. Allerdings war die Berufsbezeichnung eine Untertreibung. Tessa verstand sich aufs Hacking. Hier muss man natürlich unterscheiden zwischen sogenannten White Hats, die legal agieren und Black Hats, bei denen man das nicht unbedingt behaupten kann. Offiziell war sie selbstverständlich ersteres, d. h. half beim Aufdecken von Sicherheitslücken in Netzwerken und beriet Firmen in IT-Fragen. Sie hatte mal fürs Fraunhofer Institut gearbeitet und sogar das Innovation Lab einer Polizeibehörde beraten. Ein Fernsehredakteur rief regelmäßig an und gab ihr Aufträge, die darin bestanden, irgendwelche Krimis auf fachliche Korrektheit zu überprüfen. Tessa liebte Herausforderungen. Und im Grunde war klar, dass diese Art von Herausforderungen ihr nicht genügten. Ich wusste, dass sie einmal ein Jahr in Rumänien verbracht hatte, worüber sie sich konsequent ausschwieg. Zu ihrem Bekanntenkreis gehörte ein Gründungsmitglied des Chaos-Computer-Clubs, einige Schauspieler und auch ein paar Gestalten, die eher windig als illuster waren.

Besonders zu sein war bei Tessa keine Haltung, sondern ein Wesenszug. Manchmal glaube ich, dass sie glücklicher war als alle anderen. Eine diebische Freude, über den Dingen zu stehen, zu wissen, dass sie die Kontrolle hatte. Worüber auch immer. Vielleicht deswegen fühlte ich mich bei ihr vollkommen sicher. In meiner Fantasie sah ich sie mal mit weißem, mal mit schwarzem Hut – wie eigentlich jeder spannende Mensch neben einer netten eine böse Seite in sich trägt. Kein Wunder, dass die meisten CEOs Psychopathen-Eigenschaften aufweisen. Wer nicht wenigstens ein bisschen böse ist, wird ein ziemlich durchschnittliches Leben führen.

Aber kommen wir zurück zu Tessa und mir. Sie hatte natürlich recht: Seit ich klein war, wollte ich etwas Großes erschaffen. Es ging mir dabei weder ums Reichwerden noch das Erklimmen irgendeiner Karriereleiter. Mir schwebte das Ideal der Klassik vor, das »Wahre, Schöne und Gute«. Ich gebe zu, es klingt vermessen. Ich erinnere mich, dass ich als Sechsjährige ein neues Schreibheft eröffnete, das ich mit »Die Reise des Bären« betitelte. Mit erhabenem Eifer und Lamy-Füllfederhalter machte ich mich in Schönschrift daran, der Welt ein großes Werk zu schenken. Nach Seite drei fiel mir nichts mehr ein. Die Frustration des Scheiterns war heftig. Genauso meine Versuche am Klavier, als ich mich anschickte, dem kleinen Mozart gleich ein eigenes Musikstückchen zu erfinden. Es klang so durchschnittlich, dass ich kurz darauf beschloss, meine Klavierkarriere abzubrechen, um die Erkenntnis meiner Mittelmäßigkeit nicht weiter zu vertiefen.

Was meinen Drang nach Schöpfertum antrieb, ist mir erst später klargeworden. Schon als Kind, katholisch erzogen und zur Kommunion geschickt, misstraute ich der Idee einer transzendenten Instanz, der man allabendlich seine Sünden vorbeten sollte. Ich war mir sicher, dass niemand zuhörte. Statt des Bibel-Gottes kam mir Meister Hora aus meinem Lieblingsbuch *Momo* geeigneter für die Rolle des Allmächtigen vor. Wäre es nicht schön zu wissen, dass ein gütiger alter Mann in einem Haus in der Niemalsgasse uns unsere Zeit zuteilt? Und wir nach der letzten Stundenblume dahin zurückkehren, wo die Musik herkommt? Leider entwächst man den Fiktionen seiner Kindheit, und mit den Jahren hatte ich immer mehr das Gefühl, dass die einzige Chance, dem klaffenden Nichts hinter meiner Existenz irgendetwas entgegenzusetzen, die Kreation eines eigenen Werks war.

Ich studierte Psychologie und Philosophie, mit Bestnote, immerhin. Meine Eltern, Lehrer im Gymnasialdienst, hatten nur widerwillig zugestimmt – beides klang für sie so brotlos wie Germanistik oder Kunstgeschichte – doch da ein Familienfreund Psychologe mit gut laufender Praxis war, hatten sie ihren Segen gegeben. Nach dem Studium machte ich ein Zeitungsvolontariat, vermutlich um dort irgendetwas Bedeutungsvolles zu Papier zu bringen. Angesichts des Verdachts, dass man vorhatte, mich im Bereich »Regionales« unterzubringen, wechselte ich dann zu der Unternehmensberatung, die gerade im selben Verlag mit dem Abbau von Stellen beschäftigt war. Die Entscheidung ist vielleicht dadurch zu erklären, dass ich glaubte, aus meinem Bestnoten-Studium das Beste rausholen zu müssen und der Jobtitel »Junior Consultant« irgendwie sexy klang. Das Kofferpacken an Sonntagnachmittagen war es weniger. Zudem ließ sich die Erkenntnis nicht vermeiden, dass ich bei der Verschlankung von Unternehmensabläufen eher dem Nichts als der Bedeutsamkeit zuarbeitete. Nach einem Intermezzo als Start-up-Unternehmerin, aber darauf komme ich später noch, landete ich im Marketing eines Berliner Konzerns. Als ein alter Zeitungskollege anrief und fragte, ob ich an einer Kolumne mitschreiben wolle, mit der das Provinzblatt, bei dem er jetzt arbeitete, seine Leserschaft verjüngen wollte, sagte ich zu. Alle paar Monate durfte ich nun hier fünfhundert Wörter über ein Thema meiner Wahl schreiben. Dass es dafür keine Bezahlung gab, war mir egal.

Vermutlich ist der Grund, warum sich dann der Wunsch nach dem eigenen Werk mit Wucht wieder meldete und damit gewissermaßen der Auslöser dieser ganzen Geschichte: meine Mutter. Völlig unerwartet erlag sie einem Krebsleiden. Wie aus dem Nichts war der Krebs gekommen. Kein versöhnliches Abschiednehmen, kein friedvolles Rekapitulieren, nur ein kurzes Aufbäumen, Resignation, dann das Nichts. Neben dem Verlust, der mich fast aus der Bahn warf, erschien mir plötzlich meine eigene Endlichkeit unmittelbar greifbar. Ich hörte das Ticken der Uhr, sah vor meinem geistigen Auge Stundenblumen Blätter verlieren, und mein Kindheitsplan rief sich mit beißender Dringlichkeit in Erinnerung. Irgendetwas musste ich dem Nichts entgegensetzen. Gibt es eine Heilung von Vergeblichkeit? Ich beschloss ein Sachbuch zu schreiben und arbeitete zwei Jahre daran, neben der Arbeit. Abgeleitet aus meiner Diplomarbeit und Interviews mit ehemaligen Mitarbeitern, schickte ich mich an, den Menschen unbekannte Wahrheiten hinter der weltgrößten Dating-App näherzubringen. Ich kontaktierte eine Berliner Literaturagentin, die mir direkt absagte: Ich sei zu alt für ein Debut, zu schlecht vernetzt, um in irgendeine Talkshow eingeladen zu werden und vor allem ohne digitale Präsenz, auf der man irgendetwas hätte aufbauen können. Einen Blick in das Buchmanuskript hatte sie nicht geworfen. Ich warf einen auf ihre Homepage und stellte fest, dass ich ihr vermutlich besser gefallen hätte, wäre ich queer, trans, polyamor oder wenigstens politisch verfolgt gewesen. Hetero, weiblich, skandallos, mittelalt und weiß zu sein, war schlicht zu langweilig. Erfreulicherweise fand sich trotzdem ein Verlag für mein Buch. Der Verlagsleiter fand es hervorragend recherchiert, informativ und gut geschrieben. Als Titel wählte man *Das Tinder-Prinzip*, Kategorie Populäres Sachbuch.

Leider begab es sich, dass zeitgleich zu meinem, kurz vor der Frankfurter Buchmesse, auch folgender Titel am Buchmarkt erschien: *Die Tinder-Bitch*. Eine GNTM-Zehntplatzierte, die inzwischen als Influencerin tätig war, hatte in die Tasten gehauen und auf gut zweihundert Seiten ihre Tinder-Erlebnisse ausgebreitet, unterstützt von einer Ghostwriterin. Da auch zwei Herren aus der Unterhaltungsindustrie zu ihren Dates gehört hatten, über die sie pikante Details zu berichten wusste, fand sich die »Tinder-Bitch« kurz nach Veröffentlichung nicht nur auf Boulevardseiten wieder, sondern auch in Talkshows und in der Spiegel-Bestsellerliste. Da das Thema somit besetzt war, interessierte sich keine Redaktion mehr für mein Buch, und der Verlag nahm davon Abstand, der Angelegenheit Marketingbudget hinterherzuwerfen.

Zur Frankfurter Buchmesse, wo mein Verlag einen Stand unterhielt, ging ich trotzdem. Ich sah fast so gut aus wie auf meinem Autorenfoto und stolzierte trotzig auf Highheels an den langen Standreihen vorbei, vorbei an der Tinder-Bitch, die auf einer Bühne Interviews gab, vorbei an Tim Mälzer, der auf einem Podium Kochrezepte in die Tat umsetzte. An meinem Verlagsstand begrüßten mich zwei Praktikantinnen, die nicht wussten wer ich war, mir aber einen Kaffee anboten. Der Verlagsleiter hatte keine Zeit, er musste den wichtigsten Autor des Verlags bei Interviews begleiten. Ich setzte mich auf einen Hocker und wartete. Irgendwie glaubte ich wohl, dass noch etwas passieren würde. Dem war nicht so. Nach einer Stunde nahm ich ein Taxi zum Bahnhof und fuhr zurück nach Berlin.

Als im Büro die Sprache auf mein neu erschienenes Buch kam, war die Neugierde groß.

»Ich glaube, ich hab gestern dein Buch in der BILD gesehen!«, rief eine Kollegin begeistert, »kann das sein?«

»Das war nicht mein Buch, aber der Titel klingt so ähnlich ...«, klärte ich auf.

»Ach so«, meinte sie enttäuscht und dann neugierig: »Und? Wieviel hast du schon verkauft?«

Ich zuckte die Schultern. Tatsächlich waren es zweihundert Bücher nach einem halben Jahr.

Immerhin begann ich den Buchmarkt zu verstehen. Was gut oder schlecht ist, darüber entscheidet der Erfolg. Sachbücher sollten widerstandslos lesbar, ihr Inhalt leicht verdaulich sein. Wer sich Künstler nennt, verströmt den Duft von unbezahlter Miete und Hartz Vier. Nur beim Titel *Spiegel-Bestsellerautor* nehmen die Leute Haltung an. Da Hochkultur tot ist und der »Intellektuelle« eine aussterbende Gattung, ist es besser, mit beidem nicht assoziiert zu werden. Wer in jahrelanger Arbeit ein geniales Werk verfasst, das sich nicht verkauft, erntet mitleidige Blicke und kann sich bestenfalls mit Literaturpreisen trösten. Große Literaten haben meist eine besondere Aura, etwas zerzaust Dahingeworfenes. Was an ihren abgewetzten Tweed Jackets und nicht gemachten Zähnen liegt. Bei manchen ist es natürlich ein Marketing-Trick wie bei Michel Houellebecq. Tatsächlich ist der wahre Künstler der, der es schafft, sein Werk spektakulär zu verkaufen. Wagemut und Geschick sind seine Geheimwaffen. Man denke an das Ekelspiel von Charlotte Roche. Oder diese Autorin, die sich als Künstlernamen den eines legendären Filmschaffenden zulegte. Hunderttausende luden sich ihren höchst durchschnittlichen Thriller runter, vermutlich im Glauben, das Werk einer

Nachfahrin von selbigem zu lesen. Man sollte übrigens wissen, was gewisse Feuilletons für Kunst halten könnten. Den Zeitgeist durchschauen und leicht verkrasst darüber hinausweisen. Dabei insinuieren, man mache dies rein intuitiv. Gewinner im Kampf um kaufbereite Leser sind letztlich die, die es schaffen, durch Thesen, Trigger, Skandale und manchmal tatsächlich wundersame Glücksfälle ausreichend Aufmerksamkeit zu erzeugen, um irgendwie Einzug in Debatten oder Smalltalk zu erhalten.

Seien wir ehrlich, der Buchmarkt ist schlicht zu voll. Jeder will heute Autor sein, nicht einfach nur Leser. Autor seiner eigenen Geschichte, mit möglichst viel Publikum. Es autort an allen Ecken. Sind wir nicht alle Autoren? Früher wollte nur der Autor sich verewigen. Heute jeder Content Creator.

Vor Jahren, lange vor Veröffentlichung meines Buchs, hatte ich auf einer Party im Wedding einen recht bekannten Suhrkamp-Autor kennengelernt. Eine Party, die mir in Erinnerung blieb. Um mich herum Rollkragenpullis, verstrubbelte Haare und staubige Cordhosen, Vertreter der schreibenden Zunft, Leute die ich sonst nie traf, die sich selbst Schriftsteller nannten, was mir wie eine mythische Zuschreibung erschien, ein exklusiver Kreis von intellektuell Erwählten mit Zugang zu höheren Wahrheiten, und eben dieser Suhrkamp-Autor hatte mir bei einer Zigarette auf dem Balkon erklärt: »Autor zu sein ist eine immerwährende Demütigung.« Wieso, hatte ich damals gerufen, mit leicht lallender Stimme fürchte ich, denn die Obstbowle der Gastgeberin hatte ordentlich Umdrehungen, wieso, es gibt doch nichts Schöneres! Schreiben ist die schönste Tätigkeit der Welt, so ist es doch! Aber der Suhrkamp-Autor hatte mich nur milde amüsiert hinter seiner Hornbrille angesehen, wie man eben jemanden ansieht, der branchenfern und ahnungslos ist, dann geseufzt und gesagt: »Du wirst verstehen.«

Jetzt verstand ich. Und meine Laune war nach dem Flop des *Tinder-Prinzips* nicht die beste. Nach Tessas Meinung unerträglich. Um etwas dagegen zu unternehmen und damit es beim nächsten Buch besser laufen würde, sei nun der erste Schritt, mich berühmt zu machen. Mir war schleierhaft, wie sie es anstellen wollte, aber Tessa schien fest entschlossen. Sie trug mir auf, mir auch eigene Gedanken zu machen. Vor allem zu meinem Instagram-Account.

Hier ist zu erwähnen, dass ich tatsächlich einen Instagram-Account besaß. Ich hatte ihn vor Jahren angelegt, unter meinem Namen, Lotte Hohenfeld, und ich hatte auf dem Account Wolken gepostet. Nichts anderes. Ich liebe es Fotos von Wolken zu machen, Wolken sind das Schönste, was die Natur hervorbringt. Und irgendwann kam ich auf die Idee, ihnen Gesichter zu zeichnen. Das menschliche Gehirn ist ohnehin darauf getrimmt, überall Gesichter zu erkennen, ob in Milchschaum, auf der Marsoberfläche oder eben in Wolken. Ich lud das Foto einer besonders schönen Wolke auf meinen PC und zeichnete in irgendeinem Zeichenprogramm mit digitalem schwarzem Pinsel ein lustiges Gesicht darauf. Dazu zwei kleine Ärmchen, mit denen die Wolke in der Luft zu fuchteln schien. Es sah niedlich aus. Und ich lud es auf Instagram hoch.

Irgendwie schien es den Leuten zu gefallen. Innerhalb weniger Tage erhielt das Foto über sechshundert Likes. Ich denke, das erklärt sich durch die Historie der Plattform. In den Anfängen ging es den Instagram-Mitarbeitern um Schönheit und Kunst. Emotionen standen im Vordergrund – Kreative sollten ohne Gatekeeper das präsentieren können, was sie schön und wertvoll fanden. Jeder sollte hier ein Stückchen Macht über sein Schicksal erhalten. Ganz offensichtlich war der noch junge Algorithmus damals auf Wahres, Schönes und Gutes konditioniert. Und er war meiner Wolke wohlgesonnen. Ich lud weitere Wolken hoch: sich den Bauch haltende Kugelwolken, schlecht gelaunte Regenwolken, zeternde Gewitterwolken, tänzelnde Schäfchenwolken. Innerhalb eines Jahres folgten mir rund zweitausend Leute. Irgendwann war meine Wolkenpassion abgeflaut, vielleicht weil ich jedes niedliche Gesicht das mir einfiel, gezeichnet hatte. Ich muss dazu sagen, dass ich kein einziges Foto von mir selbst hochlud. Mein kaum genutztes Facebook-Account enthielt nur ein Profilfoto. Ein einziges Mal hatte ich dort ein weiteres Bild hochgeladen. Nach einer Silvesterparty, bei der ich im Minikleid laut lachend mit einem Glas Schampus dem neuen Jahr zuprostete. Am nächsten Tag hatten zwei Dutzend Leute das Foto gelikt. Und mir war es peinlich. Was genau war meine Botschaft? Dass ich eine laszive Feier-Bitch bin? Eine Neigung zum Alkohol habe? Dass ich mich selbst einfach unglaublich sexy finde? Sich zu präsentieren, nur um sich zu präsentieren ist letztlich vor allem eins: vulgär. Mit leichtem Ekel drückte ich »löschen«.

Etwas aus seinem Leben mit Freunden teilen, das war die Ursprungsidee, die Mark Zuckerberg zum Facebook-Gründer machte. Es klingt irgendwie lieb. Ich denke, es ist die menschliche Natur selbst, die aus den sozialen Medien das gemacht hat, was sie heute sind: Eine Plattform, um der ganzen Welt mitzuteilen, dass man einfach geil ist. Ich will nicht sagen, dass ich das nicht verstehe. Und natürlich muss man differenzieren. Auf den sozialen Medien gibt es Selbständige, Köche, Comedians, Künstler, denen man ihre Sichtbarkeit von Herzen gönnt. Aber die bieten echte Inhalte, tragen ihre Kunst oder ihr Können vor und schreien nicht die ganze Zeit: Ich, ich, ich!

Ich glaube auch, dass es im Leben als Erstes um unseren Körper geht. Manche meinen ja, dass aus den Augen die Seele blickt. Aber das zeigt nur, dass sie die falschen Bücher lesen, um sich nicht aus dem Fenster zu stürzen. Weil es um den Körper geht, geht es um die Optik. Da ich attraktiv bin, ging ich immer schon davon aus, dass mir etwas Besonderes zusteht. Logisch, oder? Wenn wir in den Spiegel schauen, denken wir, dass für die Person, die uns da anschaut, eine bestimmte Art Leben irgendwie angemessen wäre.

Leben wir nicht alle mit einer geheimen Fantasie über unser künftiges Leben? Wir erdenken uns einen Ort, an dem wir wohnen, eine Tätigkeit, die uns liegt und die wir dort verrichten, im Idealfall begleitet von der Geborgenheit durch eine große Liebe. Vielleicht ist es ein Häuschen im Grünen? Wo wir dem Rauschen des Waldes lauschen, und von wo aus wir unsere nächste Lesung als international erfolgreiche Bestsellerautorin vorbereiten. Wie auch immer unsere persönliche Fantasie aussieht, seien wir ehrlich: ohne sie können wir nicht leben. Es muss ein künftiges Leben geben, auf das wir uns freuen können.

Vielleicht ist es auch nur eine Ideal-Version des eigenen Lebens, um die es hier geht. Wir malen uns aus, voll heimlicher Freude und Genuss, wie es in einer idealen Welt für uns laufen könnte, hätte laufen können, vielleicht noch laufen wird? Das Ich im Reich der Wünsche, nur einen Wimpernschlag entfernt, irgendwie realistisch, nur nicht materialisiert. Wer bitte hält es aus, den ganzen lieben, langen Tag in seiner trivialen, glitzerfreien Realität zu verbringen? Die Angebote der Realität sind ziemlich ernüchternd.

Als diese Geschichte losging, war ich neununddreißig. Ende neununddreißig, genauer gesagt, aber egal, immer noch neununddreißig. Ein schönes Alter, wie ich finde. Die Energie reicht für durchtanzte Nächte im Berghain, die Haut ist straff, die Hormone gütig, der interessierte männliche Blick vorhanden und dem Ego schmeichelnd. Und ja, ich hatte das unbestimmte Gefühl, dass die Welt noch irgendetwas Besonderes für mich bereithielt. Optimismus wird ja evolutionär begünstigt. Nur hoffnungsvoll in die Zukunft blickende Steinzeitmenschen verließen überhaupt ihre Höhlen. Aber mir war klar: die Fantasien über mein künftiges Leben, der Optimismus, aus dem sich mein Elan speiste, würden sich bald als das entpuppen, was sie waren: Wunschdenken. Noch war mein

Gehirn in der Lage, Illusionen den Anstrich von Realität zu geben. Ehe und Nachwuchs interessierten mich wenig. Kinder zu zeugen und damit neues Leben ungefragt in Existenz zu bringen, erschien mir geradezu egoistisch. Existenz ist mühsam, wer bitte unterwirft sich freiwillig den Unannehmlichkeiten der Existenz? Insbesondere der menschlichen mit der Bürde des Denkens und Wissens. Es gibt keinerlei Beweis, dass Existieren dem Nicht-existieren vorzuziehen sei. Schlimm jedoch ist in jedem Fall das Wissen, irgendwann nicht mehr zu existieren. Verrückt, aber so ist es halt.

Mal ehrlich: Kind sein – prima, die geilste Zeit überhaupt. Aber dann? Erst glaubt man an Wunder, an Magie und den Weihnachtsmann, dann brät die Realität einem eins über und bald wird die alles entscheidende Frage: »Wo kriege ich Drinks her?«

Nachwuchs- oder Torschlusspanik lagen mir also fern, dafür spürte ich etwas anderes: Erfolgspanik. Der nun häufig aufkommende Gedanke an den Tod verstärkte in mir das Gefühl, dass ich meinem Leben, das ja nun mal da war, noch etwas abtrotzen musste. Und der Ansporn wuchs, dies so bald wie möglich zu tun.

Einmal meinte Tessa lachend, vielleicht werde mein Tinder-Prinzip ja nach meinem Tod zum Verkaufsschlager. Meinem Ableben auf die Sprünge zu helfen sei damit unabdingbar. Doch es gibt keinen Franz Kafka, der auf Wolke Sieben sitzt, sich zufrieden die Hände reibt und freut, dass nun nach lebenslanger Nicht-Beachtung doch noch jeder ehrfürchtig seinen Namen nennt. Selbst sollten Geister existieren und auf Wolken sitzen: über die Botenstoffe Dopamin und Endorphin dürften ihre feinstofflichen Hüllen wohl kaum verfügen. Dass heute Tausende latent depressiver GenZler seine Zitate auf TikTok teilen, geht dem Franz Kafka-Geist garantiert am Arsch vorbei.

Insofern wurde es höchste Zeit für mich. Nur im Leben selbst lässt sich dem Leben etwas abtrotzen. Die Mittel, die dafür nötig waren, sollte ich noch kennenlernen.

Kapitel 3

Ich traf mich mit Freundinnen bei den Hackeschen Höfen zum Abendessen. Claudia ist Dermatologin mit eigener Praxis, wo ich sie auch kennenlernte. Eva ist Grafikdesignerin, ich traf sie vor einigen Jahren auf einer Vernissage, die wir gemeinsam sofort wieder verließen, weil es nur Ökowein und alkoholfreien Sekt gab.

Claudia ist eine tolle Ärztin, sehr kompetent, dabei zusatzqualifiziert für alle möglichen Beauty-Behandlungen, die sie mit neuesten Gerätschaften in ihrer Altbau-Praxis in Charlottenburg anbietet. Über mangelnden Zulauf kann sie sich nicht beschweren, dennoch ist sie unzufrieden. Claudia würde gerne wie Barbara Sturm mit einer eigenen Kosmetikklinik durchstarten. Gute Cremes zusammenzumischen, bessere als die von Frau Sturm natürlich, sei überhaupt kein Hexenwerk, meint sie. Doch dafür braucht man Investoren, und damit die anbissen, musste Claudia erstmal zur Marke werden. Zufriedene Patienten helfen da wenig. Und so verbrachte Claudia die Abende und Wochenenden mit der Pflege ihres Social Media-Auftritts: Videos von Claudia bei der Patientenberatung, Claudia beim Vorstellen der neuesten Behandlungsmethoden, Claudia beim Ausprobieren neuer Produkte. Das Ganze zusammenschneiden, mit Musik unterlegen, zwischendurch ein Tänzchen mit den Praxismitarbeitern für Tik-Tok. Eigentlich ein Fulltime-Job. Die Videos waren gut. Allerdings nicht so gut wie die einer Dr. Emi, die in Berlin bereits im Bereich mehrerer Hunderttausend Follower unterwegs war. Claudias Instagram stagnierte bei zweitausend. »Was ich brauche, ist ein Wunder«, seufzte sie manchmal. Was sie damit meinte, war, dass ein Hollywoodstar sich zufällig in ihre Praxis verirren sollte oder ein Anruf von SAT1, dass man eine neue Beauty-Expertin fürs Frühstücksfernsehen benötige. Eva und ich pflegten dann zu sagen, dass sie doch alles habe: eine Bombe laufende Praxis, einen tollen Ehemann, eine süße kleine Tochter. Dafür würden andere töten, oder? Claudia pflegte dann vage zu nicken.

Eva hat Grafikdesign studiert, nach einer Festanstellung ist sie nun seit einigen Jahren selbständige Künstlerin. Ihr Stil erinnert an Keith Haring: bunt, verspielt, gute Laune garantiert. Doch um die Miete und das eine oder andere Chanel-Täschchen zahlen zu können, dreht sich Evas Job primär ums Marketing. Viel Ausgehen, möglichst in teure Locations, um Klienten mit dem nötigen Kleingeld für Kunst aufzutreiben; gute Kontakte zu lokalen Society-Magazinen pflegen; hier und da Charity-Events mit eigenen Werken ausstatten. Und natürlich dabei immer höchst appetitlich aussehen. Auch Eva wartete noch darauf, dass Brad Pitt zufällig bei einem Berlin-Besuch in ihr kleines Atelier spazierte, ein Bild kaufte und ihr den großen Durchbruch bescherte.

Wir saßen also im Restaurant und aus irgendeinem Grund kam die Sprache wieder auf mein Buch.

»Was macht das *Tinder-Prinzip*, Lotte? Wieviel hast du jetzt verkauft?«, fragte Eva und rührte in ihrer Kürbiscremesuppe.

»Keine Ahnung«, zuckte ich die Schultern. Tessa hatte mir eingeimpft, dass es unsexy ist über Misserfolge zu berichten.

»Ich weiß auch noch nicht, ob ich bei dem Verlag bleibe. Ich habe eine neue Managerin.«

»Wow«, sagte Eva, und auch Claudia schien beeindruckt.

»Ich wusste gar nicht, dass du eine hattest?«

»Hatte ich auch nicht, die ist ja neu.«

»Und, kennt man die?«

»Nein, denke nicht.«

»Hier aus Berlin?«

»Nein. Es ist eine Amerikanerin.«

Natürlich war das eine Lüge. Tessa war meine neue Managerin, aber sie hatte mir aufgetragen zu verbreiten, ich hätte nun ein Management in Amerika.

»Ist ja besser, sich etwas internationaler aufzustellen«, fuhr ich fort und setzte dabei einen weltgewandten Blick auf, »der deutsche Markt ist ja eher provinziell. Bin jetzt auch mal gespannt, wie sich das alles so entwickelt.«

Ich war selbst beeindruckt, wie souverän mir der Blödsinn über die Lippen kam.

Ich merkte, dass Eva und Claudia mich mit einer Mischung aus Neugier und Misstrauen betrachteten. Misstrauen, dass ich mich auf einer geheimen Erfolgsspur befinden könnte. Aber vielleicht bildete ich mir das auch nur ein.

Wir setzten unser Essen fort und schwiegen eine Weile. Frauenfreundschaften sind ja fragile Konstrukte. Unter der Oberfläche können Haarrisse zu winzigen Eiterbeulen werden, die latente Spannungen erzeugen. In unserem Fall war kürzlich Folgendes vorgefallen: Eva und ich hatten in einer Bar ein hohes Tier von ProSieben kennengelernt. Der Kerl war nett und der Zufall wollte es, dass er mich attraktiv fand. Was folgte waren zwei Dates. Beim zweiten, bei dem eigentlich schon klar war, dass zwischen uns kein Funke übergesprungen war, nahm er mich mit auf die Party eines TV-Senders. Und es gab sogar ein Foto von uns an irgendeiner Fotowand. Irgendwie hatte Eva ein Problem damit. Sie schien mir erstens übelzunehmen, ihr das Date weggeschnappt zu haben und zweitens, dass ich das hohe Tier nicht bei der Stange hielt. Schließlich hätte man ja auf weitere TV-Events mit ihm gehen können. Kurz nach dieser Episode saßen Eva, Claudia und ich im Borchardt zum Abendessen. Am Tisch neben uns nahm eine Runde junger Leute Platz, unter ihnen eine Schauspielerin. Man kannte ihr Gesicht aus einer Vorabendserie, nennen wir sie Sandra. Irgendwann musste ich auf Toilette, und als ich von dort wiederkam, waren Eva und Claudia verschwunden. Auf dem

Tisch lag ein Zettel »Sind mit Sandra ins Royal vorgegangen! Bis gleich.« Einen Moment war ich sprachlos. Dann nahm ich meine Jacke und machte mich auf zum Royal. Im Royal war eine Party. Der Türsteher erklärte mir, dass man hierfür eine Einladung brauche. Und nein, auf meinen Namen sei kein Bändchen hinterlegt.

Für derartige Ereignisse eine Aussprache zu verlangen, führt zu nichts. Es sei denn man ist bereit, Eiterbeulen platzen zu lassen und sich ständig neue Freundinnen zu suchen. Die Menschen sind, wie sie sind, ich habe es längst akzeptiert. Letztlich sind Freundinnen gute Bekannte, mit denen ich ab und an gerne Zeit verbringe. Mal ehrlich, wie kommen Freundschaften überhaupt zustande? Der Hauptgrund, warum zwei Menschen sich befreunden, ist doch, dass man sich zufällig über den Weg läuft, feststellt, dass es passt mit Coolness, Optik und Humor, und zack, man ist befreundet. Ich meine, man veranstaltet ja keinen Auswahlwettbewerb, in dem man genauer eruiert, wer der andere ist und ob man wirklich harmoniert. Manche schwafeln gerne, das Schicksal hätte sie zusammengeführt, dabei sind es nur die gleichen Saufgewohnheiten oder ähnlich viele Instagram-Follower.

Ich beschloss, die Sache nicht weiter zu kommentieren.

»Auf jeden Fall finde ich cool, was du alles so machst, Lotte«, sagte Claudia, als wir beim Nachtisch waren, »dass du einfach mal so ein Buch geschrieben hast, Respekt.«

»Danke«, lächelte ich.

»Finde ich auch«, nickte Eva, »du machst einfach immer weiter. Weißt du noch dein Start-up damals? So ein Schlag ins Gesicht. So eine Demütigung. Trotzdem wirfst du die Flinte nicht in Korn.«

Ich nahm einen Schluck Wein.

»Scheitern ist eine wichtige Erfahrung«, erklärte Claudia und blickte wissend, »Scheitern gehört einfach zum Leben. Auch Umwege erweitern unseren Horizont!«

Später auf dem Weg nach Hause dachte ich nach. Witterten Eva und Claudia, dass mein Buch ein Flop gewesen war? Sah man es mir an der Nasenspitze an? Und warum musste Eva die alte Start-up-Geschichte auf den Tisch bringen?

Scheitern ist keine wichtige Erfahrung. Scheitern ist das Allerletzte. Tessa hatte recht: nie darüber reden.

»Klar wollen die Leute hören, dass du scheiterst«, hatte sie mir erklärt, »nicht, weil sie Mitleid haben, keineswegs. Weil sie sich dann besser fühlen! Sozial abwärts gerichteter Vergleich, ein echter Endorphin-Booster!«

Mein Start-up war eine Dating-App gewesen. Die Idee kam mir während meines Jobs bei der Unternehmensberatung und irgendwann warf ich diesen hin, um mich ganz der Sache zu widmen. Sehr zum Entsetzen meiner Eltern. Ich trieb Geld von zwei Investoren ein, engagierte einen Programmierer. In einem hippen Co-Working-Space mit lustigen Möbeln aus Europaletten gingen wir ans Werk. Wir nannten die App »Coffee-Date«. Wer sie runterlud, musste einen psychologischen Test ausfüllen, ein paar Angaben zu sich machen, ein kurzes Videostatement und schon ging es los. Die App funktionierte situativ: ging man z. B. durch Berlin Mitte, ploppte eine Nachricht auf, wenn ein anderer passender App-Nutzer in der Gegend war. Innerhalb sechzig Sekunden war zu entscheiden, ob man sich mit ihm oder ihr auf einen Kaffee treffen wollte. Im nächstgelegenen Café, das auch direkt angezeigt wurde. Kennenlernen spontan. Kein stundenlanges Swipen im Tinder-Supermarkt, kein virtuelles Shoppen nach One-Night-Stands. Einfach nur einen Kaffee. Start-ups zeichnen sich durch eine innovative Idee aus. Meine war, etwas Schönes und Reines zurück in die Dating-Welt zu bringen. Für den Businessplan machten wir eine Umfrage unter jungen Leuten: sogar die fanden das Konzept super. Und gibt es etwas Konsensfähigeres als Kaffee?

Mehr als achtzig Prozent aller Start-ups scheitern innerhalb von drei Jahren. Wir waren nach zwei am Ende. Es gelang uns nicht, »Coffee-Date« populär genug zu machen, um eine kritische Masse an Usern zu erreichen. Die Blogger, die unsere App promoteten, verlangten vierstellige Summen, bald war vom Investorengeld nichts mehr übrig. Als dann in der »Höhle der Löwen« drei Jungs mit einem ähnlichen Konzept auftauchten, wusste ich, dass der Drops gelutscht war. Der Teufel scheißt auf den größten Haufen. Unser Haufen war zu klein.

Scheitern ist nicht sexy. Ein Jahr mit Arbeitsstunden bis in die Nacht, peinliche Telefonate mit den Investoren, ein abzuzahlender Kredit. Dahinter das große Nichts. Ich nahm einen Angestelltenjob bei einem Konzern im Marketing an. Der Spießer in mir verlangte Ruhe und Sicherheit.

Es dauerte eine Weile, bis ich über die Sache hinweg war. In der Zeit lernte ich Tessa in besagter Bar in Pankow kennen. Ich spürte, dass es nicht meine Schuld war, dass ich gescheitert war. Aber wessen dann? Ich las Interviews mit Whitney Wolfe Herd, der Gründerin von Bumble, der zweitgrößten Dating-App weltweit. Sie erklärte, eigentlich könne es jeder schaffen. Man müsse nur herausfinden, wofür man brennt, und wenn man darin gut sei, ließe sich alles in ein erfolgreiches Geschäft verwandeln. Was für ein Bullshit. Schon Warren Buffett sagt: Per Eizellenlotterie werden wir in ein Leben geworfen, was folgt ist eine Abfolge von Entscheidungen und Schicksalswendungen, stark getrieben von Zufall und Biologie. Was konnte ich dafür, dass ich nicht das Glück gehabt hatte, wie Whitney mit zwanzig zufällig die Jungs von Tinder getroffen zu haben? Um dann später mit Hilfe der Millionen eines befreundeten Unternehmers und dem damals noch neuen Motto »female empowerment« durch Bumble zur Milliardärin zu werden?

Wenn ich mit Tessa darüber sprach, nickte sie wissend. Ja, so sei das Leben. Es gebe nur eins zu tun: dem Schicksal in den Arsch treten.

Kapitel 4

Am nächsten Morgen rief Tessa an. Sie brauche noch eine Woche, dann könnten wir loslegen. Ich fragte, wofür genau sie diese Woche benötigte, aber statt es zu verraten, erteilte sie mir einen Arbeitsauftrag: ich solle ab heute täglich mindestens zwei Stunden auf Instagram verbringen, um genau zu verstehen, was da abging.

Ich gebe es ungern zu, aber seit meinem Start-up-Flop war ich häufig auf Instagram. Der Erfolg anderer Leute war meine heimliche Obsession geworden. Wie ein verletztes Tier aus seiner Höhle beobachtete ich das Leben derer, die es geschafft hatten: Tijen Onaran, Digitalunternehmerin; Lea-Sophie Cramer, Gründerin eines Online-Sexshops; Influencerinnen, die früher ihr Gesicht schminkten, aber heute Unternehmerinnen waren. Erfolgsmeldungen in Dauerschleife. Ich selbst postete weiterhin nichts, meine letzte Wolke hatte ich vor mehreren Jahren hochgeladen.

Mein Bürojob bot keine echten Erfolgserlebnisse. In großen Unternehmen ist Selbstverwirklichung ohnehin ein Trugschluss. Früher baute man ein Haus oder bestellte sein Feld. Heute bedient man ein CRM-System oder managt eine interne Schnittstelle. Ich wusste, würde ich tot von meinem Bürostuhl kippen, wäre der erste Gedanke meines Chefs: um Gotteswillen, welcher Trainee übernimmt ihr Portfolio?

Abends nach der Arbeit saß ich nun wie Tessa angeordnet hatte mehrere Stunden mit meinem *iPhone* im Sessel und scrollte durch die sozialen Medien. Für Erfolgreiche ist Instagram ein Segen. Die Cleveren unter ihnen öffnen die App nur, um etwas Aktuelles von sich zu posten und schließen sie direkt wieder. Schließlich ist Social Media schlecht für die mentale Gesundheit. Am nächsten Tag, wenn sie die App wieder öffnen, freuen sie sich dann an den Tausenden Views und Likes, während die Nicht-Erfolgreichen, die ihnen obsessiv folgen und sich ihr Zeug zwischenzeitlich reingezogen haben, furchtbar mies drauf sind.

Auch ich war mies drauf, wenn ich zu später Stunde mein *iPhone* zur Seite legte. Warum? Die Frauen, denen ich folgte, waren teils durchaus sympathisch. Zumindest sympathisch genug, dass ich mir ihr privilegiertes Leben Tag für Tag von Neuem reinzog, was natürlich nur möglich war, weil sie exzessiv viel davon preisgaben, als wollten sie einen geradezu zwingen bei der Stange zu bleiben. Ich kannte die Marken ihrer Lieblingsmüslis, ihre Morning-Routine, die Namen ihrer Freunde, die ich selbstverständlich gegoogelt hatte, den Namen ihrer Haustiere und Fitnesstrainer, wusste genau, wo sie Yoga machten, und jedes Mal, wenn ihre Insta-Profilbilder wegen neuer Stories rot aufleuchteten, war ich milde aufgewühlt. Meine Güte, ich war kein Stück besser als ein psychopathischer Stalker, nur dass ich nicht vorhatte, den Mädels sabbernd vor ihren Haustüren aufzulauern.

Tijen Onaran, die Selfmade-Digitalunternehmerin. Ich hatte sogar ihr Buch gekauft. Die Botschaft: Erfolgreich wird, wer sich zur Marke macht. Früher galt: Sprich über deinen Erfolg. Heute gilt: Sprich über dich und zwar ständig, dann kommt der Erfolg. Der Beweis für die Richtigkeit ihrer Tipps war Tijen selbst: Diversity-Expertin und Netzwerkerin, bunter Signature-Look, dick geschminkte Lippen. Auf ihrem Kanal in Dauerschleife Tijens Auftritte, Presse, feministische Motivationssprüche, dazu Schnappschüsse von ihr selbst: Tijens Aufstieg zum Superstar – und ihre Follower dürfen zusehen. Ich musste an Glücksratgeber denken, die sich deswegen gut verkaufen, weil sie ihre Autoren selbst sehr glücklich gemacht haben. Man kann mit seinem Gesicht Schminkzeug verkaufen aber auch Feminismus. Bei Tijen erfuhr man, wie schlecht es um uns Frauen in der Arbeitswelt stehe, wie viel weniger als Männer wir verdienten. Man könnte in die Politik gehen. Für die Abschaffung des Ehegattensplittings und bessere Kinderbetreuung kämpfen? Man kann Feminismus aber auch zum Geschäftsmodell machen, um als Rolemodel für *Female Empowerment* viel Geld zu verdienen. Hierfür ist es ratsam, mantraartig auf Defizite und Ungerechtigkeiten hinzuweisen. Je schlechter die Ausgangslage, desto größer das Erregungspotenzial und damit die Reichweite. Frauenförderung ist natürlich eine gute Sache, keine Frage. Doch irgendwie fühlte ich mich nach der Dauerbetrachtung von Tijens Account nicht empowert. Eher das Gegenteil. Denn etwas anderes schien mir mindestens so offensichtlich: ein erstrebenswertes Leben führt, wer es schafft, sich omnipräsent im Scheinwerferlicht selbst zu inszenieren. Nur wer postet existiert. Nur wer von Tausenden gesehen wird, findet statt.

Das ist alles natürlich nur meine Meinung. Im Grunde war mir klar: Leute wie Tijen machten alles richtig. Geiles Leben, rote Lippen und alle schauen zu.

Ein guter Mensch zu sein, war auf Instagram grundsätzlich sehr populär. Sinnfluencer nannten sich die, die hier auch die großen Themen auf den Tisch brachten: Feminismus, Rassismusbekämpfung, Umweltschutz. Sinn und Moral als Distinktionsmerkmale einer erfolgreichen Personenmarke, irgendwo im Grenzbereich zwischen Aktivismus und Kommerz. Wie wäre es mit Pullovern aus veganer Baumwolle? Dazu ein Diversity-Smoothie? Auch für Mental Health-Apps kann man prima Werbung machen, nachdem man vorher seine Follower ermahnt hat, auf ihre psychische Gesundheit zu achten.

Ebenso lässt sich Empörtheit vermarkten, auf jeden Fall garantiert sie Reichweite. Dies schien mir ein Fernsehbeitrag zu bestätigen, für den es sogar Preise gab: *Männerwelten*. Eine Moderatorin führte durch ein fiktives Museum voller Dick Pics, die Frauen von

Männern geschickt bekommen hatten. Wenn ein Date mir Dick Pics schickt, die ich nicht haben will, lösche ich diese und sperre den Typen. Offenbar erhielten diese Frauen ihre zahlreichen Penisse über die sozialen Medien. Dort sieht man aber nur Nachrichten von Leuten, denen man selbst folgt. Warum bitte zogen sich diese Mädels die in gesonderten Ordnern verborgenen Penisbilder fremder Männer rein? Wie wäre es mit ignorieren? Bin ich die einzige Person, die auf Instagram noch nie in den Ordner *Anfragen* geschaut hat? Warum schaut man da rein? Weil man sich über abturnende Genitalien ärgern will? Generell schafft *Männerwelten* Aufmerksamkeit für Widerlichkeiten, die Frauen täglich im Netz ertragen müssen. Das ist gut. Noch besser wäre es gewesen, der Feststellung Raum zu geben, dass das unaufgeforderte Verschicken von Dick Pics unter § 184 des Strafgesetzbuches fällt, zur Anzeige gebracht und mit einem Freiheitsentzug von bis zu einem Jahr geahndet werden kann. So bleibt nur die Empörung und die Gewissheit: es werden weiterhin unaufgefordert Schwänze durchs Netz geschickt.

Ratlos ließ mich auch der Trend *Body Positivity* zurück. Ein genialer Zug der Konsumgüterindustrie, um Produkte auch an füllige Menschen zu verkaufen, hauptsächlich an Frauen offenbar, denn wer hat jemals ein männliches Curvy-Model gesehen? Generell sind Abweichungen von der Normschönheit eine Möglichkeit geworden, Aufmerksamkeit auf sich zu ziehen. Liebt euch selbst, jeder Körper ist es wert bewundert zu werden, posaunt es von überall. Klingt gut, aber seien wir mal ehrlich: bewundert wird der nicht-normschöne Körper nur, wenn er es schafft, schön hell erleuchtet im Rampenlicht zu stehen. Letztlich war die Gesellschaft nie so besessen von Schönheit wie heute. Warum werden erfolgreiche Supermodels eigentlich immer dünner? War der Heroin-Schick von Kate Moss nicht von gestern? Amy Schumer darf Selfies mit Pickeln und Fettgesicht posten. Aber die ist Komikerin und beabsichtigt sicher nicht, dafür einen L'Oréal-Deal einzufahren.

Was mich fast sprachlos machte, war ein Spruch, den eine blonde Lifestyle-Influencerin, die offenbar besonders viele Hass-Kommentare auf ihrem Account erntete, unter einem perfekt ausgeleuchteten Selfie postete: *Don't be jealous, be inspired!*

Ich soll inspiriert sein vom Erfolg einer Influencerin, die erfolgreich ist, weil ich und Tausende andere Dumme uns ihren Schmarrn tagtäglich reinziehen? Weil wir zu blöd sind »unfollow« zu klicken und stattdessen wie Junkies auf ihrer Dauerwerbesendung festhängen?

Ich verspürte das Bedürfnis die Instagram-App zu löschen. Schon aus Selbstschutz. Aber ich dachte an Tessas Auftrag, und es fiel mir ein Satz von Seneca ein, aus einem seiner Briefe. Er hatte ihn angewidert nach dem Besuch eines blutrünstigen Gladiatorenkampfs formuliert: *Necesse est aut imiteris aut oderis.* Man hat die Wahl zwischen Nachahmen und Hass. Seneca empfiehlt beides nicht, stattdessen den stoischen Rückzug. Aber wer dem Leben etwas abtrotzen will, wer im Zirkus der Gegenwart mitspielen will, kann sich nicht einfach zurückziehen. Was dann?

Ständig wird auf den sozialen Medien von Inspiration gefaselt. Das ist Quatsch. Der wichtigste Antriebsmotor hier ist Neid. Natürlich will das keiner zugeben.

Wir beneiden die, die uns ähnlich sind. Und hier finden wir Tausende, die meisten ähnlich durchschnittlich wie wir, die es aber schon geschafft haben. Neider sind Verlierer. Und um uns nicht als Verlierer zu fühlen, ist eine Strategie, sich mit seinen Neidobjekten zu solidarisieren. Stellvertretend für uns erleben sie das, was uns verwehrt bleibt. Sei es der Alltag einer Glamour-Hausfrau oder das Jetset-Leben einer Caro Daur. Die Welt ist komplex und unsicher, gerne flüchten wir uns in fremde Leben. Ein bisschen Orientierung, ganz viel Eskapismus. Insgeheim wissen wir, wir sollten unser eigenes Leben leben. Unser Gehirn bleibt unbefriedigt. Und was schafft hier schnelle Abhilfe? Konsum! Wir kaufen unseren Neidobjekten auch noch ihre dämlichen Produkte ab.

Neid ist im Grunde die Negation des eigenen Ichs. Schrecklich! Gerne würden wir jemanden hassen für dieses miese Gefühl, aber das geht nicht, Hasskommentare sind ultra-peinlich. Was stattdessen? Ganz einfach: Instagram ist ein Sammelbecken masochistischer Selbsthasser, die zusehen, wie andere ihre Träume leben.

Ironischerweise überschütten uns die, denen wir folgen, ständig mit Tipps, wie wir etwas an unserer misslichen Situation ändern könnten: *Follow your own way!*, *Stop holding yourself back!*, *You are beautiful as you are!* Was für ein Widersinn? Als würden sie uns Followern anraten, ihnen ganz schnell zu entfolgen.

Interessant fand ich den Steckbrief einer jungen Journalistin: *I never wanted an ordinary life!* Alle Achtung, dachte ich, du hast's geschafft, meine Liebe, mehrere Zehntausend beklatschen hier deine Beiträge, die hauptsächlich aus Schnappschüssen deiner selbst mit wichtigen Menschen bestehen. Allerdings solltest du wissen, dass nicht nur du auf das »gewöhnliche« Leben pfeifst. Nein, im Zeitalter der Singularitäten will nämlich jeder das besondere Leben, die Applausspender deines außergewöhnlichen Lifestyles sind also in Wirklichkeit neidvolle Beobachter deiner Privilegien.

In Bezug auf Influencer war meine Theorie wie folgt: Wenn eine Influencerin eine gewisse Followerschaft hat, teilt sich diese in drei Teile. Zunächst die naiven Lämmchen. Sie suchen nach Identität und finden Anregung wie bei einer großen Schwester, wie ein »gutes« Leben auszusehen hat. Sie sind überzeugt, ihr Idol habe es verdient berühmt zu sein. Gerne lassen sie sich von ihrer Werbung berieseln, schließlich stehen ihre Produkte für Lebensglück. Das zweite Drittel der Follower sind keineswegs

Lämmchen, sondern potenzielle Aufsteiger, die selbst Influencer oder Promi werden wollen. Diese Follower fragen sich, wie hat die Alte das geschafft? Was ist ihr Geheimnis? Mit analytischem Verstand durchforsten sie ihre Reels und Stories. Was für Musik hat sie verwendet? Wie schneidet sie ihre Videos, welchen Trends folgt sie? Das letzte Drittel sind schließlich die Hate-Binger. Hierzu gehörte ich. Hate-Binger folgen Leuten, die sie nicht leiden können. Mit einer seltsamen Mischung aus Faszination und Verachtung. So wie man einer Trash-TV-Promidame folgt, bei der man latent stets mit dem Absturz rechnet. Dann will man nämlich live dabei sein. Bei einem Autounfall auf der A9 würden wir uns das selbst verbieten. Aber hier auf den sozialen Medien können wir die Scheiße in uns ganz ungeniert und unbeobachtet ausleben.

Ich fragte mich, ob es ein Fachwort für den Drang gab, etwas negativ zu kommentieren, davon aber wieder Abstand zu nehmen, um sich nicht des Hate-Bingings überführen zu lassen? Den Begriff gibt es noch nicht, er wird aber sicher bald erfunden werden.

Wenn ich abends vor meinem *iPhone* saß, fiel mir auf, wie nett es früher gewesen war. Damals ohne soziale Medien war es das Größte, das beliebteste Mädchen der Klasse zu sein. Heute befriedigt das nicht mehr sonderlich. Die Welt ist groß und digital. Warum nicht die Beliebteste unter Tausenden? So wie die Influencer-Mädels auf TikTok, die schon als Grundschulkinder angefangen haben zu posten. Große Aufmerksamkeit, große Befriedigung.

Die großen Mythen, allen voran die Religionen, haben ihre Strahlkraft verloren. Die romantische Liebe, meinetwegen, die ist nicht totzukriegen, doch was leitet uns sonst? Außer dem Gebot der Selbstverwirklichung? Mache aus deinem Leben ein Narrativ, schöpfe dein Potenzial aus, bringe dein Ich zum Strahlen. Und seit es die sozialen Medien gibt, raunt im Hinterkopf ständig eine Stimme dazu: möglichst so, dass alle es mitbekommen.

Nie zuvor hatten wir unlimitierten Zugriff auf unzählige Variationen des guten Lebens. Wer heute auf den sozialen Medien ständig online ist, und das ist nicht nur die Jugend, erstickt an der Fülle der selbst nicht ergriffenen Lebenschancen, Variationen gelungener Existenzen: die Geschichte eines exzentrischen Aufstiegs, das Celebrity-Dasein im Scheinwerferlicht, das Leben als Power-MILF, auf VIP-Parties, dem Coachella Festival oder unter karibischer Sonne, aufwendig inszeniert, das wissen wir natürlich, und doch sind es Millionen selbst nicht realisierter Möglichkeiten. Ist deren Dauerbetrachtung zu einer Sucht geworden? Geben wir uns freiwillig etwas hin, was man Pain-Binging nennen könnte?

Scheitern als Lebensgefühl. Fast jeder, der sich »Follower« nennt, kennt das Gefühl. Zugeben würde es niemand.

»Follower«, eine Typisierung der digitalen Neuzeit und im Grunde ein Euphemismus: der unbezahlte Applausspender; der aufmerksamkeitsökonomische Proletarier; der anonyme Fan; der stalkende Im-Schatten-Steher; der »Nicht-Content«-Creator; der Zu-spät-aufs-digitale-Pferd-Aufgesprungene; der emotionale Händchenhalter, der die Last der digitalen Inkontinenz anderer Leute trägt. »Follower« sein, kein leichter Job, fürwahr.

Früher saß man samstags vorm Fernseher und schaute *Wetten, dass..?* mit Thomas Gottschalk. Zugegeben, manchmal war es etwas langweilig, aber wir hatten etwas, über das wir alle sprechen konnten, eine Art kollektive Erfahrung. Niemand musste auf Thomas Gottschalk neidisch sein, sein Status war ohnehin uneinholbar. Heute lebt jeder in seiner Filterbubble und heute könnte jeder Thomas Gottschalk sein. Die Stars sind gar nicht so unerreichbar. Der aufteilbare Kuchen Aufmerksamkeit im Netz scheint riesengroß, und doch enden die meisten als Reichweiten-Looser. Ich glaube, der Historiker Yuval Harari hat einmal festgestellt: Wir sind glücklich, wenn die Realität unseren Erwartungen entspricht. An der Realität hat sich eigentlich nicht viel geändert. Nur leider sind unsere Erwartungen explodiert.

Star sein als Option für Jedermann. Diese Illusion haben die Tech-Konzerne erfolgreich in Millionen junger Köpfe eingepflanzt. Warum als junger Mensch Kunst in Wuppertal studieren, wenn es doch auch Literatur in New York sein könnte? Ein Studium wie es diese Influencerin mit dem lustigen Dutt betreibt, die täglich bunte Bilder davon postet. Dass sie ihren Lifestyle durch Werbekooperationen finanziert und der Durchschnittskünstler sich niemals ein WG-Zimmer in New York leisten könnte, wird erst bei genauem Nachdenken klar. Ein ganz »normales« Leben war früher ganz normal. Heute erscheint es irgendwie gewöhnlich.

Je mehr Zeit ich auf Instagram verbrachte, desto mehr wuchs in mir eine unangenehme Erkenntnis. Mein Ekel vor dieser Plattform war durchzogen von etwas anderem: Faszination. Ich war heimlich fasziniert von den Leuten, die es hier geschafft hatten.

Der ehemalige Psychologieprofessor Jordan Peterson sagt, das größte Problem für uns moderne Menschen sei unser ständiges Gefühl von Wertlosigkeit. Ich denke, er hat recht. Wir sind winzige Punkte auf einem einsamen Planeten in einem unendlich großen Universum. Eine zufällige Evolution hat uns hervorgebracht, ein Leben nach dem Tod ist Wunschdenken und sogar unser »Ich« ist nur eine Illusion. Nichts als das Ergebnis neuronaler Verschaltungen in unserem Kopf, wie uns die Wissenschaft erklärt.

Ich glaube, das ist der Grund, warum die Menschheit auf den sozialen Medien festhängt. Hier kann man wenigstens sein digitales »Ich« kreieren. Hier ist man Schöpfer seiner selbst und streut sein aufwendig kuratiertes »Ich« in den digitalen Äther.

Plötzlich erinnerte ich mich an den berühmten, existenzialistischen Roman »Ekel« von Jean-Paul Sartre, den ich während des Studiums gelesen hatte. Der Ich-Erzähler Roquentin empfindet

Ekel angesichts der Sinnlosigkeit seiner Existenz. Sein Leben erscheint ihm zufällig, nichts als das Verstreichen von Tagen ohne Richtung. Doch Roquentin spürt, es könnte einen Ausweg geben. Aber welchen? Er plant ein Buch zu schreiben. Ein Buch, eine Geschichte als Rettung vor Sinnlosigkeit und Selbsthass.

Auf einmal erschien mir das Treiben auf den sozialen Medien völlig plausibel. Hier machten Leute aus einem Nichts ein Etwas! Selbst wenn sie nur ihre Grünkohl-Smoothies und ihren dämlichen Alltag ins Netz stellten. Sie verwandelten sich in ein Narrativ. Waren Influencer die wahren Existenzialisten? Mir wurde ganz heiß bei dem Gedanken. Hatte die Werbeindustrie zurecht erkannt, dass diese Leben besonderen Wert besaßen, der sich in Geld bemessen ließ? Und was war das für ein Ekel, den ich bei all dem empfand? Langsam schwante mir: es war Ekel vor meiner eigenen Passivität.

Die Menschheit hatte sich entschieden ihr Leben online zu verbringen. Es gab kein zurück. Wer wie ich sein »Ich« bisher nicht digital inszeniert hatte, würde bald nicht mehr mitspielen. Ich würde als analoger Dinosaurier enden, und das noch vor meinem vierzigsten Geburtstag, um Gotteswillen.

Der Philosoph Peter Sloterdijk stellte einmal fest, dass Instagram im Grunde wie Beten sei. Wer sein Ich hier präsentiere, bewerbe sich für einen Platz in der Ewigkeit: einen Platz im Bewusstsein anderer Menschen. Ist dies nicht ohnehin die einzige Form von Unsterblichkeit, die möglich ist? Ich erinnerte mich, dass in den Anfangszeiten der Fotografie viele Menschen Angst davor hatten, fotografiert zu werden. Denn eine Fotografie könnte ihnen ihre Seele rauben. Eine Seele gibt es natürlich gar nicht. Aber enthalten die Fotos von uns im Netz nicht vielleicht etwas Ähnliches?

Ich vermute, Sloterdijk meinte seinen Satz ironisch. Was aber, wenn er stimmt? Sein digitales Ich omnipräsent ins Netz zu streuen ist vielleicht die einzige Art Selbstverewigung, die überhaupt möglich ist?

Mutter Theresa braucht man dafür nicht zu sein. Ganz im Gegenteil. Viel sinnvoller als geliebt zu werden, ist es doch, einfach so krass zu sein, dass jeder einen beneidet. Schließlich gibt es keine bessere Möglichkeit, sich einen Platz im Hinterkopf unzähliger Menschen zu erobern.

Ich dachte wieder an Sartres Ich-Erzähler Roquentin. Das Buch, das Roquentin zu schreiben gedachte, sollte eine Abenteuergeschichte sein, und er hoffte auf zahlreiche Leser. Es sollte sich also bestmöglich verkaufen.

Plötzlich fiel es mir wie Schuppen von den Augen. Es gab keine Alternative zu Tessas Vorhaben. Ich musste berühmt werden. Nur dann würden sich meine Bücher verkaufen, vielleicht irgendwann ein großes Werk. Nur dann würde jemand meine Kolumne lesen. Nur dann war Sinn möglich. Nur dann ließ sich meine Existenz rechtfertigen.

Irgendwer hat mal gesagt: Unsichtbarkeit ist die Hölle unseres Jahrzehnts. Es stimmte.

Aus irgendeinem Grund fiel mir jetzt Anna Delvey ein. Die junge Hochstaplerin, die sich als reiche Erbin ausgegeben und wohlhabende New Yorker über den Tisch gezogen hatte. Nach einer Netflix-Serie über sie folgten ihr inzwischen über eine Million Menschen auf Instagram. Sie hatte aus einem Nichts ein Etwas gemacht. Sie hatte ihre Existenz mit Bedeutung aufgeladen. Menschen, die ihre Moral und ihr Risikobewusstsein ausschalten können, sind faszinierend. Warum? Weil sie nicht so feige, brav und gewöhnlich sind wie wir selbst.

Wer sein Leben in ein Spektakel verwandelt, ist ein wahrer Existenzialist. Ich war fast erschüttert von dieser Erkenntnis.

Ohne spannendes Narrativ sind wir nur Augen, die aus Körpern starren. Und je älter wir werden, desto schneller vergeht die

Zeit. Unsere Körper mögen vergehen und sinnlos sein, aber unser Narrativ ist es nicht.

Langsam begann ich zu ahnen, welche der beiden Optionen von Senecas altem Spruch zu wählen war. Es war nicht der Hass, es war das Nachahmen.

Kapitel 5

Am folgenden Wochenende war ich bei Tessa. Sie hatte mich schon für Samstagmittag einbestellt, was ungewöhnlich war. Wir bräuchten Zeit, hatte sie erklärt, und ich solle Klamotten mitbringen, nur meine coolsten bitte, was auch immer das heißen mochte.

Als ich mit meiner prall gefüllten Sporttasche ihr Loft betrat, stand sie in der Küche. Die Küche ist eine supermoderne Wohnküche in Grau-Metallic, dahinter schließt sich der Wohnbereich an, zur anderen Seite ihr Büro und Schlafzimmer. Ich wunderte mich, denn auch eine von Tessas Assistentinnen war da: Sarah, die zwar keine Nasenpiercings, dafür aber eine überdimensionierte Brille trug. Ich glaube, der Look ist bei der GenZ gerade angesagt.

Tessa machte mit ihrem Edelstahl-Juicer drei Smoothies fertig, schenkte sie in Edelstahl-Becher mit Edelstahl-Strohhalmen und wir setzten uns auf ihre Ledercouch.

Ich betrachtete Tessa, wie sie mir gegenübersaß und war wieder mal fasziniert von ihrer makellosen Optik.

Tessas Optik verwirrt und nimmt einen gleichzeitig gefangen. Ihre Augen dunkel, aufmerksam, sehr wach, einen sehr genau beobachtend, mit Gedanken dahinter, die sich nicht wirklich entschlüsseln, einen aber unwillkürlich Haltung annehmen lassen. Tessas Gesicht lässt sich nicht so leicht vergessen. Vielleicht liegt ihr darum nichts daran, aktiv Aufmerksamkeit auf ihre Person zu lenken, zu viel Aufmerksamkeit könnte schädlich sein, insbesondere in ihrem Geschäft. Nach den Jahren mit ihr weiß ich, dass Tessa mir wohlgesonnen ist, aber ihr ernstes Gesicht irritiert mich immer wieder.

Tessas Körper ist schlank und hochgewachsen. Durch ihren Kurzhaarschnitt fällt es besonders auf. Ein Körper, der drahtig und bestimmt ist, der sehr klar macht, wo seine Grenzen sind, bis wohin man sich ihm nähern darf, der nicht darauf wartet, dass man ihn umarmt, sondern der selbst umarmt, natürlich nur, wenn ihm danach ist. Respekteinflößend, das wäre wohl ein passender Begriff. Wer keinen Respekt vor Tessa hat, der hat sich vertan. Ihre dunklen Augen haben schon viel gesehen, verraten aber nicht was. Hätte Tessa schauspielerische Ambitionen, ihre Chancen stünden gut. Nur dass ihr jede Form von Applaussucht fernliegt, und was ist Schauspielerei am Ende anderes als der Wunsch gesehen, für seine Kunst bewundert und beklatscht zu werden? Tessa ist die Person, der das wirklich am Arsch vorbei geht. Vielleicht weil ihr ohnehin jeder Respekt zollt. Manchmal frage ich mich, ob sie ein Wesen ist, das bereits eine höhere, evolutionäre Stufe erklommen hat.

Tessa trug heute Röhrenjeans, was ihr super stand, denn mit ihren Mitte Vierzig war sie top in Form und sportlich, dazu ein schwarzes T-Shirt. Der Look brachte ihre Armtattoos perfekt zur Geltung. Mir fiel auf, dass ein neues dabei war. Kurz über dem linken Handgelenk auf der Innenseite. Irgendetwas Rundliches, es sah frisch gestochen aus.

»Das ist neu?«, fragte ich und deutete darauf.

Tessa nickte.

»Noch ein bisschen rot, aber das wird.«

»Was ist das denn?«

Tessa hielt mir ihr Handgelenk unter die Nase.

Es handelte sich um einen Maulwurf. Ein ungewöhnliches Motiv. Ein echter Stilbruch zu ihren anderen Tattoos. Der Maulwurf lag auf dem Rücken, die Pfoten von sich gestreckt, und anstelle von Augen waren da zwei Kreuze. So wie bei toten Comicfiguren.

»Sehr ungewöhnlich!«, meinte ich anerkennend.

»Jetzt sag nicht, du weißt nicht, woher das ist?«, Tessa sah mich an.

Ich schüttelte den Kopf. Etwas schuldbewusst ob meiner Ahnungslosigkeit.

»Lottchen, liest du denn nicht die Klassiker?«

»Was für Klassiker bitte?«, jetzt war ich doch etwas verärgert, »Goethe? Thomas Mann? Gab's bei denen Maulwürfe?«

»Meine Güte, nein. Das sind nur alte, tote Männer.«

Ich wollte etwas entgegnen, ließ es aber. Bei Tessa hatte man mit Bildungstalk ohnehin keine Chance.

»Wenn du ein großes Werk schreiben willst, solltest du die relevanten Klassiker lesen. Kein antiquiertes Zeug.«, stellte Tessa fest. Dann stellte sie ihren Edelstahlbecher ab und sah uns an.

»Aber jetzt lasst uns anfangen. Heute ist offizieller Projektstart. Projekt LOTTE!«

Als erstes erklärte Tessa, dass Sarah in der nächsten Zeit nicht mehr für sie, sondern für mich arbeiten werde. Als ich fragte warum, sah Tessa mich wieder an wie eine Ahnungslose.

»Content kreieren! Fotos machen! Videos schneiden. Jetzt sag nicht, du kannst das alles selbst?«

In der Tat war Sarah hierfür wohl die Richtige. Wie alle ihrer Generation war sie aktiv auf TikTok, eine Hermine Granger-Lip-Sync von ihr hatte sogar dreißigtausend Views.

»Bevor ich's vergesse, als deine Managerin brauche ich noch deine Login-Daten für Instagram und Co., Sarah ebenso. Wir machen das in Teamarbeit.«

Ich nickte gehorsam.

Dann erklärte mir Tessa, es sei notwendig, meinen Bürojob runterzufahren. Wie bitte? Ja, ich solle einen Antrag auf Teilzeit einreichen. Auf keinen Fall mehr als siebzig Prozent arbeiten, sonst könnten wir unseren Plan begraben.

Es war schnell klar, dass Tessa nicht mit sich reden ließ. Notfalls solle ich halt bei ihr einziehen wegen der Miete, berühmt werde man nicht einfach nebenbei.

»Und wofür soll ich nun eigentlich berühmt werden?«, fragte ich, als Tessa zur Stärkung bereits den zweiten Smoothie servierte.

»Wie, wofür?«

»Naja, ich habe keine besonderen Talente oder so ...«

Tessa sah mich kopfschüttelnd an.

»Du bist Psychologin und Philosophin. Du bist Buchautorin! Ex-Startup-Unternehmerin ...«

»Also Expertin fürs Scheitern ...«

»Papperlapapp! Du bist vielseitig. Das lässt sich wunderbar vermarkten.«

Ich war nicht überzeugt, aber Tessa begann aufzuzählen:

»Du kannst frei reden; du bist mental stabil, das ist schon mal ganz wichtig; und auch sehr wichtig: siehst gut aus.«

»Das tun viele.«

»Du hast ein RRBF, ein Royal-Resting-Bitch-Face.«

»Ein was?«

Tessa verzog ihr Gesicht, so dass sich ein spezieller Ausdruck ergab, leicht angepisst, gleichzeitig gelangweilt spöttisch.

»Oh Gott. Ja, ich gucke halt immer etwas muffig ...«

»Heute heißt das eben anders. Wichtig ist dieses unterschwellig Royale. Nach dem Motto, Bitches, fuck off, I'm fucking famous.«

»So, so.«

Tessa nahm einen Schluck von ihrem Smoothie, diesmal war es Blaubeere, Hafermilch und Chia-Samen.

»Ganz ehrlich, Lottchen, dein größtes Problem ist dein fehlender Größenwahn.«

»Größenwahn?!«

»So ist es. Männern könnte so was nicht passieren. Du brauchst diese Selbstverständlichkeit – ich bin Lotte Hohenfeld und die

Spitze des Erfolgs ist mein natürliches Habitat. Die meisten Frauen haben Größenwahn einfach nicht drauf. Ich garantiere dir, hätten sie es drauf, würde das die ganze Frauenbewegung überflüssig machen.«

»So, so«, sagte ich nur.

»Wir vermarkten dich als Multitalent. Es kommt nicht darauf an, was man ist. Es geht darum, was man sein könnte. Du bist anpassungsfähig, maximal formbar. So wie deine Geschichte. Bei deinem Namen fangen wir an.«

»Meinem Namen?«

»Ja, da sprechen wir noch drüber. Ziel ist erstmal, dass jeder dich kennt. Finde dich selbst, sagen die Leute. Fuck it, finde raus, was du sein kannst!«

Ich wusste, dass Tessa was sie sagte ernst meinte. Das tat sie immer. Multitalent klang schmeichelhaft. Im Grunde war es natürlich ein Synonym für multifunktionales Mittelmaß.

»Ich würde schon gerne was bewegen. Menschen erreichen, irgendwie einen positiven Beitrag leisten und so …«

»Vorher erstmal berühmt werden. Sonst läuft da nix«, stellte Tessa fest.

»Meinst du nicht, man sollte ein besonderes Talent haben«, setzte ich nochmal an, »berühmte Schauspieler können ja auch sehr gut schauspielern …«

Tessa lachte.

»Blödsinn. Alles Nepo-Babies! Hinter jedem berühmten Schauspieler stehen hundert andere, die es genauso gut könnten.«

Tessa strich sich mit der rechten Hand über ihr Maulwurftattoo. Fast als wäre der Maulwurf so eine Art Krafttier.

»Warum ist Sharon Stone ein Superstar? Na?«

»Naja, wegen *Basic Instinct*. Eine tolle Schauspielerin, und sie sah immer mega heiß aus.«

»Mag sein, aber das ist nicht der Grund.«

»Was dann?«

»Sharon Stone hat die Rolle in Basic Instinct nur bekommen, weil zwölf andere Schauspielerinnen, die alle vor ihr gefragt wurden, keinen Bock drauf hatten. Sharon Stone ist berühmt, weil zwölf andere abgesagt haben! Alle außer ihr waren sich zu fein, eine mordende Bisexuelle zu spielen und dazu etliche Nacktszenen.«

Ich schaute sie überrascht an. Ebenso wie Sarah auf der anderen Couchseite. Höchstwahrscheinlich wusste Sarah gar nicht, was *Basic Instinct* war.

»Und warum ist Sharon Stone heute berühmt?«, fragte Tessa.

Bevor ich etwas antworten konnte, beantwortete sie ihre Frage selbst:

»Weil sie Sharon Stone ist! So einfach ist das.«

Tessa stand auf. Jetzt sah sie ein bisschen aus wie eine Oberlehrerin.

»Meritokratie ist tot, in der Kultur gab es sie eh nie. Es zählt das Spektakel. Und dazu jetzt eine allerletzte Geschichte …«

Es war ganz still. Außer einem Blubbern, das aus meinem Bauch kam. Offenbar der Blaubeer-Smoothie.

»Warum ist die Mona Lisa berühmt?«

»Du meinst das Gemälde?«

»Natürlich.«

»Naja, es ist halt das bekannteste Bild von Leonardo Da Vinci, Universalgenie der Renaissance. Unglaublich kunstfertig, dieses entrückte, seltsame Lächeln, diese Augen, die einem zu folgen scheinen …«

»Leonardo hat viele Frauen gezeichnet. Warum ist grad die Mona Lisa berühmt?«

»Sie ist halt die Tollste«, meinte Sarah.

Tessa schüttelte den Kopf.

»Leonardo hat die Mona Lisa kurz vor seinem Tod nach Frankreich verkauft, ab 1797 hing sie dann im Louvre. Ewig hing sie da rum, ein Bild unter vielen, keiner hat sie großartig beachtet. Aber 1911 änderte sich das. Die Mona Lisa wurde aus dem Louvre gestohlen. Ein Riesenskandal, es kam überall in die Presse. Die Leute spekulierten, warum gerade die Mona Lisa gestohlen worden war. Erst zwei Jahre später schnappte man den Dieb, einen Vincenzo Peruggia, als er versuchte, das Bild den Uffizien in Florenz zu verkaufen. Er behauptete, Italien seine Mona Lisa zurückbringen zu wollen, was die Italiener ziemlich cool fanden. Das Ganze kam weltweit in die Schlagzeilen. Plötzlich kannte jeder auf der Welt das Bild der Mona Lisa.«

Tessa sah uns triumphierend an.

»Na? Warum ist die Mona Lisa berühmt?«

»Weil sie geklaut wurde.«

»So ist es!«, rief Tessa, »geheimnisvolles Lächeln, my ass!«

Sarah und ich schwiegen.

Es gab keinen Grund, irgendetwas zu sagen.

»Ist ja ein Ding«, stellte ich fest.

Ich merkte, dass es schon wieder in meinem Magen rumorte, die Blaubeer-Hafermilch-Mischung war nichts für mich.

»Ein Ding? Sonst nichts?«, meinte Tessa.

Sarah stand auf. Sie sah erzürnt aus hinter ihrer riesigen Brille. Sie hob ihren Edelstahlbecher:

»Die Mona Lisa ist so eine lame bitch! Ich fass es nicht, echt! Der Alten zeigen wir's!«

Kapitel 6

Am nächsten Tag, am Sonntag, ging es los. Ich hatte wie üblich bei Tessa auf der Ledercouch übernachtet, und um neun Uhr klingelte es an der Tür.

»Lottchen! Aufstehen, fertigmachen!«

Als ich kurz darauf schlaftrunken aus dem Badezimmer kam, hatte jemand im Wohnzimmer einen Klapptisch aufgebaut und auf der Ledercouch lagen in Reihen angeordnet Lippenstifte, Pinsel und alle möglichen Tiegel. Eine große Blonde mit Irokesenschnitt und fast so vielen Tattoos wie Tessa begrüßte mich, sie sei Miriam, und es sei höchste Zeit anzufangen. Als es nochmal an der Tür klingelte, war es Sarah mit einer Kameraausrüstung.

Die nächste Stunde verbrachte ich bei Miriam in der Schminke. Erstmal natürlicher Look, war Tessas Anweisung, die mich parallel mit Croissants fütterte und Schampus reichte: »Nur mit Schampus kommt der Glow.« Sie hatte Recht, denn als wir zwei Stunden später im Tempelhofer Park ankamen, war ich bester Laune.

Die Sonne schien und wir machten Fotos von mir und Wolken. Ich, auf der Wiese liegend, über mir lichtdurchflutete Schäfchen- und Haufenwolken, ich, in die Luft springend, lachend in den Himmel zeigend. Ich, nachdenklich unter einer bauschigen Cumulus im Gras hockend. Nach dem Grund für all das fragte ich nicht. Tessa wusste was sie tat.

Später zurück in Tessas Loft wurde es anstrengend, denn es ging weiter. Ich wurde neu geschminkt, dazu immer wieder neue Outfits. Ich, verträumt auf der Fensterbank hockend. Ich, vor Tessas Plattenregal im kleinen Schwarzen. Ich, in Denkerpose mit Kaffeetasse auf der Couch. Irgendwann ging Tessa ins Schlafzimmer und kam mit einem Stapel Pakete aus China wieder. Billig-klamotten im Stil von SHEIN, überhaupt nicht Tessas Style, aber die Sachen waren für mich gedacht. Das »Lotte«-Narrativ brauche Farbe, erklärte Tessa. Das beste Stück war definitiv ein Teddyfell-Mantel mit FOZZIE BÄR vorne drauf, dem aus der Muppet Show. Auch das Paar rosa Frotteestiefel sah originell aus. Eine Luxusmar-ke hatte ganz ähnliche letzte Woche bei der Paris Fashion Week vorgestellt. Jetzt schon nachgemacht für zwanzig Euro aus Fernost und mit seinen chemischen Farben und Polyester-Beimischungen garantiert genauso wenig biologisch abbaubar wie das Original.

Abends gegen zwanzig Uhr waren wir fertig. Auch vorm Haus hatten wir gewirkt, Videos gemacht, sogenannte Reels. Der Ins-tagram-Algorithmus liebte Reels seit Neuestem, wie Sarah wuss-te, und länger als fünfzehn Sekunden sollten sie nicht sein. Min-destens zehnmal war ich in verschiedenen Outfits immer an der gleichen Stelle über die Kreuzung stolziert.

Als ich mit Tessa später allein auf der Ledercouch saß, vor uns mehrere leer gefutterte Packungen vom Thai, war ich ziemlich fertig. Richtig körperlich erschöpft. Eingerollt in die Alpakawoll-decke, eine Feuchtigkeitsmaske auf dem Gesicht, fielen mir lang-sam die Augen zu.

»Was für ein Tag, Lottchen. Du machst dich gut, wer hätte das gedacht?«, hörte ich Tessa noch sagen, die dabei war, mir die Füße zu massieren. Da war ich aber auch schon eingeschlafen.

Eine Woche später bestellte Tessa mich abends wieder zu sich ein. Auch Sarah war da, es gab Sushi und Schampus.

»Gespannt auf das Ergebnis?«, fragte Tessa.

Ich nickte. Sie setzte sich neben mich, öffnete ihren Laptop und rief meine Instagram-Seite auf, »LOTTE HOHENFELD«.

Ich staunte nicht schlecht. Auf meinem Account hatte sich ei-niges getan. Bisher hatte mein Steckbrief *Lottes Wolkenbilder* ge-lautet, nun stand unter meinem Namen *Philosophin, Psychologin,*

Kolumnistin, dazu *Person des öffentlichen Lebens*. Nach meiner letzten Wolke, die ich vor zwei Jahren hochgeladen hatte, waren fünf neue Uploads erfolgt. Als erstes ein Video: ich, auf der Tempelhofer Wiese liegend, über mir eine große Wolke. Ich lächle in die Kamera, strecke dann die Hand in die Höhe und male mit dem Zeigefinger folgenden Satz mitten in die Wolke: *The Artist is present*. Langsam verschwimmt der Spruch, und es erscheint in fetten rosa Lettern mitten auf der Wolke: *Lotte Hohenfeld*. Das Ganze untermalt von Vivaldis Vierjahreszeiten, der Frühling.

Tief beeindruckt drehte ich mich zu Tessa.

»Unglaublich! Das habt ihr gemacht?«

Tessa nickte und deutete auf Sarah.

»Die Jugend, sie ist heute sehr fit in so was.«

Ich blickte auf das nächste Upload. Ein sehr schönes Foto von mir in Tessas Wohnung, ich sah fast aus wie ein Model. Gleich noch ein weiteres. Das dritte Foto war anders, eine andere Kulisse: Wieder ich, wie ich auf einem roten Sofa sitze, das auf einer Bühne steht.

Ich stutzte.

»Was ist das?«

»Naja, das bist du.«

»Auf einer Bühne?«

»Sieht aus wie eine Fernsehbühne.«

Ich beugte mich über den Bildschirm und kniff die Augen zusammen.

»Aber da war ich nie!«

Tessa nahm sich eine Zigarette und zündete sie an.

»Ich denke, du hast auf der Bühne ein Interview gegeben. Zur Buchmesse, nicht wahr? Macht doch Sinn? Schau, da steht ein Mikrofon neben dir. Was meinst du, Sarah?«

Sarah nickte wissend.

»Ja, gut möglich.«

Fassungslos sah ich die beiden an.

»Das ist nicht echt!«

Tessa nahm einen Zug von ihrer Zigarette und lächelte.

»Was ist schon echt, Lottchen?«

Entgeistert starrte ich wieder auf den Bildschirm und jetzt erst fiel mir das letzte der neuen Fotos auf. Ich riss die Augen auf.

»Was?! Lindsay?«

Auf dem Foto standen zwei Frauen nebeneinander, vermutlich auf einer Party, Sektgläser in den Händen. Offenbar verstanden sie sich blendend, sie lachten in die Kamera.

»Ich und Lindsay Lohan? Seid ihr völlig irre?«

»Wieso?«, Sarah schob sich ihre Brille hoch und betrachtete das Foto eingehend, »sieht doch super aus?«

»Absolut«, nickte Tessa.

Ich war sprachlos. Mindestens zehn Sekunden fiel mir nichts ein. Dann griff ich nach meinem Schampusglas und leerte es.

»Wo kommen die ganzen Likes unter den Bildern her? So viele hatte ich bei den Wolken nie …?«

»Naja«, meinte Tessa, »zu Anfang muss man nachhelfen. Das ist ganz normal. Kostet ein bisschen was, schließlich wollen wir Qualität.«

»Aber das ist doch alles nicht echt?«

Tessa sah mich an.

»Lottchen, ich habe dir schon mal gesagt: es interessiert nicht, was du bist, sondern was du sein könntest. Wir müssen aus dir eine spannende Geschichte machen. Eine Geschichte, bei der keiner wegschauen kann.«

Ich schwieg.

Tessa strich mir über den Kopf.

»Sogar Aristoteles würde zustimmen. Ein Schriftsteller soll die Welt nicht beschreiben, wie sie ist, sondern wie sie sein könnte, richtig?«

»Und wenn jemand merkt, dass die Fotos nicht echt sind?«
Tessa lachte.

»Wer sollte das? Dafür bräuchte man einen IT-Forensiker. Das sind Leute, die in Cybercrime und forensischer Informatik promoviert haben. Die arbeiten fürs Gericht, bei strafrechtlichen Ermittlungen, für Versicherungen. Die werden sicherlich nicht für Tausende von Euros sich hinsetzen und Instagram-Bilder einer Lotte Hohenfeld untersuchen. Sorry, so wichtig bist du nicht, Lottchen.«

Ich schwieg. Tessa lächelte.

»Selbst diese Verfahren bieten keine Garantie, dass gefälschte Fotos überhaupt erkannt werden. Social Media-Bilder sind stark komprimiert, forensisch interessante Spuren gehen da verloren. Im Übrigen: selbst Amateure können heute mit Deep Fake KI ihre Bilder sehr professionell manipulieren. Ich will gar nicht wissen, was überhaupt noch echt ist. Und ich bin nun wirklich keine Amateurin. Nicht wahr?«

Ich schwieg.

Tessa nahm wieder den Laptop an sich und tippte etwas in die Adresszeile.

»Ich hoffe, wenigstens deine Homepage gefällt dir.«

Die Seite, die sich öffnete, sah aus wie eine Kunstinstallation. Im Zentrum ein riesiges Gesicht: und zwar meins. Ich war sprachlos. Tessa lächelte stolz. Sie klickte mit dem Cursor auf die Seite und mein rechtes Auge schloss sich, ging wieder auf, zwinkerte uns zu.

»Ironie. Das wichtigste Stilmittel der modernen Kultur«, erklärte Tessa. Dann führte sie uns durchs Menü.

Unter dem Menüpunkt »Management« fand sich der Name Constanze Buchmann.

»Wer ist Constanze?«

»Mein zweiter Vorname. Und bevor du fragst, ja, die Adresse ist in Beverly Hills. Ein alter Kumpel von mir wohnt da, mehr musst du nicht wissen«.

Zugegeben, es sah unheimlich wichtig aus.

Dann ging es zu den »Autorenfotos«. Hier fanden sich die gleichen Bilder wie auf Instagram. Dazu ein weiteres: ich neben meinem alten Date, dem hohen ProSieben-Tier vor einer Fotowand.

»Wow, du findest wirklich alles«, stellte ich fest.

Tessa nickte zufrieden.

»Ging schnell, es war bei Getty Images. Da stand natürlich nur sein Name drunter. Ich hab das Foto erworben und deinen Namen nachgemeldet. Ging problemlos …«

Sie öffnete Google, gab »Lotte Hohenfeld« ein, und ich staunte nicht schlecht: gleich als erstes ploppte dieses Foto auf.

»Man könnte fast glauben, ihr wärt ein Paar«, grinste Tessa.

»Übrigens«, fuhr sie fort, »du hast Termine die nächsten Wochen. Zwei Interviews bei Lifestyle-Blogs zu deinem Buch, eins bei Radio FFH. Ist natürlich nur der Anfang, ich hoffe auf den Rückruf einer VOGUE-Redakteurin.«

»What?«, fragte ich ungläubig, »kein Mensch wollte mein Buch besprechen!«

»Weil dir ein Pitch fehlte.«

Sie öffnete im Menü den Punkt *Aktuelle Projekte* und es erschien das Cover des *Tinder-Prinzips,* darunter: »… das neue Buch der Bestseller-Autorin Lotte Hohenfeld«.

»Spinnst du? Das war kein Bestseller!«

Tessa zuckte die Schultern.

»Der Begriff ist nicht geschützt. Man kann einen Bestseller in der Amazon-Kategorie *Selbsthilfe für Wellensittiche* haben und nur zehn Bücher verkaufen.«

»… *Lotte Hohenfeld erklärt uns den Datingburnout?*«, las ich vor, »darüber schreibe ich maximal zwei Seiten.«

»Egal. Es ist ein super Keyword.«

»... *Lotte Hohenfeld deckt Geheimnisse hinter der weltgrößten Dating-Plattform auf?* Das waren nur Interviews mit ehemaligen Tinder-Mitarbeitern ...«

»Also Geheimnisse. Marketing nennt man das, Lottchen.«

Dann öffnete Tessa einen weiteren Menüpunkt *Profil*, dort fand sich ein runterladbares PDF, ein Pitch mit der Beschreibung meiner Person: »*Lotte Hohenfeld: Bestsellerautorin, Society-Lady, Startup-Unternehmerin ...*«

»*Startup-Unternehmerin?* Das ist Jahre her! Mein Start-up ist pleite!«

»Ja und? Du warst Startup-Unternehmerin, nachweislich! Ich habe nachgeschaut, dein Coffe-Date wird sogar noch in einer Unternehmensdatenbank angezeigt.«

»... *Keynote-Speakerin?* Ich habe noch nie eine Keynote gehalten!«

»Und daher fängst du damit jetzt an«, erklärte Tessa und scrollte ein Stück runter zu den »Keynote-Themen«: *Hilfe, ich bin ein Narzisst!* ...

»Wie bitte? Was ist das für ein Thema?«

»Top aktuell, ein super Thema. Mein Gott, Lottchen, dir wird schon was einfallen dazu. Du hast doch Psychologie studiert.«

»*Freud ist tot, es lebe Freud?*«

»Ja klar, das ist doch mega?«

»*Generation Zoloft?*«

»Genial, oder? Die Idee kam von Sarah.«

»*Aristoteles für Dummys?*«

»Das ist doch mal richtig einfach.«

»*Die große TikTok-Depression?*«

»Auch von Sarah – ganz wichtiges Thema.«

»*Feminismus im Minirock?*«

Tessa nickte.

»An Frauenthemen kommst du nicht vorbei, sorry.«

»Ich trage keine Miniröcke!«

»Ok, dann ändern wir das in Hotpants.«

Tessa schaute mich zufrieden an.

»Dein Buch ist zu wissenschaftlich. Wir müssen es in Boulevard-taugliche Häppchen zerlegen, erklärt Sarah dir noch. Übrigens, ich habe dein *Tinder-Prinzip* schon ein paar Influencerinnen geschickt. Eine hat direkt angebissen, deine Homepage hat sie wohl überzeugt.«

Tessa öffnete eine weitere Seite, einen Beauty-Blog. Tatsächlich, dort gab es eine Besprechung meines Buchs mit der Überschrift: *»Bestsellerautorin und Society-Lady Lotte Hohenfeld erklärt uns den Datingburnout«.*

»Wahnsinn.«

»Ich habe dich übrigens in ein paar Datenbanken als Keynote-Speakerin eingetragen. Unter anderem auf einer Führungskräfte-Homepage.«

Ich schwieg. Ich wollte lieber nicht wissen, wie sie das angestellt hatte.

»Und jetzt kommen wir zum Wichtigsten. Deinem Wikipedia-Eintrag«, erklärte Tessa und öffnete Wikipedia.

»Seit wann bin ich auf Wikipedia?«

Tessa lächelte.

»Seit neustem. Weil du eine relevante Person des öffentlichen Lebens bist. Und ich da ein paar Leute kenne.«

Der Wiki-Eintrag LOTTE HOHENFELD war kurz, knackig und reine Angeberei. Ein Hinweis auf mein Studium, meine Unternehmensberaterzeit, dann die Kolumne beim Provinzblatt, ein Link zu den wenigen kurzen Texten, die ich dort bislang veröffentlicht hatte. Natürlich auch ein Verweis auf mein Buch, das *Tinder-Prinzip*, inklusive Link zum Verlag. Viel auffälliger allerdings war, dass gleich hinter meinem Nachnamen in der ersten Zeile des Wiki-Eintrags ein Link gesetzt worden war. Ich klickte darauf.

Es öffnete sich eine Seite des Adelsgeschlechts »Hohenfeld«. Ich war sprachlos.

»Was ist das?!«

Tessa lächelte.

»Das ist eine Homepage, die irgendein Nachfahre der Hohenfelds angelegt hat. Das waren Freiherren, niederer Adel, irgendwo aus Sachsen. Im Laufe der Jahrhunderte verfiel das Geschlecht in Bedeutungslosigkeit. Von der winzigen Burg gibt's noch eine Ruine, da ist jetzt ein Abenteuerspielplatz, immerhin etwas.«

»Ich bin aber keine *von* Hohenfeld!«

Tessa scrollte auf der Homepage nach unten zur Überschrift »lebende Nachfahren«. Unter »L« hinter »Lisbett Hohenfeld« stand tatsächlich »Lotte Hohenfeld«.

»Ich habe ein bisschen gezaubert.«

Ich sah sie an. Mir war heiß geworden. Sarah stand auf. Sie ging zur Küche, holte die Champagner-Flasche und schenkte mir nach.

»Lottchen, vertrau mir. Dein Name ist ein Asset! HOHENFELD, das klingt einfach nach Adel.«

»Aber meine Vorfahren waren Bauern! Einfache Bauern! Weißt du was Hohenfeld bedeutet? Ein Feld, das auf einer Höhe liegt!«

»Völlig egal. Auch ohne »von« ein schöner Name. Wir streuen nur ein paar Andeutungen. Was kannst du für deinen Wikipedia-Eintrag? Irgendwer hat den erstellt, who cares? Wer dich kennt, traut dir zu adelig zu sein. Das Zutrauen reicht völlig aus, wir helfen nur minimal nach.«

Ich schwieg.

»Unser Name bestimmt mit über unser Schicksal. Ich hatte eine Mitschülerin, die hieß Cordula von Richelieu, dumm wie Brot, aber du glaubst nicht, wie freundlich die Lehrer zu der waren. Mit einem »von« bist du automatisch eine gesellschaftliche Marke. Ohne jeden Aufwand.«

Ich stellte mein Glas ab und stand auf.

»Ich glaube, für heute brauch ich Feierabend.«

Als mich Tessa an der Tür verabschiedete, legte sie mir die Hand auf die Schulter und sah mich an.

»Lottchen, noch eine wichtige Frage.«

»Welche?«

»Möchtest du dein Leben als Lamm oder als Löwe verbringen?«

Ich schwieg.

Vor meinem inneren Auge erschien der Zoo meiner Kindheit, das Gehege mit den Kleintieren. Ein lustiger Esel, meckernde Ziegen, niedliche Kaninchen. Und die unfassbar langweiligen Lämmer. Flauschig, dümmlich, harmlos, ein alttestamentarisches Opfertier, schon bald als Lammbraten auf irgendeinem Teller.

»Gute Nacht«, sagte ich.

Tessa lächelte und gab mir einen Kuss.

Später lag ich im Bett in meiner Wohnung und konnte nicht einschlafen. Mein Kopf war voll mit Gedanken. Ich musste an meinen Opa denken. An sein Reihenhaus in Mariendorf. Nach seinem Tod würde ich es erben. Das war hoffentlich noch lange hin. Aber das Haus war da. Egal was passieren würde, es gab immer Opas Haus. Warum dachte ich gerade jetzt daran?

Ich griff nach meinem *iPhone*, öffnete Google und gab LOTTE HOHENFELD ein. Ich betrachtete die Homepage, die Fotos, las nochmal den Artikel auf dem Beauty-Blog, zuletzt den Wikipedia-Eintrag. Er las sich wie der einer längst etablierten, allgemein bekannten Celebrity-Lady, adrett, klug und studiert.

Ich spürte ein warmes Gefühl in mir aufsteigen. Erst verstand ich nicht recht, was es war, aber dann begriff ich, dass es Euphorie war. Ein außerordentlich starkes Gefühl. Wie prickelnder Champagner schwappte es durch mein Kleinhirn, flutete jede Ecke, spülte Anspannung und Unwohlsein davon und legte sich wie ein wohliger, wonniger Schleier über meine Synapsen.

Diese Lotte, das war ich. Eine neue Person mit neuen Möglichkeiten. Eine ganz neue Ausgangssituation. Tessa hatte am Schicksal geschraubt. Sie, die große Hackerin, hatte im Videospiel mir, dem klein gewachsenen, dicklichen Klempner Mario nicht nur einen Goldenen Power-Stern zugeteilt, sondern mich auch gleich mehrere Welten überspringen lassen. Das Los in der Eizellenlotterie, klar, das war ausgelost. Aber Tessa hatte mir quasi im Nachhinein in den Baby-Brei noch ein wenig Zaubertrank geschüttet. Jetzt lag es an mir, dem Schicksal in den Arsch zu treten. Die Chance zu ergreifen. Ein neuer Anfang. Ein neues Ich. Es war aufregend. Es war fucking awesome.

Kapitel 7

Die nächsten Monate waren dem Projekt »Lotte« gewidmet. Wie von Tessa angeordnet stellte ich einen Antrag auf Teilzeit. Ich behauptete, neben meinem Job eine Promotion in Angriff nehmen zu wollen, was zwar nicht stimmte, aber meinen Chef beeindruckte. Er willigte ein.

Die Interviews, die Tessa mir fürs *Tinder-Prinzip* organisiert hatte, bewältigte ich mit links. Eine Booktuberin wollte wissen, woher ich Lindsay Lohan kenne, woraufhin ich eine Buchparty in New York erwähnte. Eine Lifestyle-Bloggerin lobte, wie angenehm unprätentiös ich sei, im Gegensatz zu einer gewissen blaublütigen Autorin aus Grunewald, die sie kürzlich interviewt hätte. Offenbar war ihr die Fußnote hinter meinem Nachnamen auf Wikipedia nicht entgangen. Ohne auf ihr Lob einzugehen, erklärte ich, dass ich nichts von Titeln oder irgendwelchen Privilegien hielte, die Vorrechte gewisser Stände seien ohnehin seit hundert Jahren abgeschafft und das sei auch gut so. Tatsächlich brachte sie unsere Konversation fast wörtlich auf ihrem Blog, was Tessa hochzufrieden machte. Wer mich googelte, fand nun eine Verbindung zwischen meinem Namen und dem Wort »Adel«.

»Noch nicht einmal gelogen hast du, Lottchen, du bist ein Naturtalent!«, lobte mich Tessa.

Ich sagte nichts dazu, wieder erinnerte ich mich unwillkürlich an das Reihenhaus meines Opas. Doch es gab so viel zu tun, dass ich nicht weiter darüber nachdachte.

Unsere Strategie war eine Mischung aus *Social Proof* und *Mere exposure.* »Social Proof« ist ein psychologisches Konzept aus dem Marketing. Kurz zusammengefasst besagt es, dass wenn kompetente Leute dir vertrauen, auch weitere Leute dir vertrauen werden. Als drei Buchbesprechungen zum *Tinder-Prinzip* online waren, biss tatsächlich auch die VOGUE an. Tessa hatte meinen Pitch an eine ehemalige Bekannte in der Redaktion geschickt. Zwischenzeitlich waren von Sarah auf meinem Instagram-Account weitere modische Bilder unseres Foto-Shootings hochgeladen worden. Jung, adelig, Autorin und modisch auf der Höhe zu sein verschaffte mir tatsächlich das Privileg, in der neuen VOGUE die Frage beantworten zu dürfen: *»Wie sieht das perfekte Tinder-Profil aus?«*

Sarah und ich formulierten in Teamarbeit ein paar Zeilen, faselten darin etwas von Authentizität und Natürlichkeit, ich zitierte noch eine Studie, die auch im *Tinder-Prinzip* vorkam, und fertig war der nächste Streich. Wir hatten Glück: Die VOGUE-Redakteurin brachte mein Mini-Interview nicht nur in der Print-sondern auch in der Online-Ausgabe, dazu ein schickes Foto von mir. Tessa war zufrieden, besserer Social Proof sei kaum möglich und der »Blaue Haken« – der heilige Gral des Instagrammer-Daseins – in greifbarer Nähe.

Likes und Follower anzuhäufen, um andere glauben zu lassen, man sei bereits prominent und wichtig, ist ein weiteres Basisprinzip des Social Proofs. Der Teufel scheißt auf den größten Haufen. Die Dienstleister, derer man sich noch vor einigen Jahren für Follow-Unfollow-Aktivitäten bedient hatte, wurden vom Algorithmus inzwischen missbilligt, weswegen Sarah selbst Hand anlegen musste. Jeden Abend folgte sie mit meinem Account neuen Accounts, entfolgte alten, versah unzählige Fotos anderer Leute mit Likes und einschmeichelnden Kommentaren. Obgleich meinem Account noch der blaue Haken fehlte, zog die Masche. Peu a peu gewannen wir neue Follower und kauften immer mal wieder welche dazu.

Natürlich funktionierte all das nur, weil Tessa das notwendige Kleingeld hatte. Sie bezahlte nicht nur die gekauften Views und

Follower, sondern auch Sarahs Gehalt. Das Projekt »Lotte« machte ihr zweifellos Spaß. Und mir auch. Müsste ich meinen Elan erklären, wäre wohl Trotz eine der Wahrheit nahekommende Erklärung. Dem Leben noch etwas abtrotzen, ein lautes »schaut alle her« in den Äther schmettern, dem Schicksal den Stinkefinger zeigen. Austesten, was noch geht. Mit Ende Dreißig nochmal neu durchstarten. Leben statt gelebt werden. Ein Bürokollege, der eigentlich eine Fußballerkarriere angestrebt hatte und sich seine Träume noch im Wortschatz bewahrte, hätte hierzu »nochmal richtig angreifen« gesagt. Tatsächlich. Ein wenig kam ich mir vor wie die Teilnehmerin an einem sportlichen Wettkampf.

Der *Mere-Exposure-Effekt* war das zweite Feld, das wir beackerten, ein Begriff aus der Psychologie, der kurzgefasst folgendes aussagt: Wenn wir eine Person immer wieder vorgesetzt bekommen und wir diese Person anfänglich neutral bis akzeptabel finden, werden wir diese Person irgendwann tatsächlich gut finden, und zwar allein durch ihre Dauerpräsenz. Faszinierend, oder? Ich vermute, es ist eine Mischung aus Gewöhnung und Abstumpfung. Man denke an Frank Elstner, einen TV-Talkmaster der Achtziger Jahre. Ein grau-mausiger Langeweiler, der uns aber ständig vorgesetzt wurde. Irgendwann hatte man sich einfach an ihn gewöhnt. Wer prominent werden will, muss also einigermaßen sympathisch sein und sich dann unerbittlich und ausdauernd ins Bewusstsein vieler Menschen pressen. So einfach ist das.

Und so hatten Sarah und ich die nächsten Monate alle Hände voll zu tun. Es galt, das Netz so gründlich wie möglich mit LOTTE HOHENFELD zu fluten.

Den größten Teil unserer Zeit verbrachten wir mit dem Erstellen von Videos. »*Content-Creation*«, wie Sarah es nannte. Wie von Tessa angeordnet begannen wir, die Themen des *Tinder-Prinzips* in Boulevard-tauglichen Häppchen zu verarbeiten. Dann ging es ans Videodrehen.

Wichtig hierbei war, sich so gut wie möglich den Vorlieben der Social Media-Algorithmen unterzuordnen: kurze, prägnante Aussagen, eine Prise Ironie, hier und da ein Scherz, schnelle Schnitte, ganz viel Tempo. Dazu emotionale, leicht verdauliche, meist triviale Aussagen.

Mir fiel der Spruch von Peter Sloterdijk wieder ein: Posten ist wie Beten mit zeitgenössischen Mitteln. Aber man muss sich an die Regeln halten! Nur wer in der Sprache des Algorithmus, des Gatekeepers of Heaven, betet, hat Chancen auf einen Platz im Jenseits. Was für ein Irrsinn. Die Vorlieben des Algorithmus waren die neuen Zehn Gebote, und die drei wirkungsvollsten schienen mir Penetranz, Trivialität und Trash zu sein, verpackt und verschnürt mit einem Band aus Originalität.

Es dauerte eine Weile, bis wir den Dreh raushatten, denn natürlich sollten die Videos auch informativ sein. Aber was ist schon informativ?

Wir filmten in Tessas Wohnzimmer, mal vor Tessas Schallplattenregalen, mal am Tisch. Damit alles perfekt aussah, besorgte Tessa zwei professionelle Studiolampen. Sarahs Kameraausrüstung war meist überflüssig, ihr neuestes *iPhone* reichte völlig aus. Entscheidend war die Videobearbeitung im Anschluss. Sarah erstellte zusätzlich einen LOTTE HOHENFELD-Youtube-Account, welchen wir zum Start mit ein paar Hundert Fake-Followern fütterten, dann ging es los.

Glück für Dummies, unser erstes Video. Wer möchte nicht in unter zehn Minuten alles über das Thema Glück erfahren? Für den Text brauchte ich einen Nachmittag, schrieb etwas von Aristoteles und Laotse zusammen, mischte Viktor Frankl und Eckhart Tolle darunter, das war's. Wir drehten das Video und dann begann Sarah zu zaubern: Schnitt, Tempo, Einbauen kleiner Gimmicks, sogar Cartoons, bei Sarah wurde das Video zu einem kleinen Happening.

»*Hilfe! Warum ruft er nicht mehr an?*«, ein Thema, das nun wirklich fast jede Frau schon mal betroffen hat. Wir griffen tief in die Kiste der Küchenpsychologie, die Antworten standen ohnehin in unzähligen Ratgebern, aber wir würzten es mit einer Prise Humor. »*Die fünf Männer-Typen auf Tinder*«, wir durchforsteten das Netz nach Erfahrungsberichten, mischten diese neu ab, Frauenversteher hießen bei uns Hühnerflüsterer, Dick-Pic-Verschicker Nacktmulle und schon war ein weiteres Video fertig. Aber wir konnten auch seriös: »*Hilfe ich bin ein Impostor!*«, »*So erkennst du einen Narzissten*«, »*Psychopath, was ist das?*« Nur selten musste ich meine alten Uni-Fachbücher bemühen. Ein Blick auf Google reichte häufig aus. Was hatte die Welt in den letzten Jahrzehnten Neues über Männer und Frauen gelernt? Nichts.

Mir fiel eine Aussage aus Tijen Onarans Ratgeber ein: Fürs Personal Branding zählen Emotionen und die ständige Wiederholung der Botschaft. Wie recht sie hatte. Am erfolgreichsten waren die, die am penetrantesten, lautesten und originellsten posteten. Die Inhalte? Eine Kakophonie von bereits Dagewesenem. Mir fiel ein Satz von Samuel Beckett ein: »*Die Sonne schien, da sie keine andere Wahl hatte, auf nichts Neues*«. Wie wahr.

Sarah und ich luden ein Video nach dem anderen hoch. Zudem verarbeitete Sarah jedes Video in kleine Video-Häppchen, womit wir Lotte Hohenfelds Kanäle in Dauerschleife über Stories und Reels bespielen konnten. Unterstützt von Tessa, die kontinuierlich Views und Likes zukaufte.

Als uns die Video-Themen ausgingen, hatte ich eine neue Idee. Ich erinnerte mich an ein Buch, das ich vor Jahren gelesen hatte, *Die 20 Regeln der Verführung*. Historisch belegte Prinzipien der Verführung, von Kleopatra bis Casanova. Das Buch war kürzlich aus dem Druck genommen worden, weil eine feministische Vereinigung hierin eine Anleitung zu toxischem Verhalten witterte. Gut für uns. Wir griffen uns Erkenntnisse aus dem Buch und

machten daraus eigene Videos, benannten unsere Verführungs-
ratschläge mit Wortkreationen wie *Der Schneewittchen-Trick* oder
Das Kennedy-Prinzip, was ungewöhnlich klang und irgendwie originell. Wen interessierte schon, dass es nicht unsere eigenen Erkenntnisse waren? Genauso gingen wir mit Zitaten zum Thema
Liebe vor. Alle paar Tage mischte Sarah ein prominentes Zitat
in unseren Instagram Feed. Wen interessiert schon, ob Aussagen wie »Ehemänner nehmen nur Platz weg« von Marilyn Monroe, Margaret Rutherford oder von LOTTE HOHENFELD stammen? Nicht selten teilten Follower diese Zitate in ihren eigenen
Stories. Warum? Natürlich als Mittel der eigenen Selbstdarstellung, nach dem Motto, schaut her, wie cool ich bin, ich teile einen
coolen Spruch.

Erfolgsfaktor in den ersten Monaten war zweifellos das Durchhalten. Es dauerte eine Weile, bis die Views und Follower anzo-
gen. Mein Instagram-Account hatte zum Zeitpunkt meines letzten Wolkenposts rund zweitausend Follower gehabt. Hiervon
sprangen nicht wenige ab, schließlich waren es Wolken- und nicht
Lotte-Fans. Zuweilen war schwer auszumachen, ob nun echte
oder gekaufte Follower unsere Videos likten und kommentierten.

Erstaunlicherweise war mir das egal. Bei jedem Blick auf die
vielen Likes spürte ich Euphorie. Mein Gehirn schüttete Dopamin aus, aus Freude über die Aufmerksamkeit, völlig egal ob diese echt war oder nicht. Es war verrückt. Ich erinnerte mich an
eine neurologische Erkenntnis, die besagt, dass es für unser Gehirn tatsächlich egal ist, ob etwas real oder nur eingebildet real
ist. Auch mein eigener Anblick in den Videos und Stories eu-
phorisierte mich ungemein. Erst vermutete ich ein unerkann-
tes Narzissten-Gen in mir zu tragen. Dann erinnerte ich mich an
einen Satz aus der Glücksforschung: Unser Körper schüttet sogar
Glückshormone aus, wenn wir uns selbst reden hören. Aufmerksamkeit, die verführerischste aller Drogen.

Einen kurzen Streit gab es, als Sarah eines Abends bei Tessa vorschlug, dass wir doch neben Instagram und Youtube auch Tik-Tok bespielen sollten.

»Kommt gar nicht in Frage«, schüttelte ich den Kopf, »für diese Scheiße bin ich zu alt! Tanzvideos und Lip Sync. Soweit kommt's noch.«

»Aber es ist die wichtigste Plattform für GenZ«, gab Tessa zu bedenken, »warum also nicht?«

»Warum nicht?!«, rief ich, »irgendwo hört einfach der Spaß auf. Erinnerst du dich nicht an Milli Vanilli?«

»Was ist das?«, fragte Sarah.

Sofort fühlte ich mich wieder steinalt. Ich seufzte.

»Das war ein sehr erfolgreiches Discopop-Gesangsduo in den Achtzigerjahren. Als rauskam, dass die beiden nicht wirklich gesungen, sondern nur die Lippen bewegt haben, gab's einen Riesenskandal. Sogar der Grammy-Award wurde ihnen aberkannt! Und heute? Heute werden dämliche Elevator-Boys mit dämlicher Lip Sync auf TikTok stinkreich und berühmt. Man fasst es doch nicht?!«

»Jetzt reg dich mal ab, Lottchen«, meinte Tessa. »Ist ja schon gut, dann lassen wir das mit TikTok.«

Ein paar Tage später legte Sarah einen LOTTE HOHENFELD-TikTok Account an. Ich hatte klein beigegeben. Wenn man das Spiel mitspielt, kann man es auch richtig machen. Moral, Geschmack und Niveau waren längst über Bord gegangen. Eine kleine Lip Sync würde mir keinen Zacken aus der Krone brechen.

Tatsächlich gab es nichts, was mir unglaublicher erschien als der Erfolg der TikTok-Plattform. Wie hielten junge Menschen das nur aus, ohne vollkommen verrückt zu werden? Eine süchtig machende, zeitfressende Verdummungsmaschine, gesteuert von einem chinesischen Algorithmus. Meine Theorie war, dass die Kürze der Videos das Erfolgsgeheimnis war. Das Gehirn hatte einfach keine Zeit zu realisieren, was für ein Mist ihm hier vorgesetzt wurde. Kaum hatte eine Klobürsten-Lip Sync zu Britney Spears-Musik begonnen, war sie auch schon wieder vorbei und jemand anderes bereitete sich mit einem Bügeleisen Popcorn zu. Wurden mir anfänglich vor allem twerkende GenZ-Schönlinge angezeigt, durchschaute der Algorithmus sehr schnell meine wahren Vorlieben: Hape Kerkeling-Sketche aus den Neunzigern, die irgendwie ihren Weg auf TikTok gefunden hatten, und vor denen ich, gefangen in einer Mischung aus Sentimentalität und Langeweile, schnell die Zeit vergaß und mehrere Stunden verbrachte. Erbost über die Perfidität des Algorithmus, beschloss ich, allein Sarah die Bespielung der Plattform zu überlassen, sie kannte sich ohnehin viel besser aus.

Vermutlich versetzte der TikTok-Konsum junge Gehirne in einen tranceähnlichen Zustand, ähnlich dem, den David Foster Wallace in seinem Roman *Unendlicher Spaß* beschrieb. In dem Roman gibt es einen Film mit dem Titel »Unendlicher Spaß«, der von einer Terrororganisation als ultimative Geheimwaffe gegen die USA genutzt wird. Wer den Film schaut, vergisst Essen und Trinken, wird vollkommen lethargisch und verfällt in den Geisteszustand eines Kleinkindes. Die Terrorgruppe ist auf der Suche nach dem Masterband des Films, um es ins amerikanische Fernsehnetz einzuspeisen. Wie es ausgeht, lässt der Roman offen. Hatte David Foster Wallace die Realität beschrieben? Waren die Chinesen in den Besitz dieses Masterbands gekommen? Hatten sie es in den TikTok-Algorithmus eingespielt? Es schien so zu sein! Die Welt amüsierte sich zu Tode und hinterhältige Chinesen rieben sich in der Ferne die Hände.

Doch kommen wir zurück zur *Mere-Exposure*-Strategie. Natürlich darf man hierbei nicht die alten Medien vernachlässigen. Zusammen mit Sarah schrieb ich zwei neue Texte für die Kolumne des Brandenburger Provinzblattes: *Volkskrankheit Impostor* und *Paris Hilton, die wahre Feministin*. Ironie und Zynismus erlaubten wir uns nur in Minimal-Dosis, Tessa hatte angemahnt, so konsensfähig wie möglich zu schreiben. Ich teilte dem leitenden Redakteur mit, auch künftig großzügig auf Bezahlung zu verzichten, allerdings nur gegen eine prominentere Platzierung auf der Onlinepräsenz der Zeitung. Einen Link zu meiner Homepage und meinen Social Media-Kanälen schickte ich ihm mit. Schon wenige Tage später erstrahlte die Kolumne online in neuem Glanz: Wo vorher nur in Mini-Schrift mein Autorenname erwähnt wurde, prangte nun ein großes, schickes Foto von mir mit dem Text: »*Unsere Lifestyle-Kolumnistin, die Bestsellerautorin, Society-Lady und Psychologin Lotte Hohenfeld*«. Man fragte mich, ob ich statt alle vier künftig alle zwei Wochen einen Text verfassen wolle. Gönnerhaft sagte ich zu.

Die Kolumnentexte wurden Bestandteil unseres »shareable contents«, mit dem wir die Kanäle von LOTTE HOHENFELD fütterten. Zwischenzeitlich folgten uns nicht nur die Lifestyle-Blogger, denen ich Interviews gegeben hatte, sondern auch einige Netzpersönlichkeiten, die im Gegensatz zu mir über blaue Haken verfügten. Immer mal wieder teilte jemand unsere Videos, die Kolumne oder originelle Sprüche unserer Seiten.

Wichtigstes Rezept beim *Mere Exposure* ist das »Power-Posten«. Plattformen wie Instagram sind überfüllt mit aufmerksamkeitsgierigen Nutzern, doch die Aufmerksamkeit der Follower ist begrenzt. Penetranz ist daher das Zauberwort. Wer Chancen haben will, vom Algorithmus für andere überhaupt sichtbar gemacht zu werden, sollte täglich mindestens fünf bis zehn Stories und ein Reel posten. Eine Tatsache, die aufstrebenden Influencern in Schulungen ganz unverblümt klargemacht wurde.

Das Praktische daran war, dass es sich intellektuell betrachtet recht einfach darstellte. Denn nichts lieben die Leute mehr als den banalen Alltag einer vermeintlich prominenten Person.

Wann immer wir Zeit hatten, stand unser Tag im Namen des

Projekts »Lotte«. Morgens bereitete ich mir einen leckeren Smoothie vor, angereichert mit gesundem Kollagenpulver, gefilmt von Sarah, die gleich das Rezept dazu postete. Es stammte aus irgendeinem Rezeptbuch ihrer Mutter, aber wen interessierte das schon? Mittags eine heitere Lunch-Story zusammen mit lachenden Freundinnen im Lieblingsrestaurant. Abends vorm Weggehen Schminken von »Smokey Eyes« im Vergrößerungsspiegel, gleich zum Nachmachen für die Follower. Vorm Zubettgehen noch ein Hinweis auf die gesundheitlichen Vorzüge des »Intermitted Fastings« mit Verlinkung einer Studie. Eigentlich gab es kein Thema, das es nicht gab, von »Übrigens, dieses Buch solltet ihr unbedingt lesen« bis hin zu »Heute mache ich mal einen Tag Social Media-frei, digitaler Detox ist so wichtig!«. Wir filmten meine bevorzugten Yoga-Übungen, mich beim Aussuchen eines Halloween-Kostüms inklusive Schminken und anschließendem Partybesuch. Die Leute bekamen, was sie wollten: heile Welt, einlullenden Alltag, hier und da ein paar praktische Tipps. Wir waren die Eskapismus-Katalysatoren.

Die alles entscheidende Frage bei jedem Post: Was will der Algorithmus? Welcher Content wird mit Sichtbarkeit belohnt? Am besten funktionierten Reels und Stories mit mir selbst im Mittelpunkt, mein Gesicht in Großaufnahme – gut gefiltert, mit rosigen Wangen und vollen Lippen, versteht sich. Der Algorithmus liebt eine fruchtbare Ausstrahlung. Nackte Brustwarzen sind tabu – ansonsten aber bitte schön weiblich. Fotos mit gleich mehreren Menschen drauf, Fotos zum Nachdenken oder mit Text, den man lesen soll, erwiesen sich als Reichweiten-Killer. Nein, funktionieren tat in erster Linie die reine LOTTE-Show, erbarmungslos penetrant und mit möglichst persönlichen, bestenfalls intimen Einblicken ins LOTTE-Leben.

Zugegeben, anfänglich war mir das alles peinlich. Die Zuschauer meiner Stories begrüßte ich mit »Hello friends«. Was für eine Anmaßung? »Friends«, weil sie so freundlich waren, mir zu folgen? »Friends«, weil sie sich wünschten meine Freunde zu sein? Dafür gab es keinerlei Beweis, vermutlich stalkten sie mich nur, wie ich selbst andere stalkte, und waren gefangen in einer lästigen Obsession mit der dauerpostenden LOTTE HOHENFELD. Lobende Kommentare unter meinen Bildern und Reels bezweckten vermutlich nichts anderes, als mich zum Zurückfolgen zu bewegen. Ich musste an Hegels Gedankenexperiment *Herr und Knecht* denken. Als Follower ist man »Knecht«, der dem postenden »Herrn« Aufmerksamkeit, ja Lebenszeit zur Verfügung stellt – unbezahlt wohlgemerkt. Aber auch als »Herr« hat man nicht das große Los gezogen, denn in einem asymmetrischen Machtverhältnis wie diesem bekommt der »Herr«, so sagt Hegel, keinerlei Anerkennung von seinen »Knechten«.

Meine Follower folgten mir, weil ihre steinzeitliche Neugier sie bei der Stange hielt. Mit Anerkennung hatte das wenig zu tun. »Hello friends« – von wegen!

Doch mein ungutes Gefühl legte sich erstaunlich rasch. Das Nachgrübeln über die Motivlage der Follower führte zu nichts, irgendwann stellte ich es ein. Ich knipste den inneren Kritiker, der »Wie peinlich kann man bitte sein?!« vom Seitenrang johlte, einfach aus. Es war, als würde ich bei einem Spiel mitspielen, das längst alle spielten. Der Anblick stetig steigender Views war unglaublich euphorisierend und Ansporn genug, so dass ich mir – hier kann ich es ja zugeben – nach einer Weile für kein Thema mehr zu schade war. Ich war LOTTE HOHENFELD, eine formbare Knetmasse, die sich geschmeidig den Gegebenheiten der Plattformen anpasste. Dabei war es wichtig, stets auf der Seite der Guten zu stehen: Frauensolidarität, Diversity, Weltfrieden, Beyoncé und Wildberry-Lillet waren gut. Schlecht waren alte, weiße Männer, Plastikmüll, Rechtskonservative, Rammstein und der Mangel an Therapieplätzen in Berlin. Was alles andere anging, war

Flexibilität ein Asset, denn es war wichtig, sich auch mit Leuten gutzustellen, die man nicht leiden kann.

Langsam verstand ich das Konzept der Authentizität. Authentizität ist eine bestimmte Form der stimmigen Inszenierung. LOTTE HOHENFELD war sympathisch, lustig, weltoffen und liberal. Und diese Rolle verinnerlichte ich so gründlich, dass ich sie jederzeit glaubwürdig, konsistent und vertrauenserweckend abrufen konnte. Mit anderen Worten: ich war authentisch. Letztendlich kommt es bei einer Lüge auf ihren Wahrheitsgehalt an. Thomas Bernhard hat das mal gesagt, und irgendwie verstand ich jetzt, was er damit gemeint haben könnte.

Die meisten halten ja Authentizität für etwas ganz Reines und Erhabenes. So ein Bullshit. Jeder will heute »authentisch« sein, dabei wissen die Leute gar nicht wovon sie reden. Sei du selbst, ruft es von allen Seiten. Was bitte bedeutet »du selbst«? Ein Männchen, das hinter einer grünen Holztür in unserem Gehirn wohnt, ab und an fröhlich rauswinkt, auf seinem Türschild steht »Ich«, und das Männchen besitzt eine unerschütterliche innere Natur, die jederzeit konsistent und zuverlässig abgerufen werden kann? Wer das meint, plant sicher auch gerade eine Reise ans Ende der Welt, weil man vom Rand der Scheibe das All so schön sieht. Unser »Ich« ist im ständigen Fluss, zu behaupten, die eigene öffentlichkeitswirksam kreierte Personenmarke sei »authentisch« also »echt«, ist ein Widerspruch in sich.

Aber genug davon und zurück zum Projekt »Lotte«.

Nicht schlecht staunten wir, als wir nach einigen Monaten feststellten, welches unserer Videos am besten performt hatte: Es war ein Bolognese-Rezept von Sarahs Oma. Es hatte fast fünfmal so viele Views wie unsere Videos über Psychologie und Dating.

Unser zweiterfolgreichstes Video war ein Ausgehabend in Berlin. Ich, Sarah und ein paar ihrer GenZ-Freunde waren an einem Freitagabend spontan unterwegs gewesen. Wir starteten in der

Bar des Provocateurs, wo nur Anzugträger hockten, zogen in Clärchens Ballhaus, wo eine langweilige Party stattfand, dann ins Kitty Cheng, wo uns der Türsteher nicht rein ließ, schließlich weiter in die halb leere Zyankali Bar. Ein Abend, den man sich schöntrinkt in der Hoffnung, es könnte noch irgendetwas Interessantes passieren. Dem war nicht so. Gegen zwei Uhr morgens endeten wir im Kegelkeller einer abgerockten Bierkneipe im Wedding. Sarah hatte den ganzen Abend mitgefilmt.

Zwei Tage später präsentierte sie uns ihr Video des Abends: Gut gelaunte, attraktive Menschen, schummrige Barbeleuchtung, klirrende Cocktailgläser, eine Diskokugel dreht sich, Berlin by night, Hüpfen mit Bierflaschen durch die Straßen von Mitte, Schwofen in Clärchens Ballhaus, am Ende Rumalbern auf der Kegelbahn, dazwischen Biergelächter. Dazu angesagte Gute-Laune-Musik. Noch nie hatte ich ein derart überzeugendes Werbevideo für das Berliner Nachtleben gesehen.

Es schien der geilste Abend des ganzen Jahres gewesen zu sein. Sarah war eine Zauberin.

Doch obwohl dieses Video zwanzigtausend Views erreichte, ohne dass Tessa auch nur einen davon zukaufen musste, waren wir natürlich längst nicht am Ziel. Die wirklich Erfolgreichen auf den sozialen Medien zeigen nämlich nicht nur ihren Alltag, sondern liefern ständig Beweise ihrer eigenen Bedeutsamkeit. Und wie? Indem sie auf exklusiven Events rumhängen, zu denen Normalsterbliche keinen Zugang haben. Und indem sie der Welt zeigen, dass sie best buddy mit noch viel Erfolgreicheren sind.

Beides stand noch auf unserer To-do-Liste.

»Es wird Zeit, dass wir Phase Zwei des Projekts Lotte einläuten«, stellte Tessa fest.

»Und wie?«, wollte ich wissen.

»Du musst auf die richtigen Einladungslisten, da führt kein Weg drum rum.«

»Das wird schwierig. Ich wüsste gar nicht, wer diese Listen schreibt? Nach welchen Kriterien kommt man da drauf? Das ist doch alles Vitamin B?«

Tessa strich mir über den Kopf.

»Lass mich mal machen.«

Zwei Wochen später trudelte per Post die erste Einladung ein. Es war eine Filmpremiere.

Obgleich mir klar war, dass Tessa irgendeine Datenbank gehackt haben musste, um mich auf diesen Einladungsverteiler zu hieven, war ich unheimlich stolz. Ich, Lotte, wurde auf eine Filmpremiere eingeladen, in den Zoo Palast!

Meinem Gehirn war es völlig egal, ob meine Wichtigkeit real oder fake war. Im Grunde machte es ja ohnehin keinen Unterschied.

Ich fragte Eva, ob sie mich begleiten wolle, und sie sagte zu. Bevor es abends losging, trafen wir uns im Zooba um die Ecke um einen Happen zu essen.

Ich hatte meinen schicksten Ausgehfummel an, ein enges, kleines Schwarzes, dazu Overknees und eine auffällige, schwarze Feder-Stola.

»Früher warst du nicht so extrovertiert«, stellte Eva fest, während sie mein Outfit musterte. Sie selbst trug ein eher konservatives Kleid. Der Film, der heute Premiere hatte, war ein düsterer Kriegsfilm, ein Netflix-Original, vermutlich hatte sie sich dem Thema entsprechend dezent gekleidet.

»Ja, das mag schon stimmen«, nickte ich. Die schwarze Feder-Stola war von Tessa. Aus irgendeinem Fetisch-Bestand. Auffallen um jeden Preis mit Stil und Sexyness war das Motto des Abends.

Das erzählte ich Eva natürlich nicht.

»Du hast recht, ich bin etwas wilder geworden«, gab ich zu und zuckte die Schultern, »das Leben ist Veränderung, nicht wahr? Wenn man nicht mit Vierzig einen drauf macht, wann dann?«

Eva nickte. Aber ich merkte, dass sie weiter misstrauisch war.

»Übrigens. Ich wusste gar nicht, dass du adelige Vorfahren hast. Hast du nie erzählt?«

Mir war klar gewesen, dass Eva es irgendwann ansprechen würde. Nun war es also soweit.

»Du, ich sag dir was. Ich habe echt keine Ahnung, wer das in Wikipedia eingestellt hat. Ich bin jetzt schon x-Mal darauf angesprochen worden. Weder meine Familie noch ich haben irgendein Interesse an diesem Adels-Mist.«

Eva nickte wieder. Natürlich dachte sie sich ihren Teil.

Ich wusste, dass Eva mein Treiben der letzten Monate genau beobachtet hatte. Sie witterte natürlich, dass die neue Lotte Teil eines geheimen Schlachtplans war. Und dass nicht ich diesen ausgeheckt hatte, sondern irgendeine Figur im Hintergrund. Nur wer das war, wusste sie natürlich nicht.

»Wie bist du denn an diese Premiere-Einladung gekommen?«, fragte sie neugierig.

»Ach, du weißt doch, meine neue Managerin ist aus L.A., die hat wirklich gute Kontakte.«

Kurz darauf zahlten wir, ich ging noch kurz zur Toilette zum Nachschminken – knallroter Lippenstift, ein toller Kontrast zum Schwarz der Feder-Stola.

Dann ging es rüber zum Zoo Palast. Und dort auf den roten Teppich. Denn über diesen gingen alle Premiere-Gäste. Davor warteten die Fotografen.

Ans Fotografiertwerden war ich inzwischen gewöhnt. Der Trick ist, vorher ein oder zwei Glas Schampus zu trinken. Dann holt man tief Luft, bildet sich ein, man wäre ein Hollywoodstar und lacht in die Kamera, als hätte der Fotograf gerade einen super Scherz gemacht. Ganz wichtig: Zähne zeigen.

Eva schien sich nicht so wohlzufühlen. Neben meinem Feder-Outfit wirkte ihr Kleid etwas bieder. Man hätte meinen können, sie sei meine Assistentin.

Als wir den roten Teppich Richtung Eingang verließen, winkte uns ein rundlicher Mann aus der Menge zu. Es war Manni Schmidt, Society-Reporter bei der BILD-Zeitung. Ein Bekannter von Eva, der manchmal zu ihren Vernissagen kam. Natürlich nur, wenn nichts Besseres anlag.

Wir gingen rüber zu ihm, Eva und er tauschten ein paar Sätze aus. Ich stand dahinter in meiner Feder-Stola. Langsam begann ich zu frieren.

»Und wer ist deine hübsche Freundin?«, hörte ich Manni fragen. Eva drehte sich zu mir um.

»Das ist Lotte, Lotte Hohenfeld. Sie war auch auf meinen Vernissagen.«

»Sehr erfreut!« Manni nahm meine Hand und presste einen feuchten Handkuss darauf. Als BILD-Reporter waren seine besten Jahre die Achtziger gewesen. Kir Royal und Bussi, Bussi.

»Alle Achtung, meine Dame! Wir hatten noch nie das Vergnügen?«

Das war Blödsinn. Aber offensichtlich war ich erst jetzt in Feder-Stola auf dem roten Teppich von Interesse.

»Mag sein«, lächelte ich, »aber es ist ja nie zu spät. Das Vergnügen ist ganz auf meiner Seite.«

»Lotte war Ihr Name? Hohenfeld?«

Ich nickte und Manni kritzelte etwas in sein Notizbuch. Dann winkte er einem Grauhaarigen zu.

»Olaf! Bitte mach ein Bild von den Damen!«

Olaf zückte seine Kamera. Ich streckte den Rücken, rief mein bestes Hollywood-Lachen ab. Neben mir Eva in ihrem dezenten Kleid.

Manni war sehr zufrieden. BILD-Leute haben einen Riecher für Celebrity-Tauglichkeit. Jetzt hatte er mich auf dem Radar.

»Tschö mit Ö, meine Damen!«, winkte Manni, und wir verschwanden in den Zoo Palast zur Premiere.

Am nächsten Morgen saß ich im Büro an meinem Schreibtisch, als eine Nachricht von Tessa aufleuchtete. Darin ein Link, ich öffnete ihn. Ein Artikel auf BILD-Online, Regionales aus Berlin.

»*Glänzende Filmpremiere im Zoo Palast*« dazu drei Fotos. Ein Foto mit den Schauspielern, eins mit Kai Pflaume und das letzte: Eva und ich.

Ich konnte es kaum fassen.

Es war ein grandioses Bild, Tessas Feder-Stola versprühte Hollywood-Flair. Ich sah aus wie Natalie Portman in Black Swan.

Eine weitere Nachricht von Tessa kam rein.

»Lies den Text!«

Ich scrollte durch den Text, und meine Augen wurden groß.

»*... ein glänzendes Aufgebot an Premiere-Gästen, unter ihnen ... Society-Lady Lotte von Hohenfeld.*«

Da war es, das »von«. Ich fühlte ein Pochen in der Magengegend. Und spürte, dass mir leicht schlecht wurde.

Wieder erschien vor meinem inneren Auge das Reihenhaus meines Opas. Ich atmete tief durch.

Realität ist ein relatives Konzept. Jeder lebt in seiner eigenen. Und wer weiß wie es geht, kreiert noch eine hinzu. Millionen junger Menschen haben das, was sie Realität nennen, in ihren Social Media Account verlagert. Stringtheoretiker behaupten, es gäbe ein Multiversum voll von unterschiedlichen Realitäten. Albert Einstein hielt Realität für eine hartnäckige Illusion und Udo Lindenberg ist der Meinung, dass diese Illusion durch einen Mangel an Alkohol hervorgerufen wird.

Und was ist mit der Wahrheit? Im Zeitalter multipler Realitäten interessiert die Wahrheit ohnehin niemanden mehr.

Kapitel 8

Wir hatten es geschafft. Der blaue Haken war da.

Direkt nachdem das BILD-Foto von der Filmpremiere online gegangen war, hatte Sarah die Verifizierung meines Instagram-Accounts beantragt. Und schau an, eine Woche später war es da, das Gütesiegel meiner neuen Bedeutsamkeit. Aus einem Nichts war ein verifiziertes Etwas geworden.

Wir feierten den Etappensieg mit einer kleinen Party in Tessas Wohnzimmer. Es gab Champagner und Austern vom Fischmarkt.

Tessa rauchte Joints. Die Rauchschwaden stiegen über ihr zur Decke, wo ein Haufen Luftballons schwebte: alle in Form von blauen Instagram-Haken. Wir hatten sie auf amazon gefunden. Neben Tessa auf der Couch saß Sarah und tippte eifrig auf ihr Smartphone ein. Zwischendurch kicherte sie, was wohl an der Haschisch-gesättigten Luft lag.

»Wir haben wieder zwanzig neue Follower – innerhalb einer halben Stunde!«

»Wow«, staunte ich, »einfach so, weil mein Account einen blauen Haken hat?«

Sarah musste wieder kichern, wobei ihr die große Brille lustig die Nase runterrutschte.

»Ich habe Kommentare unter die neuesten Bilder von Carmushka, Paola und Dagibee gesetzt.«

»Das sind Transvestiten?«, fragte ich.

»Nein, Influencerinnen mit über einer Million Followern! Dagibee ist dir zurückgefolgt. Du bist jetzt Promi!«

Tessa nahm eine Auster, leerte sie und warf die Schale zu den anderen.

»Siebzehntausend Follower hat Lotte jetzt, oder? Da ist noch sehr viel Luft nach oben«. Sie griff einen Umschlag und reichte ihn mir.

Ich öffnete ihn. Es war eine Einladung zur *Red Carpet Night* einer Champagner-Marke am Holzmarkt.

»Wow«, sagte ich ehrfürchtig.

»Bevor du fragst, das war nicht ganz einfach. Ich musste tricksen.«

Tatsächlich spielte Tessa auf einer Klaviatur von Möglichkeiten. Erst sehr viel später erfuhr ich, wie es genau funktionierte, meinen Namen in die Datenbanken von Veranstaltern zu schummeln. Man kann zum Beispiel naiven Mitarbeitern einen USB-Stick zukommen lassen, den sie – naiv wie sie sind – tatsächlich ausprobieren. Und zack, Tessa war drin im System. Oder man ruft an, gibt sich als IT-Mitarbeiter aus und bittet, irgendwo seine Login-Details neu einzugeben. Und zack, Tessa war drin im System. Man kann auch Webseiten registrieren, die sehr gut gemachte Kopien internationaler Künstleragenturen sind, nur mit winzigen Buchstabendrehern. Von diesen Domains schreibt man dann im Namen real existierender Mitarbeiter an wichtige Leute und schlägt vor, die aufstrebende Society-Lady LOTTE HOHENFELD zu dieser oder jener Veranstaltung einzuladen.

»Ich glaube du wirst Spaß haben auf dieser Red Carpet Night«, lächelte Tessa, »es kommt die Crème de la crème.«

»Danke. Kommst du mit?«

»Um Gotteswillen, nein«, sagte Tessa, »Sarah ist deine Begleitung, sie macht Fotos. Und Heinz.«

»Heinz?«

Tessa deutete auf ihren bulligen Kumpel, der auf der anderen Couchseite saß und eine Auster schlürfte. Er hatte wieder seine Lederkluft an. Komisch, dass ich ihn fast übersehen hatte. Vermutlich, weil neben ihm Miriam die Visagistin saß, die mit ihrem Irokesenschnitt einfach stärker ins Auge stach.

»Ich dachte, das ist Achmed?«, sagte ich verwirrt.

»Nein, Heinz«, sagte der Bullige, »Achmed nur auf der Arbeit.«

Ich nickte. Er ist Türsteher, das macht Sinn.

Am Freitagabend der Folgewoche ist es soweit. Mein erster VIP-Event. Schon beim Aussuchen des Outfits muss Tessa mir ein Glas Schampus einschenken, denn ich werde nervös. Das Motto ist Auffallen um jeden Preis, und ich habe einen regenbogenfarbenen Mantel ausgesucht, doch Sarah gibt zu bedenken, dies sei eine Aneignung queerer Statusmerkmale. Die Sensibilität der Jugend ist wirklich unglaublich. »Wieso?«, versuche ich zu argumentieren, »Kim Kardashian trug auch schon mal Dreadlocks und hat sogar einen Schwarzen geheiratet! Einen *Schwarzen*! Geheiratet!« Aber solche Einwände lässt Sarah nicht gelten. Am Ende wird es ein rosa Jumpsuit, darüber der lustige FOZZIE-BÄR-Kunstpelz aus Fernost.

Auffallen um jeden Preis ist nicht einfach. Denn die Zahl derer, die es wollen, ist enorm gestiegen. Früher musste man für ein ungewöhnliches Outfit die ganze Stadt durchkämmen, wenn nicht gar eine Modemetropole besuchen, heute ist alles, selbst modische Extravaganz, nur noch einen Klick entfernt. Oft zum Spottpreis, wer will schon viel ausgeben, wenn das Outfit nur einmal getragen wird? Und wer erkennt auf gefilterten Fotos, ob ein Stiefel aus Leder oder Plastik ist? Die Leute sind bunt und divers, selbst Banker tragen Tattoos, unzählige Queere haben den Paradiesvogel in sich entdeckt, im Supermarkt schlürft er/sie/es halbnackt im Berghain-Bodysuit eine vegane Gatorade und vorm DJ-Pult geht Opi-Original Günther Krabbenhöft zum neuesten Westbam-Sound ab. Hier noch aufzufallen, wird zur Kunst an sich.

Aber egal, mit dem Fozzie-Bär-Kunstpelz aus Fernost wähne ich mich heute auf der sicheren Seite.

»Könnte aus einer Karnevalskiste stammen«, meint Tessa, die hinter mir steht, als Miriam mich schminkt, »oder halt von GUCCI.«

Frisch gestylt verlasse ich gegen neunzehn Uhr mit Sarah und Heinz Tessas Wohnung. Tessa hat mir zum Schampus noch eine Tablette Betablocker eingeflößt. »Das hilft bei Stardirigenten gegen die Aufregung«, hat sie erklärt.

Bei mir wirkt es auch. Mein Puls geht erstaunlich ruhig, als wir den Einlass am Holzmarkt erreichen. Ich sehe aus wie Agneta von ABBA, Sarah wie die Fotografin einer Schülerzeitung, dazu Heinz in Lederkluft mit schwarzer Sonnenbrille. Er geht ein Stück hinter mir, sein Blick kalt und knurrig, im Ohr hat er irgendeinen Stöpsel.

Eine völlig irre Inszenierung, doch schon an der Fotowand zahlt sie sich aus. Dort posiert gerade eine ProSieben-Moderatorin. Ganz schön lange macht sie das. Klar, damit viele vorteilhafte Fotos dabei rumkommen. Irgendwie gleicht sie dabei einer mechanischen Puppe: erst eine schnelle Bewegung, um die beste Position einzunehmen, dann friert das Gesicht ein, die Lippen leicht geschürzt, die Wangen eingezogen, dann blitzschneller Positionswechsel wie bei einem Automaten, erneut friert das Gesicht ein, diesmal aber zu einem weit geöffneten, tonlosen Lachmund, Hände in die Hüfte, Kopf hoch, Blick sexy von oben. Eine x-fach geprobte Marilyn Monroe-Pose, nur ohne Marilyn drin. Kurzes Nicken der Fotografen, jetzt ist aber auch wirklich genug. Die Dame tritt ab, kaum ist sie weg vom roten Teppich, sackt ihr Gesicht wieder in sich zusammen, erinnert jetzt an einen gefrusteten Uhu. Der Schwerkraft trotzt es sich nur mit der Energie eines roten Teppichs.

Jetzt komme ich dran. In den Gesichtern der Reporter spiegelt sich Ratlosigkeit. Keiner weiß, wer ich bin. Ein Reporter weist seinen Fotografen vorsichtshalber an, ein Foto von mir zu machen. Vielleicht liegt es an Heinz oder an meinem Fozzie-Bär-Mantel. Völlig egal. Ich schenke dem Fotografen mein bestes Hollywood-Lachen – mit Zähnen.

»Lotte? Lotte Hohenfeld?«, ruft da jemand von hinten.

Es ist BILD-Reporter Manni, der mich erkannt hat.

Manni winkt seinem grauhaarigen Fotografen und gibt ihm ein aufforderndes Zeichen, woraufhin dieser anfängt mich zu fotografieren. Ich mache einen Schritt auf ihn zu, drehe mich galant und lache herzhaft über den Witz, den er nicht gemacht hat. In dem Moment schnellen Dutzende Kameras in die Höhe. Es macht Klick von allen Seiten und ich stehe mitten in einem hektischen Blitzlichtgewitter.

»Bitte nochmal zu mir schauen, Lotte!«

»So ist gut, bitte nochmal drehen!«

Als wirklich jeder sein Foto hat, argusäugig beobachtet von Heinz, der dreinblickt, als könne jeden Moment ein terroristischer Anschlag drohen, betreten wir die Veranstaltung.

Hinter uns folgt eine Modebloggerin und ich merke, dass sie mich beobachtet. Vor einigen Wochen bin ich ihr auf Instagram gefolgt, natürlich in der Annahme, sie werde zurückfolgen. Dies hat sie nicht getan.

Für Prominente ihrer Art gibt es nur eine echte Demütigung: Nicht erkannt zu werden. Ich blicke sie an, sehe ihr in die Augen. Ihr Mund setzt zu einem gequälten Lächeln an. In meinem Gesicht hingegen – passiert nichts. Nicht der kleinste Ansatz eines Aha-Moments, einfach gar nichts. Es gelingt mir perfekt, durch die Champagner-Betablocker-Mischung bin ich längst im Royal-Resting-Bitchface-Modus. Gedemütigt zieht die Mode-Bloggerin von dannen. Ein absoluter Volltreffer.

Meine Laune ist bestens. Es wird ein grandioser Abend werden. Ich stelle fest, dass ich sehr glücklich bin, Heinz an meiner Seite zu haben. Man braucht einfach einen Bodyguard, um Abstand zwischen sich und die Leute zu bringen. Scheußlich, wenn das Volk einem auf die Pelle rückt!

Wir gehen zur Bar der Champagner-Marke, die den Event organisiert. Während ich unter den Augen von Heinz ein Gläschen exe, schießt Sarah Fotos. Schließlich brauchen wir Social-Media-Material.

Überall auf dem Event stolzieren langbeinige Hostessen mit Champagner-Tabletts umher, es ist auffallend wie hübsch sie sind. So viel Perfektion habe ich in Frauengesichtern selten gesehen. Doch außer mir beachtet sie niemand. An der Bar steht Reality-Star Gina Lisa Lohfink, die von einem RTL-Fuzzi interviewt wird. Eine Supermodel-Hostess reicht ihr den Champagner. Das XXL-Busenwunder wird interviewt, die Schönheit ignoriert. Die hübsche Hostess tut mir aufrichtig leid.

Während ich mein zweites Glas Champagner bestelle, fällt mir eine junge Frau auf. Hübsch, blond, ein wenig verhuscht. Ich stelle mich ihr vor und wir fangen an zu plaudern. Daniela, heißt sie, und eigentlich hatte sie gar keine Lust zu kommen. Sie trinkt nämlich keinen Alkohol. Ich bringe meine Bestürzung zum Ausdruck, doch sie klärt mich auf, es gebe hervorragenden alkoholfreien Gin, da sei sie sogar investiert. Daniela sieht blass aus, sie schläft schlecht. So viele Gedanken, furchtbar. Ja, Gedanken sind was Lästiges, pflichte ich ihr bei, gerade deswegen sei ja Alkohol so entscheidend. Daniela braucht Urlaub und würde gerne auf eine Fernreise, vier Wochen Ausspannen, aber das sei problematisch. Ja, das ist problematisch teuer, nicke ich. Nein, die Luftverschmutzung, das passe nicht zu ihrer Marke. Ich erkläre ihr, dass es ganz tolle Atemübungen fürs Einschlafen gebe, und einen guten Therapeuten in der Karl-Marx-Straße. Daniela freut sich, wir tauschen Nummern aus. Plötzlich steht Sarah neben uns: »Ein Selfie, bitte, bitte!« Wir machen ein paar Fotos, und Daniela winkt Tschüss.

Sarah neben mir flippt fast aus. Ich erfahre, dass Daniela eine deutsche Top-Influencerin ist, fast zwei Millionen Follower.

Ich bin nun doch ziemlich betrunken. Ein Stück entfernt neben der Tanzfläche, wo der DJ gerade Hiphop auflegt, steht Babsi Becker mit einer Freundin. Ganz offensichtlich ist sie ultimativ gelangweilt. Doch als sich BILD-Manni mit seinem Grauhaarigen nähert, stößt Babsi ihre Freundin in die Seite, und die beiden verfallen wie von der Tarantel gestochen simultan in eine exaltierte Tanzbewegung: Hüftschwung, Hände hoch, Party, Party! Die Kamera blitzt.

Ein Stück weiter steht ein stark geschminktes Mädchen im silbernen Glitzerfummel. Unmöglich, rege ich mich auf, dass man hier nicht das Alter kontrolliert, doch Sarah erklärt mir, das sei Sylvie Meis.

Leicht beunruhigt über meine nachlassende Sehkraft lasse ich mir von einer Supermodel-Hostess ein wirklich letztes Glas reichen, dann machen wir eine Runde durch die Menge.

VIP-Parties sind eindeutig die fadesten. Die Prominenten stehen mehr oder weniger gelangweilt herum, jederzeit auf der Hut, denn es könnte ein Foto von ihnen geschossen werden. Regel Eins: Nur mit Leuten sprechen, die mindestens so prominent sind wie man selbst. Regel Zwei: Getanzt wird nur in völliger Selbstkontrolle, bloß kein unvorteilhafter Schnappschuss! Nur wer gerade fotografiert wird, kann herzhaft lachen – sofern Botox und Filler es erlauben –, alle anderen starren ängstlich durch die Gegend, um zu überprüfen, ob sie erkannt werden. Nicht erkannt werden: schlimmer als hartnäckige Hämorrhoiden.

Auf meinem Weg durch die Menge stoße ich auf BILD-Manni, der mich fragt, wie ich die Veranstaltung finde. Ich lobe den Champagner und der Grauhaarige zückt seine Kamera für ein weiteres Foto. Aus irgendeinem Grund fällt mir jetzt Friedrich Schiller mit seinen Ausführungen zum Erhabenen ein. Die Anmutung von etwas Großem und Heiligen, das ehrfürchtige Erschauern beim Anblick eines überwältigenden Naturereignisses. Alles alter Kaffee! Nichts fühlt sich erhabener an als mitten in einer Ansammlung von Prominenten fotografiert zu werden. Neid, die heiligste Genugtuung von allen.

Wir gehen weiter, vorbei an einer Gruppe gestylter Mädels, und ich höre eine sagen, dass im Grill Royal Lars Eidinger auflege, Caro Daur sei schon da. Die Gruppe verfällt in hektisches Telefonieren, offenbar stehen nicht alle auf der Gästeliste. Schon bald wird sich diese Veranstaltung aufteilen: die Gewinner ziehen zu Lars, der Pöbel bleibt ein Stündchen länger.

Ich merke, dass ich ungehalten werde. Der Rausch ist da, aber die Ekstase will nicht eintreten. Ich bin noch nicht bereit diese Veranstaltung aufzugeben! Wir sind auf einer VIP-Party, meine Güte, das muss ausgenutzt werden. Ich gehe vor zur Tanzfläche, aber Heinz weigert sich mit mir zu tanzen. Stattdessen fummelt er an seinem Ohrstöpsel rum. Ich geb's auf. Wir steuern einen der Stehtische an, da gibt's wenigstens Häppchen.

»Let's get shitfaced!«, begrüßt mich die Frau dort. Ich kenne sie, eine Schauspielerin, die man hundert Mal im deutschen Fernsehen gesehen hat. Seit ich ein Kind bin, kenne ich ihr Gesicht, nur ihr Name fällt mir nicht ein.

»Bea, reiß dich zusammen!«, seufzt ihr grauhaariger Begleiter.

»Warum?«, rufe ich, umarme Bea und bestelle meinen allerletzten Champagner.

Bea und ich stoßen an, sie zeigt auf eine Langbeinige am Tisch nebenan.

»Alles Nutten hier.«

»Das ist eine GNTM-Gewinnerin«, kläre ich sie auf.

»Ja, sag ich doch.«

Neben der GNTM-Gewinnerin steht eine weitere Langbeinige, deren Optik mich verwirrt. Sie dürfte Mitte zwanzig sein, aber eine innere Stimme sagt mir: nein, sie ist über Vierzig. Sarah, die sie ebenfalls beobachtet, scheint das Gleiche zu denken, sie beugt sich mit ihrer großen Brille zu mir:

»Eindeutig alt-gefillert.«

»Alt-gefiltert?«, frage ich verwirrt.

»Alt-GEFILLERT«, wiederholt Sarah.

Jetzt verstehe ich, was Sarah meint, und sie hat recht. Ein kognitiver Fehlschluss. Vielleicht sollte man darüber einen Aufsatz schreiben? Unser Gehirn macht einen Denkfehler, nimmt an, dass eine jugendliche Person, die viel in ihrem Gesicht hat machen lassen, schon reiferen Alters sein muss. Warum sonst, denkt unser Gehirn, hätte sie es nötig, ihr Gesicht zu verhunzen? Sie MUSS einfach schon älter sein. Ob die junge Frau am Tisch nebenan um diesen Effekt weiß? Vermutlich hat sie schlicht die Ermahnungen der Beauty-Docs auf TikTok ernstgenommen, nämlich dass bereits mit Mitte Zwanzig erste Anzeichen der Hautalterung sichtbar werden. Einmal eingebrannte Falten gehen nie wieder weg! Um Gotteswillen, Kinder, früh loslegen mit Botox & Co.!

Ich nehme einen großen Schluck Schampus. Heute darf man alles sein: bi, schwul, trans, hell, dunkel, sogar füllig. Nur alt – nein, alt darf man definitiv nicht sein. Dabei ist Altsein der einzige Zustand, der uns alle – jeden fucking Menschen auf dem Planeten – betrifft. Ist »Ageism« eine Form von evolutionärem Selbsthass? Macht uns unser faltiges, klappriges Future-Self so viel Angst, dass wir Altsein verteufeln? Hassen wir uns selbst oder hassen wir nur unser Ich in dreißig Jahren?

In dem Moment kommt mir eine andere Erklärung für das Gesicht der Langbeinigen nebenan in den Sinn. Vielleicht ist es ein mit voller Absicht zur Schau getragener *»visibly enhanced look«*? Aufgespritzte Unnatürlichkeit als Statussymbol und als Mittel, auf dem überfüllten Markt der Aufmerksamkeit überhaupt eine winzige Chance auf Klicks und Scheinwerferlicht abzugreifen?

Ich nehme einen Schluck Schampus. Wenn mir nochmal jemand was von Body-Positivity erzählt, breche ich ins Essen.

Ein Stück weiter vorne neben der Tanzfläche findet jetzt ein

Interview statt. Ein ARD-Reporter spricht mit Larissa, der Tochter eines bekannten Talkshowmasters. Um sie herum zwei Typen für Licht und Kamera.

»Oh Gott«, kommentiert Bea.

Larissa kenne ich, sie war an der gleichen Uni wie ich. Vor einigen Jahren hat sie dann entschieden, dass es sie ins Showgeschäft zieht. Seitdem sieht man sie ständig im Fernsehen.

»Noch ne Nutte«, sagt Bea und leert ihr Glas auf ex.

»Nein, das ist Larissa«, erkläre ich.

»Ich weiß«, sagt Bea.

Larissa scheint das gleiche Abendmotto wie ich zu haben, Auffallen um jeden Preis: Minirock, blonde, gewellte Extensions und neongelbe Highheels. Mir fällt auf, dass sie auf diesen kaum stehen kann. Irgendwie sind sie ihr zu groß, es sieht aus wie bei einem Storch, der mit seinen dürren Füßen vergeblich versucht, in den Heels Grip aufzubauen. Aber egal, auf Fotos sieht man das ja nicht.

Der ARD-Reporter fragt Larissa, wie es ihrem Vater gehe. Gut, sagt Larissa, aber sie mag nicht ständig auf ihn angesprochen werden, schließlich sei sie selbst erfolgreich als Schauspielerin.

Bea prustet einen Schampus-Sprühregen auf unseren Stehtisch.

»Aber nur wegen Vaddi.«

Ich finde Larissa faszinierend. Vermutlich deswegen stalke ich sie auf Instagram. Ein bisschen viel Botox und ziemlich dicke Lippen. Aber sie strahlt mit jeder Faser ihres Selbstbräuner-getunkten Körpers aus, dass ihr der Celebrity-Status ganz natürlich zusteht. Im Grunde bewundernswert und eine reife schauspielerische Leistung. Bevor ihr Vater sie in Talkshows als seine Tochter vorstellte, kannte kein Mensch ihren Namen, jetzt ist sie überall.

»Dolly Buster mit Hochschulstudium«, kommentiert Sarah, die neben mir am Stehtisch steht.

»Frische Möpse fürs TV-Rentnerpublikum«, ergänzt Bea.

Ich betrachte Beas Gesicht, die feinen Falten über ihren Lippen. Bea dürfte Mitte Fünfzig sein. Ein unerfreuliches Alter für Schauspielerinnen. Gut, dass es Champagner gibt. Ich entdecke – obwohl ich auf kurze Entfernung schlecht sehe – ein paar weiße Strähnen in Beas brünetten Haaren. Mutig, geht es mir durch den Kopf. Mutig? Meine Güte, Lotte, mutig, mehr fällt dir dazu nicht ein? Weil alle anderen Frauen sich aus Angst, man könnte ihnen ihr Alter ansehen, alle paar Wochen die Haare färben? Kein Mann hätte das nötig. Bea ist eine Revoluzzerin!

Ich stelle mir vor, wie ich in Beas Alter aussehen werde. Bea hat nichts »machen« lassen, *natürlich gealtert* nennt man das, eine Bezeichnung voller unterschwelliger Verachtung. Werde ich was machen lassen? Die Lippen aufgespritzt, die Nase schmaler, die Haare dünner? Lohnt es sich der Entropie zu trotzen? Um noch ein paar Jahre rauszuholen? Im Wettrennen um Blicke, Komplimente, Sichtbarkeit? Zwischen sexy bitch und »offensichtlich bemüht« liegt nur ein Wimpernschlag. Irgendwann gibt's Mitleid statt Neid. Bea hat sich für eine andere Option entschieden: ein Plätzchen auf der Tribüne. Da gibt's Zynismus und Schampus. Auch eine Möglichkeit.

Mir fällt auf, dass Zynismus die Haltung der Unterlegenen ist. Das letzte Mittel, die Zustände zu ertragen, indem man Distanz zu ihnen aufbaut. Und plötzlich geht mir durch den Kopf, dass auch Ironie eine Form des Frustabbaus ist. Wer auf der Seite der Gewinner steht, der ist nicht ironisch. Nein, die Looser, die Zurückgelassenen, die Ewig-Zweiten, die, die im Schatten stehen, die sind ironisch, nämlich um ihre Position der Schwäche ein wenig erträglicher zu gestalten. Ich verdränge den Gedanken gleich wieder, denn Ironie ist mein Steckenpferd.

Ich denke an Larissas Instagram-Profil. Eine Ansammlung von lasziven, hochgefilterten Selfies, darunter feministisch angehauchte Sprüche. Feministinnen der alten Schule halten ja extrem weibliche Gebärden von Frauen für einen Verrat am Feminismus. Vielleicht ist Larissas Selbstdarstellung eine Art Meta-Feminismus? Sie inszeniert das optische Klischee des lasziven Blondchens und entlarvt damit selbstironisch Sexismus und Male Gaze?

Ich schlage diese Interpretation Bea vor, aber die lacht nur.

»Selbstironie? My ass, auf keinen Fall.«

In der Tat. Wer ein zehnfach gefiltertes Selfie mit dicken Lippen von sich postet und drunter schreibt »Wer hat gesagt, dass Lippenstift Gehirnzellen zerstört?«, der ist nicht selbstironisch. Sondern einfach sehr dumm. Oder extrem geschickt? Schließlich belohnt der Instagram-Algorithmus tiefe Ausschnitte, und Freizügigkeit suggeriert männlichen Followern Verfügbarkeit. Wie genial! Die naive Blondchen-Pose im Dienst der Reichweiten-Optimierung. Anbiederung an den Insta Gaze unter dem Deckmäntelchen Selbstironie.

Morgen wird Larissa mit ihren blonden Extensions wieder in irgendeiner Talkshow im Fernsehen sitzen und darüber sprechen, dass es in Deutschlands Vorstandsetagen zu wenige Frauen gibt.

Ich stoße ein letztes Mal mit Bea an, die dann von ihrer grauhaarigen Begleitung nach Hause bugsiert wird.

Die Veranstaltung ist jetzt ziemlich leer. Irgendwo an der Seite erbricht sich ein TikTok-Star in einen Champagner-Kühler. Zeit zu gehen, denke ich, bald wird an diesem Ort die Hoffnungslosigkeit Oberhand gewinnen.

Ich bin stolz auf mich, ich kann noch gerade sehen und laufen. Erhobenen Hauptes stolziere ich Richtung Ausgang, ein Stück hinter mir folgen Heinz und Sarah, als plötzlich ein schriller, hoher Ton erklingt.

Huch, denke ich, sind hier Eunuchen anwesend?

Es ist Lorenzo, ein schwuler Aktivist und TV-Persönlichkeit.

Offenbar ist er gerade erst gekommen.

»Ahhhhhhh, ist das etwa FOZZIE BÄR?«

Lorenzo kommt auf mich zugestürmt, seine langen braunen Locken wippen dabei lustig um seinen Kopf.

Er begrüßt mich mit einem Küsschen, obwohl wir uns gar nicht kennen, und beginnt meinen Fozzie-Bär-Mantel aus Fernost zu inspizieren.

»Wie flauschig! Ist das PRADA?«

Ich lächle, während Lorenzo meinen Mantel von oben bis unten befingert.

»Keine Ahnung, Second Hand …«

Lorenzo ist gut drauf. Und der Abend wird, wer hätte das gedacht, doch noch richtig lustig. Lorenzo ist trotz fortgeschrittener Uhrzeit so fidel wie ein Eichhörnchen auf Redbull, gut so, endlich bringt jemand Stimmung in die Bude. Wir machen Fotos. Von mir und Lorenzo. Dann eins von Lorenzo, wie er im Fozzie-Bär-Mantel posiert. Das Ding steht ihm wirklich hervorragend. Dann eins von uns beiden mit Heinz in der Mitte zwischen uns; Heinz so richtig in Bodyguard-Pose mit grimmigem Blick und verschränkten Armen vorm Bauch. Dann eins von Heinz, wie er Lorenzo mit beiden Händen hochhebt; es sieht ganz leicht aus, als wäre Lorenzo so ein süßer, kleiner Hund, den man der ganzen Welt präsentiert. Dann eins von Heinz mit Lorenzo Huckepack auf dem Rücken. Und zu guter Letzt ein Video, wie Heinz mit Lorenzo auf dem Rücken quer über die ganze Veranstaltung galoppiert. Dabei flattern Lorenzo seine Locken um den Kopf wie damals Brad Pitt seine Gigolo-Haare in *Legenden der Leidenschaft*. Ganz ehrlich, so was Lustiges habe ich seit langem nicht gesehen.

Bevor wir uns verabschieden, umarme ich Lorenzo, gebe ihm einen dicken Schmatzer auf die Wange und schenke ihm den Fozzie-Bär-Mantel. Den hat er sich wirklich verdient.

Mehr als fünfzig Dollar hat er eh nicht gekostet.

Kapitel 9

Am Samstag nach dem Champagner-VIP-Event erwache ich mittags mit einem entsetzlichen Kater. Und einem Filmriss. Auf dem Boden vor meinem Bett liegt ein umgekippter Kaktus, dazu ein Haufen altrosa Schokoladenpapier. Es braucht fünf Minuten, bis ich verstehe, dass beides aus der VIP-Goodie-Tüte von gestern Abend stammt. Was ein Kaktus, noch dazu ein kleiner mickriger, in einer Champagner-Goodie-Tüte zu suchen hat, erschließt sich mir nicht, aber vermutlich müssen auch Edelgetränke-Hersteller sparen. Offenbar habe ich vorm Schlafen noch eine Packung Mon Chéri vertilgt, was den stechenden Kopfschmerz erklärt. Dass ich mich daran nicht erinnern kann, macht mir etwas Sorge.

Ich schalte mein *iPhone* ein.

Dutzende Benachrichtigungen ploppen mir entgegen, ich öffne Instagram und staune nicht schlecht: LOTTE HOHENFELDs Followerzahl ist von siebzehn- auf über zwanzigtausend angestiegen. Erst argwöhne ich, dass Tessa zugekauft hat, aber dem scheint nicht so: der gestrige Abend war ein voller Erfolg!

Daniela, die verhuschte Influencer-Queen folgt mir nun, hat zwei Fotos von uns geteilt und legt ihren fast zwei Millionen Followern meinen Artikel *Volkskrankheit Impostor* ans Herz. Mit ernstem Blick gesteht sie, auch sie sei betroffen, gut, dass ich über dieses wichtige Thema so offen schreibe, und hier der Link zum Artikel. Ungläubig klicke ich weiter und stelle fest, dass auch Lorenzo mir nun folgt. Sarah hat unsere spaßige Fotosession in Stories hochgeladen und Lorenzo hat sie alle geteilt. Dazu prangt in seinem Feed ein neues Foto: Er im Fozzie-Bär-Mantel, ich lachend daneben, darunter die Bildunterschrift: »*Wahre Liebe, wenn Lotte Hohenfeld dir ihren Fozzie-Bär-Mantel schenkt*«. Und er hat mich markiert!

Ich bin sprachlos. Ich habe es geschafft. Ich bin drin im elitären Kreis der Super-Influencer. Es ist der Wahnsinn.

Eine SMS kommt rein, sie ist von Tessa, die mir einen Screenshot von BILD online schickt. Manni hat mich in seinem Bericht zum Champagner-Event untergebracht: … *bester Laune Society-Lady Lotte von Hohenfeld, die findet:* »*Ein Leben ohne Champagner ist möglich aber sinnlos*«. Das habe ich gesagt? Was für ein peinlicher Spruch, aber gut. In dem Moment kommt eine WhatsApp rein. Sie ist von Adele.

Adele ist eine alte Bekannte von der Uni, wir haben uns lange nicht gesehen. Eigentlich hätte sie nicht studieren müssen, ihr Vater ist Unternehmer, und sie wird einmal so viel erben, dass Golfspielen völlig ausreichen würde. Adele besitzt mehrere Pferde und eine Leidenschaft für Mode, sie würde gerne als Mode-Influencerin durchstarten. Ganz offensichtlich hat sie mich heute auf BILD online entdeckt: »*Hi Lotte, lange nicht gesehen! Wollen wir einen Kaffee trinken?*« Gut, denke ich, warum nicht? Ein spontaner Brunch ist nicht verkehrt. Ich brauche Kaffee und mein Magen knurrt.

»Und du hast gar nichts zugekauft?«

Wir sitzen im Cafe Fleury. Ich bestelle mir ein zweites Spiegelei und einen dritten Latte Macchiato und bereue es hergekommen zu sein. Adele zu treffen war ein Fehler. Sie ist einfach zu verzweifelt.

»Doch klar habe ich ein paar Follower zugekauft, das machen viele am Anfang«, sage ich vage und zucke die Schultern.

Adele hält mir ihr Smartphone mit ihrer Instagram-Seite unter die Nase. Seit drei Jahren ist sie nun schon am Posten. Fast tausend Bilder und Reels hat sie hochgeladen. Unglaublich, was für eine Arbeit. Und alles höchst professionell arrangiert. Ich frage mich, wieviel Geld für Fotografen und Make-up das Ganze verschlungen haben mag? Adele hoch zu Ross, Adele mit Cocktail an einem bunt gekachelten Pool im Oman, Adele, wie sie die 5th Avenue in New York entlangschlendert, gekleidet in ein sündhaft teures Luxusmarken-Outfit. Ich schaue auf ihre Followerzahl: sechstausend. Ach herrjemine, das ist nicht viel.

Mangelnde Rührigkeit kann man Adele nicht vorwerfen. Vor einigen Jahren hat sie eine eigene Handtaschen-Kollektion rausgebracht, Fertigung in Istanbul, edles Leder, extravagante Schnalle. Richtig schick. Inklusive Werbung hat der Spaß ihren Vater bestimmt Hunderttausend gekostet. Ich erinnere mich noch, wie eine ihrer Taschen etwas verloren zwischen vintage Louis Vuittons in einem Schaufenster in Mitte thronte. Die Kundinnen kauften am Ende wohl doch lieber die Louis Vuittons. Nur eine weltweit bekannte Luxusmarke bietet Garantie, von wirklich jedem dafür beneidet zu werden. Manche meinen ja, *Quiet luxury* sei der neueste Trend: das subtile Auffallen mit allerhöchster Qualität statt mit Markennamen. Bullshit. Mode ist Abgrenzung. Höchstens Superreiche leisten sich den stillen Luxus, um sich damit nach unten abzugrenzen. Alle anderen wären schön verrückt, Tausende Euros in eine Tasche wie die von Adele zu investieren, deren Wert hinterher nur wahre Insider erkennen.

Adele sieht mich an. Wie üblich ist sie wie aus dem Ei gepellt. Perfekt gezeichneter, dunkelroter Lippenstift, Chanel-Ohrringe. Sie trägt eine Blazer-Kombination im College-Style. Fischgrätmuster. Viel zu kleinteilig, geht es mir durch den Kopf, auf Social Media funktionieren am besten die vulgären Knall-Farben. Natürlich sage ich das nicht.

Ein Tsunami aus Chanel No. 5 schwappt mir entgegen. Dieses Parfum trug Adele schon an der Uni. Ein penetrant blumiger Schutzwall aus Aldehyden und Bergamotte gegen Mittelmaß und Eleganzlosigkeit.

»Ich weiß nicht, woran es liegt«, sagt Adele und deutet wieder auf ihre Instagram-Seite, »verstehst du das? Was mache ich falsch?«

Ich klicke auf ein paar ihrer Reels. Vielleicht ist ihr luxuriöser Look etwas zu abgehoben? Aber so ist Adele nun mal, sehr reich und sehr adrett. Adele ist altes Geld. Altes Geld biedert sich nicht bei Instagram-Followern an. Altes Geld hat das nicht nötig. Und wenn jemand wie Adele es doch tut, ist es vielleicht nicht ganz glaubwürdig? Der Draht zu den normalen Leuten fehlt? Aber was weiß ich schon. Ich gebe ihr zwei vorsichtige Tipps. Adele nickt, aber ich merke, dass sie nicht versteht, was ich meine. Ich spüre, sie ist ernsthaft verzweifelt. Und hilflos. Adele will etwas aus ihrem Leben machen, nicht nur Tochter sein, und Mode ist ihre Leidenschaft. Sollte ich ihr eine Typveränderung nahelegen? Nein, das geht nicht, dann wäre sie ja nicht mehr Adele. Sie zeigt mir den Account einer anderen Mode-Influencerin mit Namen Jana. Diese Jana sieht Adele erstaunlich ähnlich, richtig verblüffend, gleicher Haarschnitt, ähnliche Gestik und Mimik, auch der Klamottenstil ist vergleichbar, wobei mir der von Adele einen Tick besser gefällt. Ich schaue auf Janas Followerzahl: fast vierhunderttausend. Krass.

»Das ist der First-Mover-Vorteil«, erkläre ich Adele wissend, »schau mal, diese Jana, die ist schon seit acht Jahren am Posten. Das kann man unmöglich einholen, niemand würde das schaffen.«

Das tröstet Adele aber wenig. Sie war letzte Woche bei der Londoner Fashion Week. Angereist mit eigenem Fotografen, um sich selbst vorm Eingang der Shows zu fotografieren. Einladungen hatte sie keine. Ich denke an Tessa und bin mir sicher, dass Tessa es geschafft hätte, mich auf irgendwelche Gästelisten zu setzen. Ich könnte Adele erklären, dass das Leben einfach ungerecht sei, und man dem Schicksal in den Arsch treten müsse. Aber natürlich sage ich nichts. Ich erinnere mich, dass Adele mal erzählt hat, dass es ein Pop-Art-Portrait ihrer Großmutter gibt. Vom großen Andy Warhol persönlich erstellt. Der portraitierte in den Siebziger Jahren nämlich nicht nur Stars wie Elvis Presley oder Marilyn

Monroe, sondern auch wohlhabende normale Leute, die viel und bar bezahlten und vor seiner Polaroidkamera stillsaßen. Ein Fitzelchen Berühmtheit gegen eine fette Summe Geld. Wenigstens Adeles Oma hat es geschafft.

Adele beobachtet mich. Ich spüre, dass sie nicht damit klarkommt, dass ich, Lotte, die sich nie für Social Media interessierte, plötzlich mehr Follower hat als sie.

»Adele, ganz ehrlich«, sage ich zu ihr, »Followerzahlen, das ist doch alles ein Scheißdreck. Was sagt das schon aus?«

Adele sieht mich traurig an und schweigt.

»Und die BILD-Zeitung«, fahre ich fort, »das ist doch nun wirklich unter deinem Niveau. Das hast DU doch wirklich nicht nötig!«

Adele sagt immer noch nichts.

»Komm schon. Ein bisschen Aufmerksamkeit, das ist doch kein Erfolg.«

Adele schweigt und schüttelt dann den Kopf.

»Aufmerksamkeit ist Erfolg.«

Ich merke, dass ich sauer werde.

»Bullshit, lass dich doch nicht von diesem Mist blenden!«

Adele sieht mich traurig an.

Aufmerksamkeit, sagt sie dann, die lasse sich in Followern und Reichweite messen. Und die seien bares Geld wert. Diese Mode-Influencerin Jana, die verdiene durch ihre Werbedeals fast eine halbe Million im Jahr. Es bestehe gar kein Zweifel: viel Aufmerksamkeit bedeutet viel Erfolg und viel Geld.

Ich bin baff, mir war nicht klar, wie viel Kohle sich solche Influencertanten einstecken. Trotzdem schüttle ich vehement den Kopf.

»Adele, jetzt hör mir aber mal auf! Du bist reich! Stinkreich! Was interessiert dich die Kohle?«

Adele schweigt. Sie sieht unglaublich traurig aus.

»Es ist nicht das Gleiche.«

Am Abend sitze ich bei Tessa im Loft auf ihrer Ledercouch. Wir essen Pizza, und ich trinke Ingwer-Tee. LOTTE HOHENFELDs Instagram Account ist inzwischen weitergewachsen, bereits fünfundzwanzig Tausend Follower. Ich schreibe eine Nachricht an Influencer-Queen Daniela und den lustigen Lorenzo, bedanke mich bei beiden fürs Markieren und Teilen und drücke meine Hoffnung aus, dass wir uns bald wiedersehen.

Auf Tessas Flachbildschirm an der Wand läuft derweil *Kir Royal*, die erste Folge. Die TV-Kultserie aus den 80ern. Den legendären Dialog »Ich scheiß dich zu mit meinem Geld« zwischen Mario Adolf alias Heini Haffenloher und Franz Xaver Kroetz alias Baby Schimmerlos kann Tessa mitsprechen. Sie ist ja ein paar Jahre älter als ich.

Ich habe Kir Royal vor vielen Jahren als Kind im Fernsehen gesehen, damals fand ich es lustig, aber nicht mehr, jetzt bin ich erstaunt, wie sehr es mich anrührt. Kleberfabrikant Heini Haffenloher möchte mit allen Mitteln erreichen, dass eine Story über ihn in der Münchner Allgemeinen Tageszeitung gedruckt wird, für die Baby Schimmerlos als Klatschreporter arbeitet. Heini will endlich Spaß und Glamour statt seines öden, anstrengenden Jobs als Generaldirektor in irgendeinem Kaff. Er weiß auch schon genau, wie Foto und Text aussehen sollen: »*Prächtig amüsiert sich Generaldirektor Heinrich Haffenloher im Kreise seiner Freunde*«. Und tatsächlich, es klappt. Heini öffnet sein Portemonnaie für Baby und die Zeitung, im Gegenzug darf er im Restaurant Champs Elysee im Kreise seiner neuen Freunde, der zusammengerufenen Münchner Schickeria, auf dem Tisch tanzen, fotografisch festgehalten für die Zeitung.

Heute sind wir alle kleine Heinis. Unsere Höchststrafe ist das Leben ohne Beobachter. Wir wissen, dass wir etwas Besonderes sind, aber wir wollen, dass alle es wissen! Wir wollen, dass die Welt uns beim Feiern mit Freunden zusieht, der Blick durch das

Fenster des Champs Elysee Restaurants ist der Blick auf unseren Insta Feed. Ich denke an Adele und ihr trauriges Gesicht. Die reiche, arme Tochter. Heute braucht man eine Tessa. Denn nur wer reinkommt, ist drin.

Ich lehne meinen Kopf an Tessas Schulter und strecke meine Füße unter der Alpakawolldecke aus. Tessa lächelt und streichelt mir über den Kopf.

Aber was machen Leute wie Adele?

Ein Instagram-Algorithmus lässt sich nicht mit Geld zuscheißen. Vielleicht hilft Leuten wie Adele Andy Warhols Prophezeiung: *In the future everyone will be famous for fifteen minutes.*

Die Reichweiten-Loser, die gescheiterten TikTok-Stars. Die Beinahe-Erfolgreichen, die Im-letzten-Moment-Gescheiterten. Die Milliarden Unsichtbaren auf dieser Welt, die es nicht sein wollen. Vielleicht finden alle eines Tages Trost durch einen Super-Algorithmus? Durch eine wunderbare Simulation? Ein Metaversum, in dem jeder von uns seine ganz persönliche Erfolgsstory erleben kann, gesehen, beneidet und beklatscht von unzähligen virtuellen Zuschauern.

Auf einmal fröstelt es mich. Was wird aus unseren Körpern? Auch sie werden nichts als virtuelle Algorithmen sein. Das Etwas wird ein Nichts sein. Nicht mal ein Hauch, nur eine Informationswolke.

Von irgendwoher höre ich eine Stimme. Ein Gekicher. Ist das real? Es scheint aus meinem Kopf zu kommen. Etwas krächzend, richtig unheimlich. Was planst du, du dummes Menschlein, ruft die Stimme in meinem Kopf. Du willst dem Nichts entfliehen? Vergiss es! Es wird dich einholen, so oder so. Was glaubst du sind all deine Posts, all deine schönen Fotos? Digitale Abstraktionen! Zeichenfolgen von Einsen und Nullen! Was glaubst du, was das alles ist, liebe Lotte? Nichts! Es ist das NICHTS.

Nur zu, mein Kind, ich warte auf dich.

Kapitel 10

Die Tage vergehen, und – Gott sei Dank – die komische Stimme in meinem Kopf meldet sich nicht wieder, meine Güte, war das seltsam.

Wir machen weiter wie bisher. Die meiste Arbeit hat zweifellos Sarah, die sich inzwischen *Social Media managerin* nennt, weiterhin bezahlt von Tessa. Ein absoluter Fulltime-Job: den ganzen Tag durchforstet sie Instagram und TikTok nach den aktuellsten Trends. Sounds, Effekte, Sprüche oder Melodien, die vor einer Woche noch angesagt waren, sind heute schon von gestern. Nicht das Murmeltier grüßt täglich, sondern ein täglich neuer »TikTok«-Zeitgeist. Wer den nicht kennt, verliert Follower, genauso wie jeder, der nicht ständig postet. Man fühlt sich wie in einem rasend schnell rotierenden Hamsterrad, wer hier nicht runterfallen will auf den Haufen der Unsichtbaren, der Loser des Kulturkapitalismus, hat täglich seine Besonderheit unter Beweis zu stellen, wobei die »Besonderheit« paradoxerweise gar keine ist, sondern das Variieren von bereits Vorhandenem.

Sarah ist jetzt Expertin, hat mehrere Schulungen besucht. Sie kennt sich aus mit Manipulationstechniken, Storytelling, Copywriting und Triggersetzung, erklärt mir, wie man Follower durch »Hooks« auf sein Account lockt und sie dann mit einer geschickten Mixtur aus Bestätigung und Verwirrung bei der Stange hält. Unsere LOTTE HOHENFELD-Show ist ein durchgetakteter, gutgelaunter, wohldosiert nachdenklicher, in homöopathischen Dosen informativer Entertainment-Clip. Oder eher eine mit lizenzfreier Musik unterlegte Abfolge von Mikro-Happenings.

Das Ganze ist viel Arbeit. Es ist anstrengend. Aber wir halten uns wacker. Sarah erledigt sogar die Einkäufe, damit wir abends, wenn ich aus dem Büro komme, in Tessas Küche BURRATA-SA-LAT A LA LOTTE zubereiten können. Es ist das Rezept einer Food-Influencerin, aber die hat es sicher auch irgendwo geklaut, und wir mischen einfach ein paar mehr Granatapfelkerne und etwas Nussöl dazu. Den Followern gefällt's.

Am nächsten Tag besuchen wir Heinz bei sich zu Hause in seiner Wohnung, um ein Video zu drehen, zu dem ausnahmsweise ich mal die Idee hatte: eine Lip Sync zum Monolog *»Ich scheiß dich zu mit meinem Geld ...«* aus der TV-Serie *Kir Royal*. Und so sitze ich dann auf Heinz' grünem Plüschsofa, Sarah filmt mich, und ich priestere mit Mario Adolfs Stimme auf mein Gegenüber ein, welches nicht Baby Schimmerlos und auch nicht Heinz ist – sondern Heinz' fette, französische Bulldogge Berta. Berta, mit ihren großen, tranigen Augen und Sabberlefzen, hört mir ziemlich ungerührt zu, ihr Blick schwankt zwischen Desinteresse und Verständnislosigkeit. Am Ende meines erregten Vortrags, bzw. tonlosen Lippenbekenntnisses, gibt Berta als Reaktion einen langgezogenen, klangvollen Furz von sich. Den hat Heinz im Hintergrund mit einem Furzkissen fabriziert. Das Video wird tatsächlich genial, sogar Tessa muss laut lachen – die Belohnung sind dreißigtausend Views auf Instagram, auf TikTok sogar fünfzigtausend.

Unsere Kreativsträhne hält an, beim nächsten Video, wieder meine Idee, werden wir philosophisch: Ich schlendere über die Straße, musikalisch begleitet von Billie Eilishs Stimme: *»Everyone's gonna die and no one's gonna remember you. So fuck it!«* Im Moment des »fuck it« strecke ich der Kamera herausfordernd meinen rechten Mittelfinger entgegen. Es fällt mir gar nicht so leicht, schließlich bin ich gut erzogen. Doch das Ergebnis ist verblüffend, noch mehr Views als beim Furz-Video. Ich glaube, jetzt habe ich verstanden, wie die GenZ tickt: hoffnungslos, aber lässig.

Unter meinen neuen Followern sind nun eine ganze Reihe Träger blauer Haken. Ein erhebendes Gefühl, von der Netzprominenz beobachtet zu werden. Influencer-Queen Daniela als Instagram-Freundin zu haben, ist unglaublich hilfreich. Zwei LOTTE-HOHENFELD-Youtube-Videos hat Daniela nun schon verlinkt, offenbar steht sie auf leichtverdauliche Psychoratschläge. Und heute Abend wird es richtig spannend. Denn Daniela hat mich zu sich nach Hause eingeladen. »Ein lockeres Sit-in, Kati und Lorenzo kommen auch, das wird nett!« schrieb sie mir in einer WhatsApp. Wer auch immer Kati sein mag. Auf jeden Fall fühle ich mich ziemlich geschmeichelt über die Einladung.

Mit einer Flasche Wein stehe ich also abends am Prenzlauer Berg vor Danielas Wohnungstür.

Die Tür geht auf, Daniela steht vor mir, strahlt und umarmt mich. Sie ist recht locker gekleidet, an den Füßen trägt sie Hasenhausschuhe. Die Wohnung ist der Wahnsinn, kernsanierter Stilaltbau in bester Gegend, hohe Stuckdecken. Wer sich so was mit Mitte Zwanzig leisten kann, kann nur Erbe oder Top-Influencer sein. Daniela nimmt mich bei der Hand und gibt mir eine Führung. Ein großes Bad, sehr modern, ein Schlafzimmer mit Himmelbett, dann ihr Arbeitszimmer, auch riesig, aber ganz schön vollgeräumt: Kisten, Kartons, Klamotten und in der Ecke eine Ansammlung von Kawaii-Plüschtieren.

Kawaii steht für das japanische Konzept von Kindlichkeit. Kawaii-Plüschtiere trenden gerade auf den Sozialen Medien, überall wird Werbung für sie angezeigt. Als ich Daniela darauf anspreche, schaut sie unglücklich und erklärt mir, sie habe die Dinger von irgendeinem Hersteller geschickt bekommen, der hofft, dass Daniela sie in ihren Stories zeigt. Das geht natürlich nicht, ganz übler Polyester, unmögliche Lieferketten. Schmeiß sie weg, schlage ich vor. Nein, sagt Daniela, das kann sie nicht vertreten, noch mehr Müll? An ein Kinderheim verschenken? Nein, geht auch nicht. Sie stehe ja für ökologisches Bewusstsein, niemand darf erfahren, dass Daniela solche Umweltsünden geschickt bekommt. Ich betrachte die kleinkindgroßen Pandas, Hasen und Schweine. Plüschige Schandflecken des unethischen Konsums. Knopfäugige Menetekel eines Shitstorms, der bigotte Sinnfluencer von ihrem lukrativen Moralapostel-Thron fegen könnte. Menschen wie Daniela leben gefährlich: ein Fehltritt, eine unbedachte Aussage, schon hat sich die mühsam erarbeitete Reichweite von einem Tag auf den anderen halbiert.

Na, dann bleiben die Dinger wohl hier, denke ich und betrachte den Schminktisch vorm Fenster. Die Plastik-Creme-Tiegel und -Tuben darauf dürften genauso wenig biologisch abbaubar sein wie die Plüschtiere, aber egal, immerhin ist ihr Inhalt vegan. Daniela informiert ihre Follower gerne über Slow Food, Umweltschutz, Brustkrebsvorsorge oder mentale Gesundheit. Aber zum Geldverdienen sind Kooperationen mit Kosmetikfirmen nötig, deren Produkte Daniela zwischendurch in Schminktutorials vorführt. Oben rechts in der Ecke ihrer Stories lässt sich immer ein Schriftzug erahnen. Erst dachte ich, auf meinem *iPhone* sei Fliegendreck, aber tatsächlich steht da »*Werbung*«. Vielleicht haben die Hüter des unlauteren Wettbewerbs bessere Augen und finden das normal. Sechstausend Fotos und Videos hat Daniela über die Jahre hochgeladen. Unfassbar. Ich bewundere Daniela. Ich wäre längst in der Klapsmühle gelandet.

Wir kommen ins Wohnzimmer, sehr hell, eine beige Sofalandschaft, Minotti-Style, und hier sitzen auch schon die anderen Gäste. Daniela stellt uns vor.

Kati ist eine zierliche Brünette mit großen Augen. Irgendwie kommt mir das Bild eines Vogels in den Sinn, der sehr enttäuscht ist, weil er seit längerem keinen Wurm abbekommen hat. Und mir fällt ein, woher ich Kati kenne: sie ist die Gattin eines Tennisprofis, die BILD berichtet häufig über sie. Neben ihr eine stupsnasige Blonde mit Modelfigur, Carola, eine Mommy-Influencerin, die ihren Dackel mitgebracht hat. Dazu noch vier Mädels, unscheinbare Optik, um die zwanzig Jahre alt, Acryl-Nägel, recht viel Schminke, unter der sich spätpubertäre Akne erahnen lässt. Sehr erfolgreiche TikTokerinnen, wie ich erfahre. Zwei von ihnen tragen schwarze Strumpfhosen und darüber abgeschnittene, kurze Jeans. Diesen Look trug man schon in den neunziger Jahren. Auch damals sah es total dämlich aus.

Irgendwie finde ich nicht, dass diese Runde besonders gut zu Daniela passt. Aber für Influencer ist es wichtig sich zu verbünden – selbstredend nur mit denen, die ähnlich erfolgreich sind wie man selbst –, schließlich fischen alle im gleichen Pool um Views und Klicks, und zusammen lassen sich Follower-Synergien heben. Ich wette, die Mädels hier kennen sich kaum, trotzdem nennen sie sich natürlich gegenseitig »Süße« oder »Schatz«. Wenn schon oberflächlich, dann richtig. In diesem Business weiß eh jeder, dass er es nur mit Oberflächen zu tun hat, was darunter ist, erfahren nur Therapeuten. Manchmal allerdings auch die Follower, denn wie ich festgestellt habe, lässt sich auch das »Darunter« vermarkten, seien es Angststörungen oder Reizdarmprobleme. Letztere »Kackfluencer« mischen dann eben Darmsanierungstipps mit Raumduft-Werbung.

Ich sitze nun neben Kati auf der Couch und lausche dem allgemeinen Smalltalk. Es gibt vegetarische Häppchen, Blätterteigröllchen und Alnatura-Chips. Daniela kommt mit zwei Flaschen alkoholfreiem Gin aus der Küche.

»Gin Tonic, Mädels!«

Skeptisch rühre ich in dem Glas Gin Tonic, das Daniela mir reicht: »Ein ganz tolles Start-up aus Berlin«, erklärt sie mir stolz, »ich kenne die beiden Gründer, mein zweites Investment!«

Ich nehme einen Schluck.

Ein Schauer fährt mir über den Rücken, meine Kehle wird eng

und nur mit Mühe kann ich einen Würgereflex unterdrücken. Es ist, als würden meine Augäpfel hervortreten. Um Gotteswillen, ekelhaft!

Während die anderen an ihren Gläsern nippen und den alkoholfreien Start-up-Gin loben, der nach Erdbeere schmeckt, allerdings der Sorte Taxi-Duftbaum-Erdbeere, schiele ich auf den silbernen Hundenapf, der neben mir auf dem Boden steht. Ich beuge mich leicht vor und leere mein Glas in einem unbeobachteten Moment in den Napf. Uff, das wäre geschafft. Nur Carolas Dackel hat etwas gemerkt und nähert sich schwanzwedelnd.

Seit ich die Menschen kenne, liebe ich die Tiere. Das hat Schopenhauer mal gesagt. Ich betrachte den Dackel, eine beige Spezialausführung mit langen, lasziven Wimpern wie ein Zirkus-Alpaka. Was für ein dämliches Vieh. Meine Güte, jetzt bin ich schon böser als Schopenhauer.

Eigentlich bin ich nicht böse. Meine Gedanken, die sind böse, aber ich spreche sie nicht aus. Leute, die mich kennen, meinen, ich sei harmonieorientiert und friedliebend. Ja, ich glaube, so nimmt man mich wahr. Tatsächlich bin ich schlicht zu träge, und mein Reaktionsvermögen ist mangelhaft ausgebildet. Ich glaube, niemand ahnt das, nur Tessa natürlich, die weiß alles über mich, sie hat mich durchschaut. Wenn die Leute wüssten, was für kranke Dinge in meinem Kopf abgehen, während ich sie freundlich lächelnd anschaue, würden sie in Ohnmacht fallen. Ich lebe das Böse schlicht nicht aus, es schlummert wie eine phlegmatische, fette Kröte in mir vor sich hin. Vielleicht sollte ich die Kröte einfach mal rauslassen und ihr vorher richtig in den Arsch treten.

»Hast du auch Wodka?«, frage ich Daniela, die gerade Häppchen rumreicht, mit unschuldiger Miene.

Daniela nickt und deutet zur Küche.

In der Küche stelle ich zufrieden fest, dass alles da ist, was ich brauche: Wodka, Limetten, Eiswürfel und Sprudelwasser.

Mit einem großen Glas Wodka Soda kehre ich ins Wohnzimmer zurück.

»Was ist das denn?« fragt Kati neugierig.

»Wodka Soda mit Limette.«

Ratlose Gesichter blicken mich an.

»Wodka gemischt mit Sprudelwasser und Limettensaft.«

»Und, ist das gut?«

»Fantastisch,« nicke ich und rühre zufrieden in meinem Glas, »sogar richtig gesund, durch das Wasser wird der Körper hydriert. So ein Getränk hat quasi null Kalorien und es senkt sogar den Blutdruck.«

Ich lächle.

»Skinny Bitch heißt es.«

Kurz darauf bin ich wieder in der Küche, denn ich muss fünf weitere Skinny Bitches vorbereiten. Außer Daniela, die eisern alkoholfrei bleibt, wollen jetzt alle einen.

Ich bin großzügig mit dem Wodka. Ein bisschen Stimmung kann dieser Party nicht schaden.

Als ich wieder ins Wohnzimmer komme, ist Carola gerade dabei, eine kleine, graue Lache aufzuwischen. Der dämliche Dackel hat sich auf dem Parkett entleert. Offenbar hat er aus dem silbernen Napf getrunken und der alkoholfreie Gin schmeckt ihm noch weniger als mir.

Wir stoßen an mit den frisch gemischten Skinny Bitches.

Ich habe tatsächlich mal gelesen, dass Wodka Soda den Blutdruck senkt, ist sicherlich eine Frage der Menge, aber wen interessiert's? Es könnte sein, dass ich hier den Schlüssel zu einem sehr erfolgreichen Abend in der Hand habe. Erfolgreich in meinem Sinne natürlich. Ich merke, dass ich grinsen muss bei diesem Gedanken, fühle mich aber sofort wie ein Schwein, denn auf der anderen Couchseite sitzt Daniela mit ihren Hasenhausschuhen: Die weißen Plüschohren über den Knopfaugen sind schon gelblich, das Teddyfell an den Fersen abgewetzt. Ich stelle mir vor, dass Daniela diese Hausschuhe schon früher trug, damals in diesem Dorf bei Leipzig, wo sie aufgewachsen ist, alles sehr ärmlich, wie sie erzählte, der Papa Busfahrer, Klein-Danielas Fluchtweg in die große Welt waren Youtube-Videos mit Schminktipps, die sie in ihrem Kinderzimmer drehte seit sie zwölf war. Schnell verdränge ich den Gedanken wieder. Daniela mag nett sein wie sie will – Berühmtwerden erfordert Emotionskontrolle und Taktik, sagt Tessa. Meine heutige Taktik heißt Wodka Soda mit Limette.

Ich hebe mein Glas, gebe einen Toast auf Daniela, danke ihr für die schöne Einladung und wir stoßen nochmal an mit den Skinny Bitches.

Eine halbe Stunde später ist die Stimmung deutlich aufgelockert. Kati hat schon ihren zweiten in der Hand. Alkohol, der gut für die schlanke Linie ist, einfach großartig. Ich muss an Adipöse denken, die sich ihren Schokoladenkonsum schönreden, weil Kakaobohnen so gut fürs Herz sind. Jeder lebt in seinem eigenen Märchen.

Ich sitze wieder neben Kati und zücke mein *iPhone*, denn Kati ist mir soeben auf Instagram gefolgt, ich folge ihr zurück und lasse gleich mal ein paar Likes da. Ob ich mit diesem Soundso von Hohenlohe verwandt sei, diesem etwas Moppeligen, den sie letztes Jahr auf dem Oktoberfest kennengelernt habe, fragt Kati. Nein, erkläre ich, »Hohenfeld« hat nichts mit »Hohenlohe« zu tun, ach stimmt ja, »Hohenfeld«, nickt Kati, »von Hohenfeld«, nicht wahr? Stand so auf BILD, oder? Ich schüttle den Kopf, tippe auf meine Instagram-Seite: LOTTE HOHENFELD. Dann rolle ich die Augen und seufze, dass die Boulevardmedien schrecklich rückständig und titelgeil seien, furchtbar, wen interessiere bitte heute noch der Adel? Wir leben in einer Demokratie! Mir ist bewusst, dass ich damit nicht direkt verneint habe, adelig zu sein, aber für Kati reicht's, denn obgleich sie wöchentlich dort vorkommt, findet sie die Boulevardmedien natürlich auch ganz schrecklich. Kati hebt ihr Smartphone und macht ein Selfie von uns zwei. Sehr gut, wenn ich Glück habe, lädt sie es hoch.

Dann schauen wir uns zusammen Katis Instagram-Fotos an, denn Kati war letzte Woche auf den Malediven, und da wurden ganz tolle neue Fotos von ihr gemacht: Kati lasziv am Strand im rosa Badeanzug mit tiefem Ausschnitt, Kati schmollmündig in einer Hängematte mit Cocktail in der Hand, Kati, wie sie verträumt in die Sonne blickt. Die Bilder unterscheiden sich nicht sonderlich von den vorherigen Fotos auf ihrem Account: tausendmal Luxus-Kati. Kati erklärt mir, dass es ihr vor allem um die Botschaft an ihre Follower geht: Liebt euch selbst, so wie ich mich liebe! Andere Frauen zur Selbstliebe zu animieren, das sei ihre Mission, ja, vielleicht gar ihre Lebensaufgabe, ergänzt Kati und ich merke, dass sie selbst von ihren Worten ergriffen ist: »Be the hero of your own story! Find your own way! Believe in yourself« Kati schaut mich mit ihren großen Augen an, ich nicke verständnisvoll. Tausend Bilder lupenreiner Narzissmus. Aber klar, alles für die Inspiration. Ob sie das ernst meint? Im Grunde macht Kati natürlich nur, was nötig ist: Powerposten im Dienst der Reichweitenoptimierung. Sarah und ich machen ja auch nichts anderes, nur eben nicht auf den Malediven. Ich ärgere mich, dass ich auf keinem moralischen Hochross sitze, von dem aus ich auf Kati hinunterschauen könnte.

Kati ist ein paar Jahre jünger als ich. Vor zwanzig oder auch vor zehn Jahren noch hätte jeder beim Anblick von Katis Selfie-Sammelsurium den Kopf geschüttelt und gesagt: Die Tante hat wohl einen Schatten, wie peinlich ist diese Ego-Show denn bitte? Die Zeiten haben sich geändert. Heute hat man Respekt vor denen, die wie Kati alle Hemmungen verloren haben und sich penetrant selbst darstellen. Man selbst ist sich vielleicht zu schade für diese peinliche Selbst-Show oder einfach zu träge, ärgert sich aber gleichzeitig, dass Leute wie Kati fröhlich lächelnd auf ihrer Erfolgsspur ins Scheinwerferlicht an einem vorbeiziehen. Kati: die perfekte Vertreterin des Hyper-Narzissmus. Vielleicht finden sogar ihre Follower ihre Show peinlich, aber jeder weiß: »Die Tante macht halt alles richtig!« Wer nicht postet, ist nicht relevant. Kati ist eine Gewinnerin. Narzissmus ist kein Übel mehr, es ist das Ideal unserer Zeit. Wer das leugnet, macht sich was vor. Selbst die seriösen Zeitungen, denen die Print-Krise im Nacken sitzt, laden Kati zu Interviews ein. Kati hat Macht, Kati hat Wert, denn sie hat Follower. In meinem Kopf erscheint ein Bild von Kati als künftiger Kanzlerin: fliederfarbener Hosenanzug, schwarze Pumps, die Haare zum seriösen Dutt gebunden, dezent aber edel geschminkt. Das Bild ist so realistisch, dass ich einen großen Schluck Wodka Soda nehmen muss. Vermutlich wird ihr Weg an die Spitze parallel zur US-Präsidentschaft von Kim Kardashian stattfinden, die ja ihre Karriere mit einem Po-Implantat und einem geleakten Sex-Tape startete und heute ein Lifestyle-Imperium unter sich hat. Den American Dream gibt es immer noch: wer die Ideologie des Narzissmus in seiner Person perfektioniert, kann alles erreichen. Ich erinnere mich, dass letztens beim ROSS-MANN eine junge Frau in der Schlange vor mir stand, die Kim Kardashian erstaunlich ähnlichsah: der hellbraune Teint, die vollen Lippen, die dunklen Haare, aber sie war schlanker und größer als die gute Kim, die man mit ihren 1,57 Metern ja im Alltag eher übersehen dürfte. Ich entschied mich, der jungen Frau ein Kompliment zu machen und erklärte ihr, sie sehe besser aus als Kim Kardashian. Ich glaube, sie freute sich sehr, denn sie wurde rot, bedankte sich und lächelte mir nochmal zu, als sie mit ihrer Primark-Jeans, ihren pinken Shellac-Nägeln, schlecht gefakter Louis-Vuitton und ROSSMANN-Tüte den Laden verließ.

Aber Kim Kardashian-Geschichten interessieren jetzt nicht, denn schließlich sitze ich neben Kati auf der Couch und lausche, wie sie mir von ihrem letzten Moderationsjob auf Ibiza erzählt, und wie die jungen Mädchen ihr auf Instagram schreiben, was für ein tolles Vorbild sie sei. Wir stoßen mit unseren Wodka Sodas an und ich frage mich, ob Kati das wirklich alles ernst meint. Glaubt sie tatsächlich, ihre Moderationsjobs etwas anderem als ihrer Ehe mit einem deutschen Tennis-Profi zu verdanken?

Naivität ist für Influencer unglaublich wichtig. Influencer müssen sehr geschickt sein, aber ständig naiv tun. Sie müssen so tun, als seien sie selbst von ihrem Erfolg überrascht, als seien ihre Follower ihre Freunde und ihre Botschaft, wie auch immer die lauten mag, ihnen wichtiger als das Scheffeln von Werbegeldern. Je mehr der Influencer zur profitablen Marke wird, desto mehr Geschick muss er aufbringen, die eigene Warenhaftigkeit zu kaschieren.

Kurzum, Influencer müssen sich so naiv wie möglich geben, damit man ihnen ihren Erfolg auch gönnt. Tatsächlich beherrschen erfolgreiche Influencer natürlich sehr genau das Handwerkszeug des Personenmarketings und spielen bravourös auf der psychologischen Klaviatur von Werbung und Verkauf.

Aber Kati?

Katis Gesicht hat so einen schwankenden Ausdruck zwischen Fröhlichkeit und totaler Verzweiflung. Ich weiß auch nicht, ob ich das jetzt richtig ausdrücke. Sie spricht sehr langsam und gewählt, wie um sich selbst ihres ausgeglichenen Gemütszustands zu vergewissern. Vielleicht nimmt sie auch Betablocker oder sonst irgendwelche Mittelchen? All diese Bilder von ihr selbst mit den aufmunternden Unterschriften. Vielleicht will sie sich damit selbst aufbauen? Vielleicht ist es eine Form von Selbsttherapie?

Oder aber sie meint das alles einfach vollkommen ernst. Ich schaue in ihr Vogelgesichtchen mit den großen Augen. Tatsächlich scheint Kati kein bisschen zynisch zu sein, sondern tatsächlich naiv. Sie identifiziert sich vollkommen mit ihrer Rolle als

Botschafterin der Selbstliebe, die sie für andere zu spielen beschlossen hat. Und das bedeutet, dass Kati ein wahrhaft freier Mensch ist. Die Erkenntnis haut mich um. Ich merke, dass ich Kati beneide und frage mich, ob meine fehlende Naivität der Grund ist, warum ich bisher kein großes, erfolgreiches Werk geschrieben habe? Kati, die naive Heldin der Freiheit. Ich muss an Anna Delvey denken, die junge Hochstaplerin, die reiche New Yorker um viel Geld brachte. Auch Anna Delvey beharrt bis heute, obgleich sie längst verurteilt wurde, auf der Sinnhaftigkeit ihrer imaginären Kunststiftung.

Kati muss jetzt auf Toilette und ich lehne mich auf der Couch zurück.

Mir gegenüber führt Daniela den anderen Mädels gerade ihre neueste Werbekooperation vor: eine Gewichtsdecke. Dass solche Decken, die ständig auf Instagram beworben werden, gegen Angststörungen helfen, wurde in Studien längst widerlegt, aber offenbar hat Daniela davon nichts mitbekommen. Genauso wie diese Zahnbleaching-Sets, die aktuell jeder Influencer bewirbt. Das sind tatsächlich billige China-Importe, die keine Wirkung haben, dafür aber unter Instagram-Usern zum x-fachen Preis wie in China verscherbelt werden. Konsum, der schillernde Reiter der Apokalypse.

Wie ich da so auf dem Sofa sitze, rechts das Glas Wodka Soda in der Hand, links ein Häppchen, und mir die Szene betrachte, fühle ich mich plötzlich wie Thomas Bernhard, wie er in seinem Roman *Holzfällen* vom Ohrensessel aus im Geiste über eine Wiener Abendveranstaltung ablästert. Ich umgebe mich mit Leuten, die ich verachte. Ich verachte sie, will ab im Grunde sein wie sie. Wie armselig ist das bitte? Ich trinke ihren Wodka, esse ihre Häppchen, nutze ihre Naivität aus und schleime mich bei ihnen ein. Ich bin kein bisschen besser als sie. Im Gegenteil, ich bin schlimmer.

Ich merke, dass mein *iPhone* vibriert, ich schaue drauf, Kati hat eine Story mit mir hochgeladen und mich markiert. Tschakka! Kurz kommen mir die Wolken in den Sinn, die ich früher mal auf Instagram gepostet habe. Das kommt mir jetzt sehr lange her vor, ich verdränge den Gedanken gleich wieder.

Plötzlich meldet sich wieder diese seltsame, krächzende Stimme in meinem Kopf. Ach herrjemine! Hastig nehme ich einen großen Schluck Wodka Soda und Gott sei Dank – in dem Moment verstummt das Gelächter in meinem Kopf, denn Carolas Dackel hat wie wild angefangen zu bellen.

Das Kläffen kommt aus dem Flur und jetzt erscheint der Dackel im Wohnzimmer: Mit der Schnauze schiebt er eins der Kawaii-Plüschtiere vor sich her. Den Panda, noch verpackt in durchsichtiger Hülle. Wie eine Trophäe schiebt er das Riesending zum Couchtisch, kläfft abermals und fängt dann an, auf den armen Panda einzubeißen.

Wie von Sinnen, als sei dieser Panda eine Beleidigung seiner Dackelehre, haut er seine Beißer in die Schutzfolie. Noch bevor Carola ihm das Ding entreißen kann, hat er dem Panda ein Loch in den Allerwertesten gebissen. Aus dem quillen jetzt weiße Polyesterflocken hervor. Alle schauen etwas betreten drein. Ein Plüschpanda mit Analfissur und weißem Durchfall. Daniela ist das Ganze peinlich, das merkt man, sie hebt den Panda auf und bringt ihn eilig ins Schlafzimmer.

»Auf den Schreck jetzt erstmal eine Runde Wodka Soda, das haben wir uns verdient!«, erkläre ich laut und stehe auf. Als ich mit meinem Tablett gut gefüllter Gläser – diesmal mit richtig viel Wodka – aus der Küche zurückkomme, wird in der Runde gerade darüber diskutiert, ob irgendeine TV-Moderatorin, deren Namen ich nicht kenne, eine Schönheits-OP genannt *Bullhorn-Lip Lift* hat machen lassen. Kati zeigt uns ein Foto von ihr und in der Tat, Nase und Mund sehen speziell aus. Wie das Gesicht einer erfreuten Ente. Als ich das sage, muss Carola laut lachen, richtig prusten, sie kriegt sich kaum ein, und wie sie da vor sich hin lacht und kichert, fällt mir plötzlich auf, dass Carolas Stupsnase irgendwie gar nicht zu Carolas Gesicht passt. Das Gefühl hatte ich vorhin schon, jetzt aber wird es mir absolut klar: In Carolas Gesicht gehört eine runde Nase. Keine Stupsnase, die so leicht himmelwärts geht. Aber was soll's.

Ich setze mich neben Carola und wir stoßen mit den frischen Gläsern Wodka Soda an. Zu unseren Füßen liegt Carolas Dackel, der gerade gefurzt hat, was Carola etwas peinlich ist. Muss am Hundefutter liegen. Oder eben am alkoholfreien Gin, denke ich und grinse innerlich. Ich merke, dass Carola sich bemüht mir zu gefallen. Vermutlich, weil ich studiert habe, Psychologie, das findet sie interessant. Mir fällt auf, was für eine arme Wurst ich doch im Vergleich zu Carola bin: Als Top-Influencerin dürfte sie das Fünf- bis Zehnfache meines bescheidenen Angestelltengehalts verdienen.

Ich schaue in ihr Gesicht mit der Stupsnase und mein Gehirn versucht im Hintergrund zu konstruieren, wie ihr Gesicht wohl wirklich mal aussah, kommt aber zu keinem Ergebnis, währenddessen mir Carola aus ihrem Leben erzählt. Früher war sie mal Miss Hannover und hat als Kosmetikerin gearbeitet. Jetzt ist sie Mommy-Influencerin und Unternehmerin. Fast sechshunderttausend Follower, ich bin beeindruckt. Aber, seufzt sie, Karriere ist anstrengend, hätte sie nie gedacht. Karriere bedeutet »Carola« sein. Carola beim Fotoshooting für ein Mami-Magazin, Carola beim Einrichten eines Kinderzimmers, Carola beim Brei-Machen. Das Leben einer Luxus-Mutti und Hausfrau. Wohl kuratiert und in zarten Pastelltönen täglich abgelichtet. Hausfrauen-Alltag eben, aber mit dem entscheidenden Unterschied hochbezahlter Werbekooperationen. Die Botschaft an die Follower? Seht her, Karriere ist möglich, weil man eine echt geile, hotte Mutti ist! Zeug einwecken, veganen Brei anrühren, handgeöltes Holzspielzeug bewerben – so geht Frauenpower, Mädels. Wenigstens bei mir funktioniert's, ätsch, aber ihr dürft immerhin meinen Brei nachkochen. Stinkefinger an all die dummen Hühner, die studieren gehen, in Büros schaffen, in Kliniken, Altenheimen, Lehrerzimmern, irgendwo im stillen Kämmerlein. Ohne Werbekooperationen funktioniert mein Luxus-Mutti-Lifestyle natürlich nur mit finanziell potentem Ehemann. Logisch. Aber kommt schon, wollen wir nicht insgeheim alle sein wie die Tussi aus *Shades of Grey* oder diese Bella aus *Twilight*? Schön sich dem Alphamännchen unterordnen, seiner Macht, Erotik oder Geld. Ein Hoch auf den Feminismus, der ist heute eh flexibel, da gibt's doch alles Mögliche: Tussi-Power, Kick-ass Barbie, egal. So erklärt es ja auch Emily Ratajkowski, das schmollmündige US-Topmodel, das als Feministin Interviews gibt und ihren Ruhm als leicht bekleidetes Model in einem Musikvideo begründete. Die Feministin von heute darf alles, solange es selbstbestimmt ist: Po-Implantate, zurechtgespritztes Barbiegesicht, alles wird zum feministischen Statement. Der Schlampenlook als Rebellion gegen das Patriarchat. Barbie selbst steht ja auch wieder an der Spitze des Zeitgeistes, ironisch aufgeladen natürlich. Persönliche Entscheidungsfreiheit, das alles erschlagende Zauberwort. Carola nennt sich selbstverständlich auch Feministin. Schließlich ist sie Selfmade-Unternehmerin, eigenes Label für Kosmetik und Babystrampler, *female-empowered* und sehr erfolgreich. So wie Emily Ratajkowski durch Zurschaustellen ihres Körpers und Ausnutzung des Male Gaze zu Ruhm und Reichweite gelangte, hat es Carola mit dem 50er Jahre-Hausfrauen-Ideal zur Superinfluencerin geschafft. Chapeau! Darauf erstmal einen Schluck Wodka Soda: die Frauenbewegung tanzt auf dem Vulkan der Bigotterie dem Irrsinn entgegen.

Von diesem Monolog in meinem Kopf kriegt Carola, die immer noch neben mir sitzt, natürlich nichts mit. Gut so, Carola interessieren eh andere Sachen.

Carola erzählt mir, dass sie neulich bei einem Psychotherapeuten in Zehlendorf zum Erstgespräch war, dieser sie aber dann als Patientin abgelehnt hat. Unverschämt! Ich sehe in ihr stupsnasiges Gesicht, nehme einen Schluck Wodka Soda und in meinem Kopf höre ich das Gespräch zwischen Carola und diesem Therapeuten:

»Herr Doktor, ich bin so unruhig in letzter Zeit, richtig fahrig. Ich glaube, ich habe ADHS.«

»ADHS? Sie wirken auf mich eigentlich recht konzentriert.«

»Aber nachts, da wache ich zwischendurch auf, und es holen mich Angstgefühle ein, es ist ganz schrecklich. Ich komme einfach nicht zur Ruhe.«

»Das Wichtigste ist, dass Sie Ihr Handy vorm Schlafen weglegen. Mindestens zwei Stunden vorher muss es aus sein. Und auf gar keinen Fall Social Media. Das ist absolutes Gift. Am besten löschen Sie alle Apps.«

»Aber das ist mein Beruf?!«

»Um Gotteswillen, Mädchen. Haben Sie denn nichts gelernt?«

Carola, die natürlich nicht hört, was in meinem Kopf abgeht, sieht mich empört an. Unmöglich, oder? Ein dahergelaufener Therapeut, kurz vor der Rente, akzeptiert sie einfach nicht als Patientin. Jetzt hat sie sich bei einer jungen Hypnotiseurin angemeldet, die kennt man auch von Instagram. Die rechnet privat ab und bietet auch Quantenheilung an. Das ist ohnehin viel besser.

Ich stehe auf, gehe in die Küche und bringe die letzte dort vorzufindende Flasche Wodka mit. Davon gieße ich allen in ihre halbleeren Gläser nach. Wer braucht schon Soda in seinem Wodka? Pur ist eh viel besser, schließlich sind wir nicht zum Spaß hier.

Daniela, die ja leider nichts Alkoholisches trinkt, ist derweil dabei, den TikTok-Mädels Finanztipps zu geben: Aktienfonds, ETFs, Anleihespekulation. Solche Tipps gibt sie auch ihren Followern, schließlich hat sie einen Bachelor in Wirtschaft. Ich denke daran, dass in China fachliche Ratschläge von Nicht-Experten im Netz verboten sind, und bin mir jetzt ganz sicher, dass die Chinesen uns mit ihrem TikTok-Algorithmus in die Totalverblödung schicken werden. In dem Moment klingelt es an der Tür.

Gott sei Dank! Es ist Lorenzo. Großes Hallo allerseits, Bussi, Bussi. Fantastisch, er hat eine weitere Flasche Wodka mitgebracht. Ich umarme Lorenzo ganz fest, seine braunen Locken duften herrlich nach diesem Shampoo für das er immer Werbung macht, irgendwas Blumiges, ich glaube es ist Flieder. Endlich macht jemand Musik an. Das wurde auch Zeit.

Kati kann nicht mehr ganz gerade gehen, aber tanzen funktioniert noch prima. Zusammen mit Carola schwoft sie zu *I can't feel my face* von *The Weeknd*, die Augen geschlossen, wie ein glückliches, kleines Mädchen, während Lorenzo, der ein ultracooles Glitzerjackett trägt und gerade von einer größeren Sponsoren-Veranstaltung kommt, uns mitteilt, dass einer der Elevator-Boys definitiv schwul sein muss. Ist ja ein Ding, rufe ich und reiche Lorenzo ein frisches Glas mit Wodka auf Eis.

Dann erzählt uns Lorenzo das Neueste aus der Influencer-Welt. Dieser eine Content Creator, wir wüssten schon wer, der mit den strubbeligen Haaren und den zwei Millionen Followern, der, der immer so Mutproben mache, zum Beispiel zwei Glas Nutella nacheinander essen und so, der hat jetzt aufgehört mit Social Media.

»What?«, rufen alle bestürzt und machen besorgte Gesichter. »Wieso denn bloß?«

»Er hat schwere Gastritis und verschiedene Nahrungsmittelunverträglichkeiten«, erklärt Lorenzo, »es ging einfach nicht mehr. Jetzt geht er wieder zur Uni und macht sein Jurastudium weiter.«

Um mich herum betrunkene, mitleidsvolle Gesichter. Außer der Musik ist nur ein Geräusch zu hören. Ein »Hicks« von Kati, sie hat Schluckauf.

Ich weiß nicht wieso, aber auf einmal muss ich lachen, richtig laut und richtig schallend, früher hätte man gesagt, so ein Lachen, bei dem man sich den Bauch hält.

Verwirrt blicken mich die anderen an. »Ganz ehrlich, Jurastudium?«, pruste ich. Und auf einmal erscheint auch ein Grinsen auf Katis Gesicht und sie fängt an zu kichern. Einfach zu komisch, Jurastudium? Jetzt lachen alle, geradezu erleichtert, und Kati stellt die Musik lauter.

Die Stimmung ist jetzt richtig Bombe, was für ein Abend. Die TikTokerinnen filmen sich gegenseitig beim Tanzen und Lorenzo entledigt sich auf dem Couchtisch, der glücklicherweise aus stabilem Holz ist, zu *Like a virgin* von Madonna seines Glitzerjacketts. Es ist das erstemal, dass ich Nippelpiercings in Form von Chili-Gurken sehe.

»Ich fass es nicht! Mein Ex ist ein Narzisst!«

Es ist Carola, die auf der Couch sitzt und bitterlich zu weinen angefangen hat. Sie hat gerade mein Video *»So erkennst du einen Narzissten«* angeschaut. Und ihr ist ein Licht aufgegangen. Ganz klar, ihr Scheiß-Ex, der, der sie ständig betrogen hat, bevor sie dann endlich ihren heutigen Ehemann kennenlernte, gutes Karma sei Dank, war ein krankhafter Narzisst.

Wir setzen uns neben sie, Lorenzo reicht ihr ein Taschentuch und ich tätschle ihren Rücken. Ihre Stupsnase ist schon ganz rot vom Heulen.

Lorenzo bietet an, weißes Pulver zu besorgen, er kenne da jemanden auf TikTok, der jemanden kennt, der verkaufe auch diese tollen Pillen. Auf keinen Fall, ruft Kati von der Seite, das ist alles nicht vegan!

Derweil hat Carola sich wieder beruhigt und nippt an einem Wodka auf Eis. Mein *iPhone* macht *Pling*, Carola hat mich in ihrer Story markiert und mein Narzissten-Video als Link eingefügt. Die ganze Welt soll erfahren, wie man einen Narzissten erkennt, findet sie. Tschakka!

Die Musik ist jetzt richtig super, gerade läuft *Du liebst mich nicht* von Sabrina Setlur. Ich erinnere mich, wie ich als Jugendliche zu diesem Song abgefeiert habe, damals, als man MTV und VIVA schaute, ich trug alberne Perlenohrringe, weil ich dachte, als Perlhuhn auf der Seite der Gewinnerinnen zu stehen, und weil ich auf einen Barbour-Jacke-tragenden Unternehmersohn aus Grunewald stand. Diese Art Jungs erkennt man an ihrer »Fuckt it«-Visage, das ist so ein kernentspannter Ausdruck in der Fresse, der sagt, heute zünde ich die Hütte an, scheiß drauf, notfalls haut Papi mich mit seinem Geld raus. Der »Fuck it«-Ausdruck ist wahnsinnig attraktiv, das Geld eigentlich nur das Hintergrundrauschen. Jedenfalls feierten wir damals alle ab zu Sabrinas *Du liebst mich nicht*, und auch jetzt, hier auf Danielas Party, kommt der Song gut an. Die TikTokerinnen brüllen den Refrain richtig laut mit: »*Du liebst mich nicht! Du liebst mich einfach nicht ...*« Auf diesen Text können sich einfach alle einigen. Nicht geliebt werden. Das kotzt wirklich jede Generation an.

Carola stellt fest, dass man von dieser Sabrina Setlur, oder wie die hieße, ja gar nichts mehr gehört habe. Na hör mal, rufe ich entrüstet, Sabrina ist eine Legende, die erfolgreichste deutsche Rapperin überhaupt und noch dazu die erste mit diversen Hit-Singles. Naja, meint Carola, offenbar habe ihr Talent wohl nicht gereicht, um heute noch was zu fabrizieren. Noch was zu fabrizieren? Heute? Wer fabriziere denn heute noch was, rufe ich, diese Lip Sync-Hühner auf TikTok ja wohl kaum, die bewegen ja nur ihre Lippen, Sabrina hingegen, die kann rappen und sie war der Support-Act von Michael Jackson, jawohl, von *dem* Michael Jackson. Carola sieht mich mit ihren besoffenen Augen tranig an:

»Diesem Kinderschänder?«

Ich seufze, nehme einen Schluck Wodka auf Eis und beschließe, dass es keinen Zweck hat.

Kati liegt derweil zurückgelehnt auf der Couch und macht Selfies von sich und dem Dackel. Es sieht völlig irre aus: der Kopf des Dackels mit seinen Schlappohren und den dunklen, langwimprigen Kulleraugen neben Katis großäugigem Vogelgesicht. Jetzt liegt das rechte Schlappohr des Dackels auf Katis Stirn und weil der Dackel so nach oben in die Kamera blickt, sieht man seine kleinen, lächerlichen Zähne. Ob Kati die Fotos wohl hochladen wird? Der Dackel ist jetzt richtig verschmust und lässt alles mit sich machen. Ich vermute, es liegt an dem Schuss echten Wodkas, den ich ihm vorhin in den Napf gefüllt habe.

Mir fällt wieder ein, dass alle erfolgreichen Leute etwas böse sind. Und dass ich mich jetzt böse fühle, schon irgendwie richtig böse, dürfte wohl ein totsicheres Zeichen für meinen baldig anstehenden Erfolg sein. Oder etwa nicht?

»Ich will auch mal!«, flöte ich, nehme Kati den Dackel ab, setze ihn – etwas unsanft – auf den Boden und pflanze mich selbst neben Kati auf die Couch. So wie Influencer es eben machen – bussi, bussi, wir sind alle beste Freunde.

»Endlich Fooootoos!«, jubelt Lorenzo, wirft sich vor unseren Füßen in Pose und hebt das linke Bein in die Höhe wie so ein lasziver Table-Dancer. Krass, ganz offenbar beherrscht er den Spagat, was ich sofort sympathisch finde, denn ich habe früher Taekwondo trainiert, wobei, für einen hohen Kick müsste ich mich wohl heute erst aufwärmen. Eine der TikTokerinnen kommt angerannt, klemmt sich neben mich und Kati auf die Couch, sehr gut, sie hat eine Million Follower. Carola, die neben dem Couchtisch steht, zückt ihr Smartphone und fängt an uns zu fotografieren – hoffentlich verwackelt sie die Bilder nicht, sie ist ziemlich betrunken.

Egal, die moderne Anti-Wackel-Technik wird's richten, Carolas Smartphone ist bestimmt neueste Generation. Und über das Akne-Pickelgesicht dieser TikTok-Tante legen wir einfach einen Filter. Wir rufen alle »Cheese«, und Carolas Smartphone macht »Klick«.

Plötzlich schrecke ich hoch.

Was ist passiert?

Der Raum um mich herum ist jetzt dunkel, nur aus dem Flur fällt Licht rein. Ich sitze allein auf der Couch. Mein Mund fühlt sich trocken an, und meine Kontaktlinsen kleben wie Papier auf den Augen, als wäre ich während eines langen Flugs eingeschlafen. Ich taste mit der Hand auf der Couch, Gott sei Dank, mein *iPhone* liegt neben mir. Verwirrt blicke ich darauf, es ist drei Uhr morgens! War es nicht eben noch kurz nach Mitternacht? Das kann ich jetzt gar nicht glauben, ich muss eingenickt sein. Das ist mir seit Ewigkeiten nicht passiert. Vertrage ich keinen Wodka mehr? Auf Danielas Couchtisch vor mir liegen vier Pizza-Kartons mit abgenagten Randstücken. Haben wir die vorhin noch gegessen? Bin ich als einzige danach auf der Couch eingeschlafen? Meine Güte.

Ich stehe auf, leicht schwindelig, und gehe in den Flur. Die Tür zum Arbeitszimmer steht etwas offen, ich öffne sie weiter und sehe Daniela, die im Arbeitszimmer friedlich schlummernd auf einer Pritsche liegt. Den rechten Daumen hat sie im Mund. Wie so ein friedliches Baby.

Leise schließe ich die Tür, da höre ich vom Schlafzimmer her ein ruckelndes Geräusch. Als ob jemand das Bett bewegt? Haben da zwei Leute Spaß? Ich gehe zur Tür, um zu horchen, wer da drin ist. Aber außer dem Ruckeln ist nur so ein leises, glucksendes Geräusch zu hören. Ich habe keine Ahnung, wer das sein könnte, es geht mich auch wirklich überhaupt nichts an, aber irgendwie will ich es jetzt doch unbedingt wissen, was hier los ist. Ich finde, ich habe ein Recht darauf. Ich öffne leise die Tür einen Spalt breit.

Lorenzo kniet auf dem Himmelbett. Mit heruntergelassener Hose. Vor ihm der riesige Plüschpanda, mit dem Loch am Hintern.

Irgendwie kann ich gar nicht glauben was ich da sehe. Die Szene ist wirklich unfassbar. Andererseits. Vielleicht ergibt das alles einen Sinn? Es muss eine kosmische Logik geben, dass Carolas Dackel vorhin dem Panda den Arsch aufgebissen hat.

Lorenzo bemerkt mich nicht, denn das Bett steht parallel zur Tür. Seine Augen sind geschlossen, die Lippen zusammengepresst, vermutlich damit die Stöhngeräusche nicht so laut sind. Er besorgt es dem Panda wirklich gründlich, brachial könnte man es auch nennen. Irgendwie liegt dabei so ein roher Ausdruck in seinem Gesicht, das Kinn aggressiv nach vorne gestreckt, ziemlich verstörend der Anblick, denn normalerweise sieht Lorenzo ganz anders aus, nämlich selbst wie ein netter, glücklicher Panda. Jetzt aber nicht. Denn den macht er jetzt fertig. So richtig. Manche sind ja der Meinung, auch unbelebte Gegenstände hätten ein Bewusstsein. Aber selbst wenn. Ganz ehrlich, der Drecks-Panda hat's verdient.

So leise wie möglich schließe ich die Tür wieder und überlasse den Panda seinem Schicksal. Da fällt mir auf, dass an der Wohnungstür Kati steht, offenbar will sie gerade gehen. Vermutlich war sie eben auf der Toilette.

Ich gehe zu ihr. Kati blickt mich mit ihren großen Augen an. Gar nicht wie ein enttäuschter Vogel, sondern wie ein trauriges Mädchen. Ihr rosa Lippenstift ist etwas verschmiert, aber nicht schlimm. Ihr Augen-Make-up auch. Auf ihrer rechten Wange klebt ein künstlicher Wimpernkranz, der dort definitiv nicht hingehört. Ich streiche ihr vorsichtig die verrutschten Wimpern von der Wange. So ist wieder gut.

Kati schaut mich mit ihren großen Augen an. Ewas Bedürftiges liegt darin, als hätte sie den dringenden Wunsch, sich mir, einer eigentlich Fremden oder vielleicht doch nicht Fremden, anzuvertrauen. Fernab ihrer Kati-Rolle, die sie täglich auf Instagram vorführt, und hinter der sich ganz sicher noch etwas anderes verbirgt: der Wunsch, von jemandem *wirklich* gesehen zu werden. Einen Moment scheint es, als müsse sie weinen. Aber dann lächelt sie.

Sie greift mit ihren beiden Händen meine rechte Hand, hält sie einen Moment, wie um sie zu wärmen, dabei sind ihre eigenen, kleinen Hände ganz kalt, und hebt meine Hand dann an ihre linke Wange. Im Gegensatz zu ihren Händen ist ihre Wange ganz warm und zart.

Irgendwie bin ich perplex. Es ist wie im Film. Eine Hollywood-Szene in Zeitlupe. Kati ist Audrey Hepburn, wie sie ihre Wange vertrauensvoll an die große, raue Hand von Burt Lancaster, in diesem Fall an meine, schmiegt.

»Mit dir kann man sich ganz toll unterhalten«, sagt Kati leise. Und lässt meine Hand wieder los.

»Ich hab dich lieb«, flüstert sie. Dann umarmt sie mich und gibt mir einen Kuss auf die Wange.

Das haut mich jetzt um.

Kati öffnet die Wohnungstür, geht in den Flur.

Ich habe einen fetten Kloß im Hals und schaue Kati hinterher, wie sie vorsichtig und leicht schwankend auf ihren Pumps die Treppe nach unten geht.

Kapitel 11

Am Nachmittag nach Danielas Party bin ich bei Tessa im Wohnzimmer. Es ist Sonntag, Tessa ist in ihrem Arbeitszimmer nebenan und muss noch arbeiten, sagt sie.

Ich habe mir einen Smoothie mit ihrem Mixer gemacht, sitze jetzt auf der Ledercouch und starre in die Luft.

Auf dem Küchentresen thront Tessas Gargoyle und blickt in meine Richtung. Eine Dekofigur aus Stein, den wasserspeienden Dämonen der Notre-Dame-Kirche nachempfunden. Um den Hals trägt der Gargoyle einen Rosenkranz aus Korallenperlen. Irgendwann fragte ich Tessa nach dem Hintergrund. Der Rosenkranz hatte Tessas polnischer Oma gehört, die ihn ständig bei sich trug. Überall habe sie ihn in der Hand gehalten, sagt Tessa, ihn mit ihren alten, knochigen Fingern bearbeitet, unermüdlich, nicht nur zum Beten, sondern immerfort, beim Fernsehen, beim Rauchen, beim Rumsitzen in ihrem winzigen, verwitterten Garten. Teil eines magischen Spiels unter dem Vorwand Katholizismus. Wie um die Welt in den Griff zu kriegen, wenigstens mit den Fingern. Mit dem Klicken der Perlen das Schicksal gütig stimmen, dem Leben eine Ordnung abringen, wie Jahrtausende zuvor die Menschen mit Drudenfüßen und Orakeln. Das Bild ihrer Oma hatte sich Tessa tief ins Gedächtnis eingegraben. Und wie um ein Zeichen zu setzen, hing nun der Rosenkranz am Hals eines steinernen Dämons.

Manchmal frage ich mich, ob diese Erinnerung Tessas Lebensweg oder ihre Berufswahl beeinflusst hat. Ich halte es für möglich. Eine höhere Ordnung gebe es nicht, meint Tessa, und falls doch, sei Gott ein abgefahrener Kreativer mit Hang zum Sadismus, im Grunde dem Teufel gleichzusetzen, wenn nicht gar ein und dieselbe Person. Dem Chaos der Existenz sei nur mit Kreativität beizukommen, und für Tessa ist Programmieren die höchste Form davon. Programmieren bedeutet Kreativität und gleichzeitig Macht. Und Hacken natürlich erst recht. Die Mauern der Welt scheinen unglaublich hoch und unüberwindbar, sagte sie mal, als wir abends bei Schampus und Pasta über alles Mögliche diskutierten, aber mit einem Computer, da gebe es keine Mauern, überhaupt gar keine, denn man könne jede noch so hohe Mauer wie ein Kartenhaus zum Einsturz bringen. Im Grunde die ganze Welt. Selbst als kleiner Punk in einem Keller.

Tessa als jugendlicher Punk im Keller ihrer Eltern, polnische Spätaussiedler in Berlin. Wie sah sie aus damals? Hatte sie einen Irokesenschnitt? Vielleicht einen Nasenring? Was dachte sie als Jugendliche? Hatte sie Freunde? Wollte sie die Welt zum Einsturz bringen? Kein einziges Foto gibt es von ihr aus dieser Zeit. Erzählt hat sie nie davon.

Ich wende mich ab von dem Dämon, nehme einen Schluck von dem Smoothie, zücke mein *iPhone* und schaue auf LOTTE HOHENFELDs Accounts. Der gestrige Abend bei Daniela war ein voller Erfolg: Carola und Kati haben Stories mit mir hochgeladen, Lorenzo hat mich auf unserem Gruppenfoto markiert: sein Glitzerjackett und Spagat-Table-Dance Move sehen ziemlich mega aus. Die pickelige TikTokerin mit einer Million Followern hat mich in ihrem Tanzvideo verlinkt, obwohl ich gar nicht tanze, sondern nur mit meinem Wodka Soda lachend danebenstehe. Mein Video *So erkennst du einen Narzissten* hat jetzt sechzigtausend Views auf Youtube, natürlich nur, weil Carola es gestern geteilt hat. Inzwischen macht es keinen Sinn mehr, die Zahl meiner Follower genau zu beobachten, auf Instagram sind es über vierzigtausend. Fast beängstigend, wie gut die Erfolgsrezepte *Social Proof* und *Mere exposure* funktionieren: Weil ein paar Super-Influencer mich cool finden, tun das jetzt auch Tausende andere, gleichzeitig wird mein Name weiter durchs Netz geflutet. Es ist der Wahnsinn. Kati. Ich muss schon wieder an sie denken, ihre großen Augen, und wie sie vor mir die Treppe nach unten geht. Mit ihren traurigen Augen hat sie mich tatsächlich um den Finger gewickelt. Vielleicht ist es mein Beschützerinstinkt, vielleicht Mitleid, ich weiß es nicht.

Die wirkungsvollste Geheimwaffe einer Person, die man eigentlich nicht leiden kann, ist es, wenn man sie persönlich kennenlernt. Jegliche Überzeugung, Hass oder Abneigung können zu Nichts verpuffen angesichts echten Charmes. Ich überlege, was passieren würde, stünde Kim Kardashian vor der Tür, um mit mir einen Kaffee zu trinken? Vermutlich wäre ich so geschmeichelt, dass ich die gute Kim schon nach einer halben Stunde für meine liebste Freundin halten und mich künftig als Kim-Fan outen würde. Jede Abneigung wird zum Witz, wenn am Ende der eigene Narzissmus obsiegt.

Ich nehme den letzten Schluck vom Smoothie, stelle den Becher auf den Couchtisch und gehe ins Nebenzimmer zu Tessa.

Tessas Arbeitsplatz muss man sich vorstellen wie das Cockpit eines Science-Fiction-Raumschiffs: drei Bildschirme hängen an Metallbefestigungen über ihrem Schreibtisch von der Decke, so dass sie alle drei ständig im Blick behalten kann. Fast wie eine Überwachungszentrale bei *Alien*. Mir reicht fürs Arbeiten ein Bildschirm völlig aus. Aber ich habe ja auch einen Spießer-Bürojob. Tessa tippt konzentriert in ihre Tastatur.

Sie trägt eine Lesebrille, was ihrem Gesicht etwas zusätzlich Intellektuelles gibt, das sie eigentlich gar nicht nötig hat, aber es ist sexy. Tessa ist uneitel, auf eine geradezu unverschämte Weise. Wenn ich in den Spiegel schaue, mein Gesicht betrachte, dann suchend und prüfend: Ist der Mascara noch wo er hingehört, kann ich mein Gesicht der Welt präsentieren? Wenn Tessa in den Spiegel schaut, dann stets mit einem nur für den Spiegel bestimmten

Ausdruck, leicht von der Seite. Ihr Gesicht mit den dunklen Augen unter dunklen Augenbrauen, der schmalen, eleganten Nase. Die Natur hat diesem Gesicht ausreichend Kontur gegeben, jedes Make-up wäre Verschwendung, und ein kurzer Blick in den Spiegel genügt Tessa, sich dieser Realität zu vergewissern. Sich selbst Applaus spenden, unter ihrer Würde.

Ich sehe Tessa fast nie in ihrem Arbeitsalltag. Ein einziges Mal war ich zugegen, als sie ein Business Meeting im Wohnzimmer des Lofts abhielt. Sarah und eine andere Assistentin reichten Häppchen und schenkten Schampus nach. Der Besuch waren Kunden, die nach Geld und halbseidenen Geschäften aussahen, tatsächlich waren es die CEOs einer wichtigen IT-Firma. Tessa kam mir fremd vor. Ihre Stimme war anders als sonst, unkenntlich, ihr Auftreten entsprach dem Anlass, professionell, bestimmt, nüchtern, vielleicht passte sie sich dem Gehabe der Kunden an. Irgendwie legte ihr kühles Auftreten eine sexuelle Skrupellosigkeit nahe, die mich verwirrte und gleichzeitig aufwühlte. Ich beobachtete sie und fühlte mich wie ein schüchternes, verunsichertes Kind.

Irgendwie bin ich froh, dass ich sie nur einmal bei einem derartigen Meeting gesehen habe.

Jetzt sitzt Tessa vor mir, ihr rechtes Bein angewinkelt auf dem Schreibtischstuhl, ihre linke Hand lässig auf dem Cursor, davor eine Kaffeetasse. Tessa ist Sigourney Weaver in *Alien*, die Chief-Commanderin. Sie schiebt sich die Lesebrille hoch und schaut mich an.

»Mensch, Lottchen. Du siehst müde aus.«

»Bin ich auch«, nicke ich, »war anstrengend gestern.«

»Aber es war doch nett?«

Ich habe Tessa nicht viel von Danielas Party erzählt. Außer, dass ich erst gegen drei zu Hause war, es ziemlich viel Wodka gab und sich der Abend Follower-technisch ausgezahlt hat. Ich bezweifle, dass Tessa sich für triviale Geschichten über Influencer interessiert.

Eigentlich hätte ich ihr noch von dem Dackel oder von Lorenzo auf dem Plüsch-Panda erzählen können, aber irgendwie mag ich nicht. Ich fühle mich wie ein Parasit, der sich unter ahnungslose Leute gemischt hat, um ihr Vertrauen zu gewinnen und Follower abzugreifen. Und jetzt kommt mir schon wieder Katis Gesicht in den Sinn. Ihre großen, traurigen Augen.

»Hast du jemanden kennengelernt?«

Ich schaue Tessa entgeistert an.

»Wie bitte?«

»Hast du jemanden kennengelernt«, wiederholt Tessa.

Ich merke, dass ich einen Frosch im Hals habe, was total peinlich ist, denn es wirkt, als hätte ich ein schlechtes Gewissen. Ich räuspere mich.

»Klar. Habe ich dir doch erzählt, diese Influencer. Alle ziemlich nervig. Die habe ich kennengelernt.«

Tessa mustert mich. Und hat dabei wieder diesen Ausdruck in ihren dunklen Augen, aus dem man rein gar nichts lesen kann. Als wisse sie ohnehin schon alles und wolle nur austesten, wie souverän oder dumm man sich anstellt.

»Das ist alles?«

Ich nicke. Und wir schweigen. Mir ist plötzlich etwas kalt. Als wäre ich soeben aufgeflogen mit etwas, dabei habe ich mir nichts zu Schulden kommen lassen. Ich merke, dass ich mein Handgelenk umklammere, als müsse ich meine Hand ruhigstellen, als ob jede Bewegung etwas über mich verraten könnte. Und ich ärgere mich darüber.

Ich kann mich nicht erinnern, dass Tessa mir je eine derartige Frage gestellt hat. Solange wir uns kennen, hat sie sich nie ernsthaft für Dates von mir interessiert. Vielleicht weil es stets belanglose Flirts und Affären waren, Typen, die Tessa sowieso nicht ernstnahm, mit denen ich halt eine Weile um die Häuser zog, um am Ende dann ohnehin wieder bei ihr auf der Couch zu landen.

Tessa mustert mich immer noch. Ein Lächeln huscht über ihr Gesicht. Irgendwie nachsichtig und etwas amüsiert, weil ich mich augenscheinlich unwohl fühle. Dann wendet sie sich wieder ihren Bildschirmen zu.

»In vier Wochen ist Berlinale. Quentin Tarantino wird kommen, stellt seinen neuen Film hier vor, Weltpremiere. Und wenn's gut läuft, kommt auch ER, er spielt da die Hauptrolle.«

»Cool, Hollywood-Glamour für Berlin, nicht schlecht«, sage ich.

»Vor allem eine Chance für uns«, stellt Tessa fest, »es wird alle möglichen Empfänge geben. Ich werde versuchen, dich auf die Gästelisten zu setzen. Ist nicht ganz einfach diesmal. Die Insider-Parties sind nämlich die wichtigsten ...«

»Ok«, nicke ich.

Einen Moment schweigen wir.

Ich betrachte Tessa, wie sie ihre Lesebrille wieder auf die Nase schiebt und mit fliegenden Fingern etwas in die Tastatur tippt. Ob sie schon dabei ist, irgendeine Datenbank zu hacken, um mich auf eine Gästeliste zu hieven?

Ich denke in letzter Zeit häufig darüber nach. Warum macht Tessa all das für mich? Gästelisten hacken, Sarahs Gehalt bezahlen. Ist es wirklich nur der Spaß am Projekt »Ruhm fürs Lottchen«? In gewisser Weise fühle ich mich wie die Laborratte in einer sozialpsychologischen Studie: Gelingt Berühmtwerden als Experiment am lebenden Objekt? Tessa braucht Herausforderungen wie die Luft zum atmen. Das weiß ich. Alltag bringt mich um, hat sie mal gesagt. Und so wie sie schaute, als sie das sagte, war es absolut ernst gemeint. Ihr war die Angst anzumerken, der Alltag könnte sich bereits unbemerkt in ihr Leben geschlichen haben und sie langsam ersticken. Notfalls wüsste sie zu entkommen.

Tessa hat vor sehr wenigen Dingen Angst. Aber ich glaube, die Belanglosigkeit und Trivialität des Lebens, die machen ihr Angst. Und um diese Erkenntnis, dass eigentlich alles irgendwie belanglos und letztlich bedeutungslos ist, abzuwehren, müssen in ihrem Leben ständig spannende Dinge passieren. Quasi um sie konstant abzulenken. Ja, ich glaube, so ist das zu erklären. Spannend kann ja vieles sein, das Projekt »Ruhm fürs Lottchen« vielleicht auch.

Tessa hört auf zu tippen, dreht sich zu mir und schaut mich an.

»Du willst doch nicht schon die Flinte ins Korn werfen?«

»Wie meinst du das?«, frage ich.

»Ich meine das Projekt LOTTE. Vierzigtausend Instagram-Follower. Schön und gut. Die deutsche Trash-Prominenz liebt dich. Aber das war's doch noch nicht?«

Ich schweige.

»Berühmt sein, heißt *wirklich* berühmt sein.«

Tessa nimmt ihre Lesebrille ab und schaut mir direkt in die Augen.

»Oder möchtest du, dass wir hier stoppen? Auf halber Strecke?«

Halbe Strecke klingt furchtbar. Es klingt nach Niederlage und Loosertum. Es klingt nach Lamm statt nach Löwe. Es ist unglaublich unsexy.

»Wir machen weiter«, sage ich.

»Brav«, lächelt Tessa, dann wendet sie sich wieder ihren Bildschirmen zu.

»Wo bist du kommendes Wochenende, Lottchen? Du wolltest doch zu deinem Opa, richtig?«

»Genau. Ist eine ganze Menge bei ihm im Garten zu machen.«

»Sehr gut«, nickt Tessa zufrieden und klopft auf den Drehhocker neben sich. Ich gehe zu ihr und setze mich darauf.

»Wichtig wäre, dass du das Wochenende wirklich nicht unter Leute gehst. Kriegst du das hin?«

»Hm, ja. Aber wieso?«

Tessa klickt mit dem Cursor auf einen Ordner auf dem rechten Bildschirm. Darin befinden sich mehrere Fotos und Videos, und zwar von einem New York-Aufenthalt: Ich, wie ich mit einem Buch im Central Park im Gras liege, hinter mir die Skyline; ich, wie ich mit Einkaufstüten über die Fifth Avenue schlendere; ich, mit rosa Luftballons in der Hand in Greenwich Village, in die Kamera lachend vorm Eingang des Sex-and-the-City-Filmhauses.

Tessa hat mal wieder gezaubert. Ich war tatsächlich schon mal in New York. Das ist allerdings zwanzig Jahre her, kurz vorm Abitur.

»Und was soll das?«

Tessa lächelt.

»Kommendes Wochenende ist LOTTE HOHENFELD offiziell in New York. Ein paar Touri-Aktivitäten, aber vor allem besucht sie ein wichtiges Filmfestival in Manhattan.«

»Tatsächlich?«

»Ja tatsächlich. Dein Narrativ braucht mehr internationalen Flair. Die Fotos vom roten Teppich habe ich natürlich noch nicht fertig, der Teppich ist noch gar nicht ausgerollt ...«

Ich nicke und schweige. Ich verkneife mir die Frage, was Lotte Hohenfeld, die sich bisher kulturell nur durch ein Sachbuch über eine Dating-Plattform hervorgetan hat, bei einem Filmfestival zwischen internationalen Filmgrößen zu suchen hat.

»Jetzt frag nicht gleich wieder, was das soll«, lächelt Tessa, »bei so einem Festival treffen Leute wie du wichtige Film-Agenten.«

So richtig überzeugt scheine ich nicht auszusehen.

»Ganz ehrlich, Lottchen, du musst deinen Horizont erweitern. Think big! Das ist vollkommen realistisch. Als deine Managerin kann ich dir das sagen. Irgendwann schreibt LOTTE HOHEN-FELD ihr großes Werk und das muss natürlich auch verfilmt werden!«

Mein großes Werk. Ich habe schon lange nicht darüber nachgedacht. Mir fehlt jegliche Idee, jegliche Inspiration dazu. Mein großes Werk sind meine vierzigtausend Instagram-Follower, na toll. Der Mensch will wissen, dass er eine Spur hinterlässt. Berühmt werden macht nur Sinn, wenn man etwas damit anfängt. Aber was? Kim Kardashian geht sicher bald in die Politik. Ihr riesiger Arsch hat ihr immerhin schon ein Lifestyle-Imperium beschert. Aber was mache ich? Etwas Schönes, Wahres, Gutes? Etwas, das wirklich einen Mehrwert bringt? Vielleicht einen Ratgeber? Wie ich zu vierzigtausend Followern kam? Was für ein Blödsinn.

Ich merke, dass Tessa mich beobachtet.

Jetzt dreht sie ihren Schreibtischstuhl mir zu, so dass wir uns direkt gegenübersitzen. Und sieht mich an.

Und plötzlich geschieht etwas sehr Seltsames.

Denn Tessa greift nach meiner rechten Hand, hebt sie hoch und führt sie zu ihrer linken Wange.

Ich fasse es nicht. Es ist wie ein Déjà-vu. Wie letzte Nacht mit Kati an der Wohnungstür. Als würde Tessa die Szene nachspielen, exakt das tun, was Kati getan hat.

Ich merke, dass es mir kalt über den Rücken läuft.

Ist das ein Zufall?

Tessas Wange fühlt sich kühl an, vielleicht erschauere ich deswegen. Es ist nicht selten, dass Tessa mich anfasst, und eigentlich ist es immer angenehm. Es ist, wie wenn die große Schwester einen anfasst, einem den Nacken massiert, einen umarmt oder küsst. Nur manchmal, bei einem beiläufigen Streicheln über den Arm oder durchs Haar, stellen sich mir die Nackenhaare auf. Ein Erschauern, wie wenn jemand Fremdes und doch Vertrautes Zugriff auf den eigenen Körper nimmt.

Tessa schmiegt ihre Wange an meine Hand. Nicht so wie Kati es getan hat – mit geschlossenen Augen und geradezu verträumt.

Nein, sie schaut mir dabei in die Augen, sehr direkt, geradezu prüfend.

Dann lässt sie meine Hand wieder los und zwinkert mir zu.

»Ach Lottchen. Wer weiß, wo wir beide noch landen. Da wird noch viel passieren, glaubst du nicht? Ich träume ja vom Ausstieg. Irgendwann mal. Malediven? Südamerika? Wer weiß das schon. Aber erstmal muss das Lottchen natürlich berühmt werden und ihr großes Werk schreiben.«

Kurze Zeit später stehen wir an Tessas Wohnungstür.

Morgen beginnt die Arbeitswoche, und Tessa verabschiedet mich. Irgendwie fühle ich mich immer noch befangen. Die Szene mit meiner Hand an ihrer Wange hat mich aus dem Konzept gebracht. Bevor ich in den Aufzug nach unten steige, gibt Tessa mir einen Briefumschlag.

»Der ist gestern für dich angekommen. Ich habe schon mal reingeschaut. Du wirst Augen machen.«

Später zu Hause mache ich den Umschlag auf.

Darin sind ein Anschreiben und ein Vertragsentwurf. Von einem mittelständischen Modeunternehmen. Sie wollen eine bezahlte Werbekooperation mit mir eingehen. Wow, so eine Anfrage habe ich noch nie erhalten. Ich kenne die Modemarke, leicht biedere Standard-Klamotten, nichts was ich unbedingt selbst trage. Trotzdem lese ich natürlich den Vertrag durch, und als ich zu Seite fünf komme, Absatz »Vergütung«, bleibt mir fast die Luft weg. Erst glaube ich, mich verlesen zu haben.

Die Zahl, die dort steht, ist fast mein halbes Jahresgehalt. Ich fasse es nicht. Und was ist zu leisten? Soundso viele Stories und soundso viele Reels, in denen ich die Klamotten der Marke trage und verlinke. Ein halbes Jahr lang. Man wird mir die Kleidungsstücke, die ich vorführen will, kostenlos zur Verfügung stellen. Ich bin baff.

Als ich später im Bett liege, kann ich nicht aufhören darüber nachzudenken. Es ist nicht GUCCI oder PRADA. Aber trotzdem. Eine etablierte deutsche Modemarke will mich, LOTTE HOHEN-FELD, dafür bezahlen, und zwar fürstlich, dass ich eine Zeitlang ihre Klamotten vorführe. Das bedeutet, dass man mich jetzt für ein Rolemodel hält – quatsch, dass ich ein Rolemodel bin, und zwar eine echte Celebrity, die die Macht hat, die Kaufentscheidungen anderer Leute zu beeinflussen! Es ist unglaublich. Ich bin bares Geld wert. Vielleicht könnte ich davon leben? Davon, dass ich ICH bin?

Ein erregendes, prickelndes Gefühl erfüllt mich. Ein Schwall von Endorphinen, als stünden mir plötzlich ganz neue Möglichkeiten offen. Als wäre ich etwas ganz Besonderes. LOTTE HO-HENFELD hat das Potenzial zum Gelddrucken.

Bevor mir die Augen zufallen, kommt mir ein Artikel in den Sinn, den ich letztens irgendwo im Netz las: ein alarmierender Bericht über die Berufsziele junger Menschen. Siebzig Prozent von ihnen wollen laut einer Umfrage »Influencer« werden.

Wer könnte es ihnen verübeln? Das ICH lässt sich vergolden. Schön blöd, wer's nicht versucht.

Kapitel 12

Die Tage gehen ins Land. Zwischenzeitlich war ich beim Film-festival in New York, lief dort neben Filmschaffenden über den roten Teppich und stand, da schau an, sogar neben Keanu Reeves an der Fotowand. Wer der Fotograf war, ist unbekannt, aber das coole Foto von uns beiden auf LOTTE HOHENFELDs Instagram -Seite spricht für sich. Fast zweitausend Follower haben es mit einem anerkennenden Doppelklick goutiert.

Was für ein aufregendes Leben diese LOTTE HOHENFELD doch führt. Ich bin ein bisschen neidisch. Tatsächlich habe ich nämlich brav bei meinem Opa im Garten geschafft: Unkraut gejätet, das Gartentor gestrichen, die Terrasse gefegt, Blätter gesammelt. Nix mit Filmfestival.

LOTTE HOHENFELD ist jetzt so prominent, dass sich sogar ein Hollywood-Topschauspieler wie Keanu Reeves neben ihr ablichten lässt. Man glaubt es kaum. Yuval Harari schrieb in seinem Buch *Homo Sapiens*, jeder Sinn im Leben von uns Menschen sei eine reine Fiktion. Genauso ist es mit dem Prominentsein: eine Erfindung, eine Fiktion in den Köpfen anderer Menschen – und doch fühlt es sich real an. Nichts ist realer als Nichts, wenn eine Zauberin wie Tessa dahintersteckt.

Ich horche in mich hinein. Mein Gewissen scheint ein Sabbatical zu haben, jedenfalls sieht es aktuell keinen Grund, sich zu äußern. Wem tut so ein harmloses Foto von mir und Keanu Reeves auch schon weh? Eigentlich niemandem. Herr Reeves dürfte es nicht einmal bemerkt haben. Und sonst? Die Realität ist dehnbar, genauso wie die Raumzeit. So what?

Mir fällt auf, dass Eva sich lange nicht gemeldet hat. Sicher ist sie jetzt stinksauer, dass ich auch noch mit Keanu Reeves abhänge. Ich habe Eva in letzter Zeit nicht mehr zu Events mitgenommen, das allerdings aus gutem Grund: Eva kann einfach ihren Schnabel nicht halten. Auf der Sponsorenparty einer Parfummarke vor ein paar Monaten erzählte Eva jedem der es hören wollte und sogar während ich neben ihr stand, dass ich früher eher in gedeckten Farben unterwegs gewesen sei. Nix mit bunt und auffällig, ne, existenzialistisches Schwarz sei meine Lieblingsfarbe gewesen, auch gerne mal so ein Rollkragenpullover, wie es die Philosophen um Jean-Paul Sartre damals in Paris trugen, hihi, und im Übrigen: Social Media, Facebook und so, das fand Lotte früher ganz furchtbar vulgär. Wenn Eva zu viel trinkt, wird sie schwatzhaft, wirklich peinlich.

Vorhin kam eine WhatsApp von Adele rein. Ob meine Managerin vielleicht noch neue Klientinnen aufnehme? Herrjemine. Ich schrieb Adele direkt zurück, dass ich da leider schwarzsehe, meine Managerin sei *extremely busy,* typisch L.A. halt, und notorisch überlastet mit ihrem bestehenden Klientenstamm. Was sollte ich Adele sonst schreiben? Es tut mir etwas leid.

Heute Nachmittag habe ich einen Termin. Daniela hat mich überredet, an einem Business-Kongress teilzunehmen. Sie kennt die Veranstalter und sie hat mich sogar gefragt, ob ich eine Keynote halten möchte: *Mindset, das wichtigste Tool für den Startup-Erfolg.* Einen ganzen Tag habe ich darüber nachgegrübelt, mir Notizen gemacht, Ideen gesammelt. Dann habe ich Daniela geschrieben, dass ich es nicht kann. Erst gab Daniela sich damit nicht zufrieden, wieso, meinte sie, ich sei doch mal Startup-Unternehmerin gewesen, ok, das Unternehmen gebe es nicht mehr, aber schließlich sei ich doch heute sehr erfolgreich! Ich druckste ein bisschen herum, blieb aber hart: nein, so ein Vortrag sei aktuell nichts für mich, vielleicht nächstes Mal.

Mindset, ein Trendwort aus der Coaching-Industrie und in aller Munde. Erfolg als Frage der richtigen Einstellung. Idee und

Vision sind wichtig bei der Start-up-Gründung, keine Frage, aber ob das Ganze zum Erfolg wird, so die Überzeugung von Erfolgscoachs und selbsternannten Experten, hänge davon ab, ob man das richtige *Growth-Mindset* besitzt. Und das ist? Durchhaltevermögen, Resilienz, Wissbegier und die feste Überzeugung, alles erreichen zu können, solange man nur genug Einsatz bringt. Ich dachte an mein eigenes Start-up. Ich war der felsenfesten Überzeugung gewesen, dieses Start-up braucht die Welt. Ich hatte Geduld, war bereit über jede Hürde zu gehen, schlug mich mit Behörden herum, blieb motiviert, begeistert, inspiriert, arbeitete bis tief in die Nacht. Und scheiterte. Aber ich machte weiter. Schrieb ein Buch, mein neues Projekt, war fest überzeugt, der Welt etwas Neues, Wichtiges, Bedeutungsvolles mitzuteilen. Und scheiterte.

Und was mache ich heute? Ich bin LOTTE HOHENFELD, die *shareable Content* in den digitalen Äther bläst. Ich bin nicht mehr der Überzeugung alles erreichen zu können, sondern strahle mit jeder Faser meines digitalen Körpers aus, dass ich bereits alles erreicht habe. Ich bin die coole Society-Lady, die schon mit Lindsay Lohan gefeiert hat und neben Keanu Reeves auf dem roten Teppich stand. Visualisierung ist im Profisport ja schon lange normal. Wir haben aus Fiktion Realität gemacht. Vielleicht bin ich doch Mindset-Expertin? Es fühlt sich eher an wie eine mittelschwere Persönlichkeitsstörung.

Aber egal, ob Keynote oder nicht, jetzt bin ich jedenfalls im Saal dieses schicken Hotels in Mitte beim Business-Kongress. Ich war etwas zu spät, sitze aber trotzdem nah an der Bühne, denn Daniela hat mir einen Platz freihalten lassen.

Der Saal ist voll, es sind sogar Presseleute da. Der Mann, der durch den Abend führt, kommt mir bekannt vor. Es muss Nils P. sein, dieser TV-Moderator, berühmt berüchtigt für rüpelhaftes Auftreten und freche Sprüche: blonde Haare, leicht verstrubbelt, jugendlicher Look, obwohl bestimmt schon Vierzig. Nein, klärt mich meine Sitznachbarin auf, als ich sie frage, das sei nicht Nils P. sondern Jan S., zuständig für die Nachmittagsnachrichten bei irgendeinem Spartenkanal. Nein so was, sage ich erstaunt, die Ähnlichkeit der beiden sei wirklich verblüffend, nicht wahr? Meine Sitznachbarin nickt, in der Tat, fast wie Zwillingsbrüder.

Jan S. macht seine Sache sehr gut, äußerst souverän, ein Top-Moderator. Bedauerlich, dass er nur in einem Spartenkanal moderiert, eigentlich ist er viel sympathischer als dieser Nils P.

Jetzt interviewt er auf der Bühne gerade eine junge Frau, Louisa, die sich mit einer Marketingagentur selbstständig gemacht hat. Ich öffne die *LinkedIn*-App auf meinem *iPhone*: Wow, diese Louisa scheint bei *LinkedIn* ein Star zu sein, zwanzigtausend Follower. Dass eine seriöse Businessplattform wie *LinkedIn* zum Follower-Konzept übergegangen ist, war mir entgangen. Ich schaue sehr selten auf *LinkedIn* und habe nur ein paar hundert Kontakte hier. Vielleicht sollte ich das ändern? Der letzte Post von Louisa sticht ins Auge, eine Knaller-Überschrift: »*Ich musste ein Treffen mit dem Kanzler absagen!*« Wow. Darunter direkt die Begründung: Louisas kleine Tochter war krank, die Pflicht als Jungmutter rief, und Louisa hat dem Kanzler einen Korb gegeben. Welch ein heroischer Akt! Fast tausend *LinkedIn*-Nutzer haben Louisas mütterlichen Einsatz mit einem Like belohnt. Was eventuell daran liegt, dass Louisa dazu ein Foto von sich neben dem Kanzler gepostet hat. Offenbar hat sie den Kanzler also schon mal getroffen? Eine schöne Gelegenheit, das Foto zwecks Reichweitenoptimierung gleich nochmal zu posten. Seht her: ich kenne den Kanzler! Seht her: ich bin eine gute Mutter! Gott, wie peinlich ist das? Andererseits: Arnold Schwarzenegger, der ja wirklich ein cooler Typ ist, sagt über seinen Karrierebeginn, sein Lieblingszitat sei folgendes gewesen: »*Early to bed, early to rise, work like hell and advertise*«. Eigenwerbung, bis sich die Balken biegen. Der gute Arnold verdiente damals sein Geld als Bodybuilder: posen hier, posen da. Heute posen nicht nur Bodybuilder sondern alle.

Louisa plaudert jetzt mit Jan S. über die junge Generation, und was Arbeitgeber tun können, um diese für sich zu gewinnen. Die GenZ will nicht nur arbeiten, sie will Sinn und Selbstverwirklichung. Eine verträgliche Arbeitszeit sei daher ein wichtiges Jobmerkmal, erklärt Louisa mit ernster Stimme, schließlich brauche man als junger Mensch zum Beispiel Zeit, seinen TikTok-Account zu pflegen. Kurz überlege ich, ob ich mich verhört habe. Nein, jetzt sagt sie es sogar nochmal. Ich muss aufpassen, dass ich nicht laut auflache. Klar, seinen TikTok-Account pflegen, um damit hoffentlich bald durchzustarten, denn dann kann man endlich den mühseligen Bürojob an den Nagel hängen.

Aber ich will mich nicht über die Jugend beschweren. Das Hauptproblem, das wir Alten mit den Jungen haben, ist doch, dass wir selbst nicht mehr jung sind.

Ich verstehe die Jugend. Man hat nur ein Leben, das gilt es auszukosten. Irgendwann stirbt der Planet, über allem liegt das dünne Mäntelchen der Zivilisation und jederzeit kann's vorbei sein. Da macht man lieber jetzt noch Party, versucht sich als Content Creator, beruhigt sein Gewissen bei Fridays for Future, während das Unterbewusstsein leise raunt: what for? Sarah, die fünfzehn Jahre jünger ist als ich, erzählte mir mal, dass der prägendste Film ihrer Kindheit die Dystopie *The Hunger Games* war. Von ihr befragt, was meiner war, verwies ich auf mein schlechtes Gedächtnis, um nicht verraten zu müssen, dass ich *Ronja Räubertochter* geliebt habe, diese beschaulich nette Geschichte von Astrid Lindgren. Ganz ehrlich, irgendwie tut mir die Jugend leid.

Jetzt steigt Louisa von der Bühne, begleitet von lautem Klatschen. Vorher hat sie noch erwähnt, dass ihre Firma offene Stellen zu besetzen habe. »Wer jemanden kennt, schreibt einfach eine Nachricht in meine Kommentarspalte, ok?« Klar, Louisa. Ein schönes Mittel zur Reichweitenvergrößerung deines *LinkedIn*-Accounts. Für wie blöd hältst du uns eigentlich?

Jetzt kommt eine junge Medizinerin auf die Bühne, DocSina, sie ist Medical Influencerin. Einen Doktortitel hat sie nicht, aber egal, über hunderttausend Follower auf Insta und ganz schön viele auf *LinkedIn*. Mit Jan S. spricht sie darüber, wie sie ihre Marke aufgebaut hat, dann über das veraltete Frauenbild in den Medien. Sie hasse es wirklich, dass man ständig über ihr Aussehen schreibe. Ich öffne ihr Profil auf *LinkedIn*: dutzende Posts von ihr, immer mit Foto, mal Sina in Denkerpose, mal mit adrettem Zahnpastalächeln, immer mit weißem Kittel, die blonden, langen Haare ordentlich geföhnt, jedes Fältchen wegretouchiert.

Derweil großer Applaus für Sina, das veraltete Frauenbild ist so ein wichtiges Thema. Jetzt ist eine kurze Pause, vorher erwähnt Jan S. noch, dass der CEO Soundso, ein wichtiger Förderer der Veranstaltung, leider kürzlich verstorben sei. Betrübtes Schweigen im Saal. Aber Jan S. weiß die Stimmung zu heben: Der CEO mag verstorben sein, aber als Marke, ja als Marke bleibe er unsterblich. Die Leute im Saal klatschen. Peinlich berührt schaue ich mich um. Finde nur ich diese Aussage unglaublich gruselig?

Während der Pause bleibe ich auf meinem Platz sitzen. Vorne neben der Bühne werden ein paar *LinkedIn*-Persönlichkeiten von der Presse fotografiert. Auffällig ist, dass hinter den Pressefotografen weitere Personen stehen, die das Geschehen fotografieren. Es sind die Freunde der Interviewten, die diese beim Fotografiertwerden fotografieren. Ich muss an Spiegelbilder denken, die sich endlos in sich selbst wiederholen, Fraktale, wie es sie auch bei M.C. Escher gibt. Erlangte Aufmerksamkeit wird direkt wieder zur Aufmerksamkeitsgenerierung genutzt. Ich stelle mir vor, wie hinter diesen Fotografierenden weitere Fotografierende auftauchen, die wiederum diese fotografieren, und dahinter weitere, eine unendliche Kette, eine unendliche Vervielfältigung, eine

Perpetuierung, und mir wird schwindelig. Ein Bandwurm, immer kleiner werdend bis zur Unkenntlichkeit. Eine Art Schneeballsystem aus Aufmerksamkeit, und einen winzigen Moment lang frage ich mich, ob sich mit so einem Schneeballsystem Geld verdienen ließe, verrückt, es müssen meine alten Start-up-Gene sein. Ich schiebe den Gedanken beiseite.

Um mich zu beschäftigen, öffne ich die *LinkedIn*-App. Jetzt weiss ich wieder, warum ich hier sehr selten reinschaue. Nachdem ich die Kontaktanfragen einiger Hundert Leute akzeptiert habe, werde ich nun mit ihren Wort- und Bildbeiträgen beglückt. Eine Dauerschleife aus Erfolgsmeldungen, Selbstbeweihräucherung, Anekdoten und Gesinnungstexten. Unzählige Coaches und Berater haben *LinkedIn* als ihr neues Eldorado entdeckt: Hier gratuliert man sich selbst zum Geburtstag, berichtet über Hindernisse und wie man sie am Ende doch überwunden hat; ehemalige Außenminister posten rührselige Geschichten aus ihrem Alltag. Auch Influencer sind auf *LinkedIn* als »Unternehmer« unterwegs und posten Sinnsprüche unter stark gefilterten Fotos. Gerne mit der Aufforderung: »*Seht ihr das auch so? Schreibt es in die Kommentare!*« Die Masche funktioniert: Gestandene Geschäftsleute lassen sich dazu hinreißen, Posts dieser Art mit eigenen Wortbeiträgen zu kommentieren. Warum? Natürlich um damit Aufmerksamkeit für ihr eigenes Business zu generieren.

Oberstes Ziel: den Algorithmus optimal bedienen. Häufiges Posten, ständige Interaktion, viele Banalitäten, gute Fotos, viel Emotion. Clickbaiting, die neue Kernkompetenz der Unternehmenskommunikation. Alles im Dienst der Reichweite.

Ein bisschen erinnert mich *LinkedIn* an den guten alten Stammtisch von früher. Statt zu reden werden hier Kommentarspalten befüllt. Stets geschliffen formuliert, schließlich ist jeder Post auch Eigenwerbung. Wie beim Stammtisch kann sich hier jeder zu allem Möglichen äußern: »*Wir müssen …*«, »*Deutschland soll-*

te …« »*Die Politik heute ist* …« Was früher das Gehörtwerden beim Stammtisch war, ist heute die Sichtbarkeit auf *LinkedIn*: kleine Triumphe des Normalbürgers.

Influencer werden in der Kommunikationswissenschaft auch als »Meinungsführer« bezeichnet. Aber eine Meinung hat doch jeder? Heute kann man mit seiner Meinung zum Star werden. Und wer Star auf einer Plattform wie *LinkedIn* ist, der hat's geschafft: seine Meinung wird gelesen. Alle anderen posten, pöbeln oder politisieren im Schatten des Algorithmus vor sich hin. Natürlich nicht alle. Es gibt noch die erschöpfte, schweigende Mehrheit. Die hat sich hier vielleicht irgendwann mal angemeldet, schaut aber dem ganzen Treiben nur noch schweigend und kopfschüttelnd zu.

Nein, hier gehe es nicht um Selbstinszenierung, keineswegs, erklärt eine Jungunternehmerin ihren Followern unter einem adretten Portrait ihrer selbst: hier gehe es um die Sichtbarmachung der guten Sache und am Ende um alles, denn in Zukunft werde nur überleben, wer es schaffe, eine Community aus Super-Fans um sich zu scharen. Bumms, das ist eine Ansage. Wir befinden uns im Krieg. In einem Krieg um die letzten Fitzel Aufmerksamkeit, die der moderne Mensch zwischen Tiktok und Netflix noch übrighat.

Vielleicht geht es nur mir so, aber irgendwie finde ich das alles ganz schrecklich, vermutlich weil es auf einer Businessplattform stattfindet. Ich muss an Schopenhauer denken, meinen alten Lieblingsphilosophen. Natürlich wissen die Leute, was sie da tun. Aber Intellekt und Vernunft sind sekundär, denn so sagt Schopenhauer, am Ende obsiegt doch der Wille als endloses, rastloses Vorwärtstreiben: der Wunsch zu leben, zu sein, gesehen zu werden. Ein Selbstlauf, der ständig von Neuem das Gleiche wiederholt. Aber wer kann es dem Menschen verübeln? Kapitalismus braucht Wachstum, wer nicht postet, wird überholt, anderes Leben drängt sich am eigenen vorbei.

Jetzt ist die Pause um, und auf der Bühne spricht Jan S. mit einer jungen Börsen-Moderatorin. Jan S. tut mir ein bisschen leid. Ich finde, er hätte etwas Besseres verdient als auf so einem Kongress zu moderieren. Ich habe ihn gegoogelt: er hat sogar ein paar Bücher geschrieben. Warum hat jemand wie Nils P. eigene Fernsehshows und Jan S. schlägt sich mit Veranstaltungsmoderation durch?

Die Börsen-Moderatorin ist jung, hübsch und mit Sicherheit eingeladen, weil ihr fünftausend Leute auf *LinkedIn* folgen. Sie erzählt etwas über ihren Job, was nicht sonderlich spannend ist, darum öffne ich wieder *LinkedIn* und schaue mir ihr Profil an. Gleich bei ihrem aktuellsten Post bleibe ich hängen. Es ist ein Foto von ihr, wie sie in einem Büro steht, sie hält einen Zettel in der Hand. Nicht weiter bemerkenswert. Bemerkenswert aber ist ihr Kleid, es ist grün, sehr eng und offenbar aus dünnem Stoff: denn ihre Brustwarzen zeichnen sich sehr deutlich darunter ab. Kein BH hält sie zurück, die Brustwarzen sind zweifellos die Hauptakteure auf diesem Foto. Das Foto hat sie mit folgendem Text versehen: *»Gleich geht's zu den Börsennachrichten. Vor meinen Auftritten bin ich immer so aufgeregt. Geht es euch auch so?«* Rund zweitausend *LinkedIn*-Nutzern, vornehmlich Männern, gefällt das sehr gut.

Später zu Hause bin ich froh, dass der Abend vorbei ist, trinke einen Tee auf der Couch und scrolle durch meine Accounts. Es ist auffällig, dass LOTTE HOHENFELD auf Instagram und Co. zigtausende Follower hat, aber auf *LinkedIn*, dem wichtigsten Business-Network der Welt, nur wenige hundert. Mir fällt ein, dass ich mich noch bei Daniela für die Einladung zum Kongress bedanken muss. Ich denke nach.

Dann öffne ich mein Fotoalbum und klicke durch die Fotos. Erst nach einer ganzen Weile finde ich was ich suche, ich hatte es schon in den »gelöscht«-Ordner verschoben.

Das Foto ist von einer Session bei Tessa im Loft, Sarah hat es von mir geschossen. Ich sitze auf der Fensterbank, den Rücken an die Backsteinwand gelehnt, draußen die Dächer von Berlin Mitte. Ein schönes Foto, Sonnenstrahlen fallen seitlich auf meinen Körper, ich habe ein Buch in der Hand, welches weiß ich nicht mehr, den Umschlag erkennt man nicht. LOTTE HOHENFELD, die Autorin, in verträumter Denkerpose. Eigentlich ein top Foto. Nur einen kleinen Haken gibt es. Ich ziehe das Bild in der Mitte mit den Fingern auseinander: unter dem pinken Oberteil, das ich auf dem Foto trage, zeichnen sich mehr als deutlich meine Nippel ab. Offenbar war es kalt an dem Tag.

Ich klicke auf Foto »wiederherstellen«. Dann verändere ich die Bildabmessung, zoome meinen Körper etwas größer, lege einen Filter drüber, einen der das Pink der Bluse und die Konturen verstärkt. Jetzt der große Schritt: ich klicke »Beitrag erstellen« auf *LinkedIn*, füge das frisch bearbeitete Fensterbankfoto hinzu. Dann tippe ich einen Text:

»*Was für ein Abend! Vielen Dank an @X, @Y und @Daniela für die Einladung zum @Kongress. So viele tolle Menschen getroffen, so viele inspirierende Interviews gehört. Ich liebe die @LinkedIn-Community, wir müssen zusammenhalten, vor allem wir Frauen natürlich. Gemeinsam blicken wir in die Zukunft! Höchste Zeit ein neues Buch zu schreiben, was meint ihr? Welche Themen interessieren euch, schreibt es in die Kommentare!*«

Kurz überlege ich. Dann ergänze ich: *#career #networking #femaleforfutureforce*. Und klicke »Posten«.

Ich bin ein bisschen aufgeregt. Mein erster Beitrag auf einer seriösen Networking-Plattform.

Kapitel 13

Es läuft super. Gestern habe ich am VIP-Dinner einer internationalen Kosmetik-Luxusmarke teilgenommen. Wie es dazu kam? Der gute Heinz erwähnte, dass man ihn als Türsteher für ein Exklusiv-Dinner in einer abgefahrenen Berliner Bunker-Location gebucht habe, woraufhin Tessa direkt recherchierte. Tatsächlich, die besagte Luxusmarke organisierte das Event, und wir entschieden uns für folgendes Vorgehen: Als meine Managerin rief Tessa bei der PR-Dame der Marke an, erklärte, ihre Klientin, Society-Lady LOTTE HOHENFELD, sei nach einem Aufenthalt in Los Angeles mal wieder in Berlin zugegen und habe Interesse, bei diesem exklusiven Dinner vorbeizuschauen. Und tatsächlich. Nach Rücksprache mit ihren Chefs setzte die PR-Dame mich auf die Gästeliste. Ein Highclass-A-Promi-Celebrity-Event – ganz ohne Datenbank-Hacking! Auf diesen Meilenstein köpften Tessa, Heinz und ich erstmal eine Flasche Schampus. Der Ruhm von LOTTE HOHENFELD hat sich verselbständigt.

Wie das Dinner lief? Ich möchte jetzt niemanden neidisch machen, aber mein Tischplatz war vier Plätze entfernt von Kristen Stewart. Cool, oder? Kristen ist nicht nur sehr sexy, sondern auch sehr entspannt. Natürlich wurden Fotos gemacht, und da ich ihr zwischen zwei Gängen, als meine Sitznachbarn die Toiletten aufsuchten, erklärt hatte, dass ich ihr Fan der ersten Stunde sei, ließ sich Kristen dazu hinreißen, beim späteren Selfie ihre Wange vertrauensvoll an meine zu drücken. Ich glaube Sarah, der ich das Foto direkt zuschickte, war etwas beleidigt: schließlich ist Sarah tatsächlich Kristen-Fan der ersten Stunde, denn sie liebt *Twilight*, während ich diesen Film für eine Billig-Schmonzette trauerklößiger Teenie-Bleichgesichter halte. Aber egal.

Ach ja, mein *LinkedIn*-Beitrag war ebenfalls erfolgreich. Dreihundert neue *LinkedIn*-Follower habe ich seitdem. Tatsächlich haben mir viele dieser Leute »Vernetzungsanfragen« gestellt, aber darauf falle ich nicht mehr rein – geflissentlich habe ich sie ignoriert, weswegen man sich mit dem Status als LOTTE HOHENFELDs »Follower« zufriedengeben muss. Warum sollte ich die Ergüsse weiterer Leute in meiner Timeline ertragen? Um die fünfzig Nutzer haben zudem mein Fensterbankfoto kommentiert. Die meisten freundlich, nur ein älterer Herr traute sich zu schreiben, mein rosa Oberteil gehöre doch wohl nicht in einen Business-Kontext. Direkt erntete er ein Dutzend empörter weiblicher Antworten – es bliebe doch wohl jeder Frau selbst überlassen, wie sie sich kleide! Gut für mich, jede Aktivität unter dem Beitrag erhöht die Reichweite.

Ich nenne mich nun im Übrigen »*Investorin*«. Das macht sich nicht nur auf *LinkedIn* gut, sondern auch auf Instagram. Tessa hatte die Idee, eine schöne Erweiterung meiner Personenmarke, »Investorin« klingt nach Arriviertheit und gönnerhaftem Gutmenschentum. Noch nicht einmal ein Kapitaleinsatz ist nötig: ich investiere durch *Media for equity*, und zwar in ein winziges Berliner Parfum-Start-up. Alle paar Tage halte ich nun deren Trend-Parfum *Berlin fou* bei meinen Stories in die Kamera, bekunde mein Wohlwollen und besprühe mich damit vorm Ausgehen oder Arbeiten. Oben rechts in der Ecke ordnungsgemäß in winziger, fast durchsichtiger Schrift: »Werbung«. Das Wort »Werbung« erscheint ohnehin jetzt häufiger bei LOTTE HOHENFELD, denn zwischendurch trägt sie immer mal wieder eine fesche Jeans, ein nettes Shirt oder auch mal eine Strickjacke dieser etablierten, deutschen Modemarke. Diese etablierte, deutsche Modemarke lässt in China fertigen, ich habe es nachgeschaut. Zigtausend Kilometer Transportstrecke zwischen Rohstoff und Fertigprodukt, zigtausend Liter Wasserverbrauch pro Jeans. Aber so ist das nun mal, was kann ich daran ändern? Seien wir ehrlich, wenn nicht ich das Werbegeld einsacke, macht es ein anderer. So ist es doch. Erst dachte ich, »Werbung« würde die Follower abschrecken. Tatsächlich scheint das Gegenteil der Fall zu sein. LOTTE HOHENFELD ist jetzt ein bezahlter Werbekörper. Das flößt Respekt ein und fördert die Neugier.

Heute Abend habe ich gleich zwei Termine. Ich bin bei einem Berliner Frauennetzwerk-Event eingeladen, *Ladies on Top*, danach geht's zu einer VIP-Party, wo Lars Eidinger aufregt. Mein Leben möchte ich haben!

Ich bin allein unterwegs, die Einladung des Frauennetzwerks gilt nur für eine Person. Eingeladen wurde ich, weil Kati mich empfohlen hat, wie lieb von ihr, sie selbst kann nicht kommen, ein Werbeshooting in Dubai. Gestylt im grünen Glitzerfummel, darüber ein Mantel, mit frisch gemachten Haaren von Miriam nähere ich mich auf meinen Highheels dem *Soho House Berlin*. Ich fühle mich leicht unwohl, gerne hätte ich Heinz mit seinem Knopf im Ohr dabei, denn ich sehe vorm Gebäude einen Haufen buntgekleideter Damen, um die sich Presse schart.

Ich ziehe meine große Sonnenbrille auf, gut dass ich sie eingesteckt habe, man weiß ja nie wie das Wetter wird, selbst im Dezember; dann hole ich tief Luft und stolziere Richtung Eingang. Herrjemine, hier ist niemand, den ich kenne. Ich bleibe stehen, ziehe eine Zigarette aus der Handtasche, zünde sie mir an und fange an zu rauchen. Wichtig ist, dabei möglichst gelangweilt auszusehen. In Zeiten von Klangschalen-Detox und entschlackender Gehmeditation ist das Rauchen von Zigaretten ja per se ein Akt von Rebellion. Während andere hier Selfies schießen, bin ich quasi Jean Seberg in *Außer Atem*. »*Cool means being able to hang with yourself*«, was interessieren mich andere Leute? Wenn heute Abend jemand ein Interview mit mir will, wird mein Puls im Ruhemodus bleiben.

Ich stehe nun in der Schlange vor der Registrierung, jeder Gast bekommt ein Bändchen. Schau an, Larissa, die Talkshowmaster-Tochter, ist auch da, mit ihren Neon-Pumps und blonden Extensions steht sie ein Stück entfernt bei einem TV-Fuzzi, der sie interviewt. Zwei Typen drum herum für die Kamera und gutes Licht. Als sie zufällig rüberschaut, lächle ich ihr zu, aber sie erkennt mich nicht. Dabei haben wir zusammen studiert. Liegt bestimmt an dem ganzen Koks, das geht auf die Gehirnzellen.

Ich zücke mein *iPhone*, gehe kurz auf Larissas Instagram-Account. Ihr heute gepostetes Foto zeigt sie bei hingebungsvoller Fellatio mit einem Riesenlolli. Darunter hat sie ein Rilke-Zitat gepostet. Immerhin, beides sehr *deep*. In ihren Stories kündigt sie an, in Kürze ihre erste eigene Talkshow im öffentlich-rechtlichen Fernsehen zu moderieren. Die blöde Gans.

Hinter mir in der Schlange steht jetzt eine sehr schicke Dame. Mittelalt, dunkles Haar, gute Haut, altrosa Hosenanzug, Aigner-Tasche, Diamantring, bestimmt mehrere Karat, aber sportlich lässig. Die Frau hat Klasse. Ein Stück hinter ihr ein Gulliver-artiger Typ mit Knopf im Ohr. Holla, die Frau muss wichtig sein.

In dem Moment kommt Bewegung in die Menge, weil Larissa, gefolgt von dem TV-Fuzzi, in Richtung Eingang stolziert, direkt an uns vorbei. Ihr Typ fürs Licht piekt mit seinem Reflektor dem Gulliver-Mann fast ins Auge.

»Arschloch«, kommentiere ich.

»Arschloch«, nickt die schicke Dame.

Wir kommen ins Gespräch, ich frage scherzhaft, ob ihr großer Begleiter ihr Privatsekretär sei. Nein, das sei bezahlter Personenschutz. Die Dame ist Vorständin eines Pharma-Unternehmens. Alle Achtung. Ich lobe ihr Hammer-Outfit, das freut sie. Außer mir scheint hier niemand zu wissen, wer sie ist. Alle schauen Larissa hinterher, die jetzt mit ihren Neon-Pumps durch die Tür verschwindet. Von hinten sieht Larissa aus wie eine Dame vom

Bahnhof: ihre Extensions sind mindestens zehn Zentimeter raus-
gewachsen. Aber das sieht man ja auf den Fotos nicht.

Eine halbe Stunde später ist endlich die Registrierungs-Zere-
monie vorbei, ich bin oben auf dem Rooftop des Hotels, nippe
an dem Begrüßungscocktail, um mich herum Geschlechtsgenossinnen, die wie ich den mega Blick über die Stadt genießen. Die
Namensschilder verraten, dass hier ein bunter Strauß an Back-
grounds vertreten ist: Parteivorsitzende, Geschäftsführerinnen,
Schauspielerinnen, Influencerinnen. Ein Event, auf dem wichtige Themen behandelt und weibliche Netzwerke gebildet werden
sollen. Warum eine Finanzvorständin mit einer Vorabendschau-
spielerin netzwerken muss, ist nicht ganz klar, aber egal. Wer will
nicht mal mit Heike Makatsch feiern oder Berliner Promis live sehen? Wenn man Glück hat, schaut sogar Benjamin Stuckrad-Barre
vorbei, trotz Y-Chromosom. Überhaupt ist es eine Ehre, als Gäs-
tin eine Lady on Top zu sein. Was einen genau für diesen Titel qua-
lifiziert, bleibt ein Geheimnis, aber bei Nicht-Politikerinnen und
-Vorständinnen scheint die Social- Media-Präsenz eine gewisse
Rolle zu spielen. Immerhin sind drei Sponsoren-Marken am Start
und irgendjemand muss ja die ganzen Hochglanz-GALA-Fotos
teilen, die hier gerade geschossen werden.

Jetzt sitzen wir drinnen in einem Raum an Tischen und vorne
auf einer kleinen Bühne werden Reden gehalten.

Meine Tischnachbarin ist eine junge Food-Influencerin, Vera,
sehr nett und ihre Geschichte beeindruckend: Migrationshin-
tergrund, der Vater Alkoholiker, aber schon als Kind liebte Vera
das Backen und Kochen, meist bei ihrer Oma nebenan. Sicherlich
wäre sie als Aushilfsköchin beim Italiener um die Ecke gelandet,
meint Vera, hätte es damals nicht schon das Internet gegeben. Ich
schaue mir Veras erfolgreiche Youtube-Videos an und bin ganz
gerührt: Social Media als Tor zur Welt, die Verheißung von Aufstieg und Lebensglück, jeder kann ein Account eröffnen! Just go

ahead. Ein paar wie Vera schaffen es tatsächlich. Die anderen verschwinden im Nirvana des Netzes.

Jetzt steht vorne eine Personalberaterin, die predigt, wie wichtig es gerade für Frauen sei, sich zur Marke zu machen, schließlich kann der Job morgen weg sein, was bleibt einem da außer der eigenen Marke? Langsam kann ich es nicht mehr hören. Warum soll jeder sich zur Marke machen? Lehrerin Birgit, Informatiker Georg oder Ingenieurin Katrin? Um damit Werbegelder zu scheffeln wie »Pilot Patrick«, der jeden Tag ein Foto aus seinem Cockpit postet? Eine »Marke« ist eine Person mit Publicity, heutzutage also vielen Followern, sei es auf *LinkedIn* oder sonst wo. Offenbar reicht es nicht mehr aus, wenn Chefs, Kollegen oder Kunden einen schätzen – nein, möglichst bitte auch Tausende andere. Das boulevardeske Fandomprinzip hat die Arbeitswelt erobert. Ich muss an einen Top-Headhunter denken, der in einem Interview erklärte, er suche für offene Positionen ausschließlich nach Kompetenz und nicht nach Namen. Die Zeiten des Klüngels seien vorbei. Ach ja? Hier scheinen andere Regeln zu gelten, ein Hoch auf das doppelte X-Chromosom! Meine Güte, jetzt benutzt diese Personalberaterin auch noch das ausgelutschte Buzzword »*Alte weiße Männer*«. Mir fällt auf, dass ich bald eine »*Alte weiße Frau*« sein werde. Aber Vierzig geht's ja für Frauen bergab. Sagt wer eigentlich? Könnte es sein, dass es sich um eine *self-fulfilling-prophecy* handelt, und wir es glauben, weil es uns von Geschlechtsgenossinnen ständig prophezeit wird? Ob »*Alte weiße Männer*« sich genauso scheiße fühlen wie »*Alte weiße Frauen*«? Unbarmherzig durch die Geriatrie gejagt, bis sie den Löffel an die Jugend abgeben?

Inzwischen hat unter lautem Klatschen eine Influencerin die Bühne betreten, die über toxische Beziehungen berichtet. Dass sie hier Erfahrungen hat, wundert nicht, ihr Ex-Freund ist ein stadtbekannter Schürzenjäger. Aber was soll frau machen? Spannende Männer sind rar gesät. Jetzt erwähnt sie seufzend, wie schwer es Frauen auch heute noch in der deutschen TV-Branche haben, und irgendwie kommt mir jetzt die mit Awards überhäufte britische Filmschaffende Phoebe Waller-Bridge in den Sinn, die bei der BAFTA-Preisverleihung auf der Bühne ihrer Mutter dankte, die ihr einst riet: »*Darling, you can be whatever you want to be as long as you're outrageous*«. Outrageous heißt »empörend«. Phoebe ist empörend. Die Frauen auf dieser Bühne sind empört.

Mir gegenüber am Tisch sitzt die schicke Pharma-Vorständin, ich proste ihr mit meinem Sektglas zu, sie prostet zurück, ihrem Gesichtsausdruck nach zu urteilen, ist sie ähnlich begeistert von den Vorträgen wie ich. Vielleicht ist sie aber auch nur genervt von ihrer Sitznachbarin, einem brasilianisch aussehenden Model, die zwischendurch »Bravo« ruft und die jetzt selbst aufsteht und nach vorne zur Bühne geht. Ihren Vortrag beginnt sie mit der Forderung, die Gleichberechtigung von Mann und Frau müsse endlich umgesetzt werden. Ich spüre den Drang laut zu sagen, dass die Gleichberechtigung von Mann und Frau seit Jahrzehnten gesetzlich festgeschrieben ist. Da so eine Wortmeldung einen Eklat auslösen würde, halte ich mich stattdessen an meinen Sekt, während das Model vorne über die Benachteiligung von Frauen referiert. Meine Güte, so diskriminiert wie heute, habe ich mich lange nicht gefühlt. Was dieser Veranstaltung fehlt ist ein ordentlicher Motivationscoach, jawohl. Vielleicht ein Mann oder auch eine Frau, so richtig bullig, aggressiv, mit Schmackes und Verve. Der oder die Coach – oder heißt es heute Coachin? – soll auf die Bühne springen, die rechte Faust ballen und laut »Tschakka« rufen.

Tschakka, Mädels! Legt die Kampfwesten an, statt alte weiße Männer durch die Geriatrie zu jagen. Tschakka, sprecht mir nach: Ich will nach oben, ich will den Vorstandsjob! Das Patriarchat war gestern und seine Reste lassen wir hinter uns! Ich scheiß auf toxische Beziehungen! Ich werde mich von keinem Typ der Welt abhängig machen, weder finanziell noch existenziell! Scheiß aufs Gerettetwerden! Wenn die Hütte brennt, rettet mich die Feuerwehr! Schneewittchen wurde gar nicht vom Prinzen gerettet, wusstet ihr das? Sondern von den sieben Zwergen! Wollte nur drauf hinweisen! Scheiß aufs Arschlöcher-Zähmen, Scheiß auf Schuldgefühle, weil man sie nicht gezähmt hat! Scheiß aufs Disneyprinzessinnen-Schloss, auch Märchenprinzen haben Flatulenz! Wenn mir jemand dumm kommt, zeige ich ihm meinen Mittelfinger, statt mich als degradiertes Objekt zu fühlen! Mein Motto ist die Helden- nicht die Opferreise! Scheiß auf gesellschaftliche Erwartungen, wer meine Gesellschaft ist, bestimme ich selbst! Ich ziehe mein ganz eigenes Ding durch und keiner kann mich aufhalten! Scheiß auf immer schön nett sein! Ich kenne meine Rechte, ich nehme mir, was mir zusteht! Macht heißt »Nehmen« und nicht »Geben« – denkt mal drüber nach! Die Gehaltserhöhung, den geilen Job, vielleicht den feschen Praktikanten! Tschakka, ich will die Macht, ich will den Kick, das Adrenalin, die Verantwortung! Tschakka, Mädels, ruft es mir nach: ich will was mir zusteht, ich will alles!

Hier wollen jetzt erstmal alle an den Stand mit den Sponsoren-Goodies. Denn es ist Pause und von einer Kosmetikmarke kann man sich den neusten Lippenstift vorführen lassen. Der ist sogar *female-empowered*.

Gegen dreiundzwanzig Uhr ist alles vorbei. Es gab noch Gesang und Musik auf dem Rooftop, unzählige Fotos für Social Media und ich verlasse mit meinem *female-empowered* Goodie-Bag die Veranstaltung.

Die Party, bei der Lars Eidinger auflegt, ist in vollem Gange. Was so viel heißt wie: alle Nicht-Influencer tanzen vorne vorm DJ-Pult, der Rest ist mit Videobearbeitung und Story-Hochladen beschäftigt. Ich liebe Events, bei denen Lars Eidinger auflegt. Er hat's einfach drauf und fängt den Spirit meiner Jugend ein, gerade läuft *Mr. Vain* von *Culture Beat*. In meinem grünen Glitzerfummel hole ich mir einen Wodka Soda und gehe zur Tanzfläche. Mein Plan ist recht simpel: wild und exaltiert vorm DJ-Pult tanzen, so crazy und abgefahren, dass Lars, der bei seinen DJ-Auftritten stets Aufnahmen vom Publikum macht, mich in einer seiner Stories markiert. Während ich so tanze, schiele ich hoch zu Lars, der mich kurz angrinst, offenbar gerührt von meinen Bemühungen, aber in dem Moment fällt mir auch wieder ein, dass Lars kürzlich seinen Instagram-Account deaktiviert hat. Verdammt. Natürlich hat er völlig recht damit, schließlich ist Posten nichts als Angeberei, wie er in einem SZ-Interview feststellte, aber schlecht für mich, und so verlasse ich die Tanzfläche wieder in Richtung Bar. Von da aus beobachte ich das Treiben auf der Tanzfläche und merke, dass neben mir ein hübscher, dunkelhaariger Typ an seiner Cola nippt.

Wir kommen ins Gespräch, und es stellt sich raus, dass ich es mit einer TikTok-Berühmtheit zu tun habe, er heißt Tobias und hat über fünfhunderttausend Follower. Ich entschuldige mich, um kurz auf die Toilette zu gehen, dort überprüfe ich seinen Account: er lügt nicht, wow, hier sieht er sogar noch besser aus als live, die meisten seiner Videos sind oberkörperfreie LipSync-Einlagen, kurze Tänzchen mit anderen TikTokern, unter ihnen sogar die Elevator Boys, dazwischen Klamotten- oder Kosmetikwerbung. Der Junge hat's geschafft.

Als ich zurückkehre, steht Tobias immer noch da, hat auf mich gewartet und gibt mir jetzt sogar einen Drink aus. Und das, obwohl ich seine Mutter sein könnte und nur ein paar zigtausend Follower habe. Ich bin ziemlich geschmeichelt. Wir stoßen an. In dem Drink, den der Barkeeper mir in die Hand gedrückt hat, steht so ein rot-weiß geringelter Strohhalm, ich sauge daran und komme mir vor wie Alice im Wunderland oder ein GenZ-Mädchen, das hier neben einem Typ steht, der in Jugendsprache »gediegenes Brett« oder »Schmacko« heißen könnte. Tobias ist nicht nur cute, sondern auch gut informiert: er weiß alles über den Tik-Tok-Algorithmus, wirft mit Fachwörtern zum Onlinemarketing um sich, studiert nebenbei Wirtschaft und interessiert sich für Bitcoin-Investments. Ich bin beeindruckt. Der Junge ist brummschlau. Und was macht er? Lädt in Dauerschleife arschdummen Content auf TikTok hoch.

Tobias ist reflektiert und macht sich kritische Gedanken. Gefühlt sei ja jeder zweite Content Creator, den er kenne, depressiv, erklärt er mir, so genau könne man das ja nie wissen, aber er gehe davon aus. Der Verdienst, ja, der sei geil, aber das alles mache was mit einem. »Was denn genau?«, frage ich neugierig. Tobias seufzt, die hohen Erwartungen der Follower seien es, ja, die seien das Problem, das mache unglaublichen Druck, man fühle sich gezwungen, ständig was zu posten, quasi immer online zu sein. Irgendwann gehe das auf die Psyche. Naja, sage ich und sauge an meinem rot-weißen Ringelstrohhalm, ist doch irgendwie gerecht, oder nicht? Die Follower werden ja auch alle depressiv, weil sie sich euren Content ständig reinziehen. Ab fünf Stunden TikTok-Nutzung am Tag sei die Depression innerhalb eines halben Jahres quasi vorprogrammiert, und das unabhängig vom Persönlichkeitstyp. Die Studien dazu kenne er ja bestimmt.

Tobias nickt und legt seine glatte, jugendliche Stirn in betroffene Falten, alles gar nicht schön, wirklich.

Irgendwann, vielleicht in ein oder zwei Jahren schon, wolle er mit TikTok ganz aufhören und was »Richtiges« machen, zum Beispiel gründen im Tech-Bereich. Ich betrachte ihn und bin ein bisschen gerührt, denn offensichtlich ist Tobias bemüht mir zu gefallen. Der Junge ist nicht blöd, er weiß, wie belanglos sein Content ist. Wenn Tobias aussteigt, wird er deutlich reicher sein als zuvor und seine Follower ein bisschen dümmer. Eventuell depressiver. So ist das eben.

Am Ende verrät mir Tobias noch das wichtigste Erfolgsrezept auf TikTok, schließlich sei ich ja auch aktiv dort. »Du darfst gar nicht mehr raus aus den Köpfen der Leute«, erklärt er mir mit ernster Miene, »nur so kommst du vorwärts, anders funktioniert es nicht. Du musst den Geist der Leute richtig penetrieren, verstehst du? Penetrieren! Erbarmungslos.«

Hat er das jetzt wirklich gesagt? Ich schlürfe meinen Cocktail und merke, dass mich der Satz irgendwie heiß macht. Penetrieren, erbarmungslos. Eigentlich stehe ich nicht auf Gewalt-Sex, aber plötzlich stelle ich mir alles Mögliche mit Tobias vor. Meine Güte. Ein Fall von akuter Notgeilheit, starker Triebstau, eine spontane Hormonausschüttung? Wann hatte ich eigentlich das letzte Mal Sex? Ich meine, echten Sex, nicht Sex mit mir, bzw. dem pinken Vibrator in meinem Nachttisch. Ich habe vergessen, neue Batterien zu besorgen, was ein Mist. Offenbar bin ich völlig ausgehungert, habe ich überhaupt frische Unterwäsche an?

Als wir die Party verlassen, knutschen wir am Ausgang. Es ist nicht schlecht. Tobias hat viel Übung, das merkt man, er kann mit seiner Zunge umgehen, schon mal ein gutes Zeichen. Ganz ehrlich, jede Frau in meinem Alter sollte sich einen Zwanzigjährigen suchen, die Jugend weiß einfach was Frauen wollen, Youtube & Co. sei Dank. Zusammen nach Hause gehen klappt heute allerdings nicht. Tobias muss noch Content hochladen. Die Jugend ist pflichtbewusst.

Das ist ärgerlich. Insbesondere, weil jetzt auch die Läden mit den Batterien zuhaben.

Bei mir zu Hause alleine im Bett schicke ich Sarah mein Videomaterial des Abends zum Hochladen. Wahnsinn, inzwischen ist LOTTE HOHENFELDS Leben tatsächlich so abwechslungsreich, dass es sich lohnt ihr zu folgen.

Bevor ich mein *iPhone* ausschalte, werfe ich noch einen Blick auf Tobias TikTok-Account. Er hat ein Video von der Party hochgeladen: Er filmt sich selbst mitten auf der Tanzfläche, wie er sich in Zeitlupe mit der Hand durch die Haare fährt. So richtig lasziv. Dazu macht er einen Bitchface-Kussmund.

Gott sei Dank habe ich ihn nicht mit nach Hause genommen. Dieser Typ möchte eins am allerliebsten: sich selbst penetrieren.

Kapitel 14

Die Tage gehen ins Land, und die Zahl meiner Follower ist weiter gestiegen. Sarah hat das Bildmaterial der letzten Wochen zu effektivem Content zusammengeschnitten, Videos mit psychologischem Inhalt zu drehen ist gar nicht mehr nötig, mein Alltag mit den ganzen Events und Abendveranstaltungen ist aufregend genug.

Neue LOTTE HOHENFELD-Videos erreichen nun innerhalb kürzester Zeit mehrere Zehntausend Aufrufe, als würden die Leute geradezu darauf warten, dass ich etwas poste. Ich merke, dass es mich mit Genugtuung erfüllt. Weil ich mir einbilde, sie mit meinem Content zu inspirieren? Nein. Weil ich genau weiß, dass sie sich ärgern. Sich ärgern, dass ihr eigenes Leben fad und durchschnittlich ist, meins hingegen bunt und privilegiert. Ich habe Einfluss, nämlich Einfluss auf die Gemütslage anderer Menschen. Fresst es, Leute: ihr seid meine Fans. Jeder hat seinen Platz in der digitalen Welt, ich bin jetzt oben und ihr das Fußvolk der Follower, ätsch.

Meine Güte, zu was für niederen Empfindungen ich fähig bin, war mir gar nicht bewusst. Aber was kann ich für meine Empfindungen?

Wer meine Follower sind? Ich habe keine Ahnung. Manche Influencer behaupten gerne, ihnen seien ihre Follower ja so was von wichtig. Bullshit. Was man sieht sind Views und Klicks, Zahlen mit anderen Worten. Etwas vollkommen Abstraktes. Warme Gefühle für seine Follower? My ass.

Ich glaube, in mir hat immer schon ein kleiner, eitler Goblin gelauert. Ein verletzliches Wesen, heimlich von seiner Grandiosität überzeugt, dringend an die Luft strebend. Der Goblin war zutiefst beleidigt, weil die Welt nicht von selbst erkannt hatte, wie grandios und besonders er war. Der Goblin hielt sich für intellektuell, meinte über den Dingen zu stehen, das alles nicht nötig zu haben, er las die alten Philosophen und beabsichtigte, etwas Grandioses zu schreiben, Hochliteratur, den großen Geistern vorbehalten. Doch jetzt sind alle Hemmungen gefallen. Der Goblin ist draußen, er hat viel nachzuholen, er haut voll auf die Kacke, hat Jünger um sich geschart, die man »Follower« nennt, er schwimmt auf der Welle von Boulevard und Zeitgeist, endlich, endlich wird er gesehen. Scheiß auf Hochkultur.

Sarah hat ihre Skills im Bereich Videobearbeitung nochmal deutlich verbessert: sogar kleine Animationen finden sich jetzt in unseren Stories und Reels. Aus meinen Aufnahmen vom *Ladies on top*-Event hat sie ein Video gebastelt, für das Jung von Matt bestimmt einen Goldenen Löwen beim Cannes Werbefestival abgeräumt hätte. Die Organisatorinnen von *Ladies on top,* die wir natürlich verlinkten, waren so gerührt, dass sie mich fest auf ihrer Gästeliste notiert haben. Beim nächsten Event soll ich etwas über *»Dating im Zeitalter von Female Empowerment«* vortragen. Meinetwegen.

Auf der Arbeit im Büro wird mein Celebrity-Status langsam zum Thema. Mein Chef fragte gestern nach, was meine Doktorarbeit eigentlich mache, offenbar haben die Kolleginnen ihm den Tipp gegeben, doch mal LOTTE HOHENFELD zu googeln. Die Erwähnungen meiner Person auf BILD scheint er nicht so toll zu finden. Aber solange ich meinen Arbeitsvertrag ordnungsgemäß erfülle, kann er eigentlich nichts machen, oder?

Bald geht die Berlinale los, und Tessa hat es geschafft, mich auf den meisten Gästelisten unterzubringen. Die offiziellen Empfänge und Agenturtreffen waren kein Problem, aber wir wollten mehr, nämlich Zugang zu den Afterparties, denn nur da spielt die Musik. Tessa ist sehr zufrieden, einiges hat geklappt, vor allem eine inoffizielle Sache im Borchardt, die von jemandem aus Quentin Tarantinos Umfeld organisiert wird. Als ich Tessa frage, wie sie es hinbekommen habe, uns auf diese Einladungsliste zu schummeln, gibt sie sich einsilbig, ob ich schon mal das Wort »Keylogging« gehört hätte? Nein, ok, vielleicht sei das besser so. Ich frage nicht weiter nach.

Am Abend vorm ersten Berlinale-Tag bin ich in meiner Wohnung, suche Outfits zusammen und versuche mich zu entspannen. Ich habe die Woche von meinem Job freigenommen, denn vieles auf diesem Filmfestival findet tagsüber statt. Ich bin nervös. Die ganze Zeit schon frage ich mich, was ich eigentlich auf der Berlinale zu suchen habe? Tessa darauf anzusprechen, bringt nichts, sie reagiert ungehalten: LOTTE HOHENFELD sei eine erfolgreiche Autorin, schließlich wurde ihr Sachbuch sogar in der VOGUE besprochen oder etwa nicht? Eine top vernetzte Celebrity, dazu seit Neuestem Werbegesicht und Investorin, mehr Credentials seien nun wirklich nicht nötig. Ein großes Werk, ein Buch oder was auch immer werde es sicher auch noch geben und dafür seien Verbindungen in die Filmindustrie selbstverständlich. Und damit basta.

Ich setze mich an meinen Laptop und öffne Google. Aus irgendeinem Grund habe ich das Gefühl, dass ich etwas mehr über LOTTE HOHENFELD herausfinden sollte, bevor ich morgen als LOTTE HOHENFELD zur ersten Berlinale-Veranstaltung gehe. Was für ein seltsamer Gedanke.

Bevor ich auf die vielen LOTTE HOHENFELD-Fotos klicke, die Google mir auswirft, kommt mir eine andere Idee. Ich öffne die ChatGPT-App, die ich mir kürzlich aus Neugier runtergeladen habe. Wer könnte mir besser zu mir Auskunft geben als die neueste Generation generativer KI? Ich bin aufgeregt, es ist tatsächlich das erste Mal, dass ich diesen Chatbot nutze. Ich strecke den Rücken, dehne meine Finger und lege los mit meiner ersten Frage:

Wer ist Lotte Hohenfeld?

ChatGPT scheint einen Moment in sich zu gehen, so als würde er überlegen. Tatsächlich durchforscht er natürlich alle im Netz zugänglichen Quellen.

Lotte Hohenfeld ist eine Buchautorin, die zu den Themen Dating und allgemeine Psychologie veröffentlicht hat.

Mehr nicht? Was ist mit meinem alten Start-up? Weiß ChatGPT wie erfolglos das war und hält diese Information für irrelevant? Diese KI arbeitet anders als Google. Laut Wikipedia bin ich Society-Lady, Social-Media-Persönlichkeit und Bestsellerautorin – aber das interessiert ChatGPT offenbar nicht?

Ich merke, dass ich unruhig bin, während ich meine nächste Frage in die Tasten tippe:

Was sind Lotte Hohenfelds bisherige Erfolge?

Der Chatbot denkt nach. Eine ganze Weile.

Lotte Hohenfeld ist Autorin des Sachbuchs »Das Tinder-Prinzip« sowie Expertin zur Geschichte der Filmtheorie, Schwerpunkt Stummfilmzeit, von Georges Méliès bis Fritz Lang.

Ungläubig starre ich auf den Bildschirm. Expertin für Filmtheorie? Ich öffne Google, gebe meinen Namen und das Wort »Filmtheorie« ein. Kein Ergebnis. Stattdessen erscheinen Fotos von mir beim New York Filmfestival vor drei Wochen. Es gibt deutlich mehr als ich dachte: auf einem trage ich ein Kleid, das ich seit einem halben Jahr nicht anhatte, auf einem anderen sieht es aus, als würde ich interviewt. Dann die Fotos von mir neben Keanu Reeves. Nicht mehr nur auf Instagram sind die jetzt zu finden, sondern an mehreren Stellen im Netz. Einige tragen das *getty-images*-Wasserzeichen. What the fuck? Als wäre ich tatsächlich mit Keanu Reeves fotografiert worden. Unwillkürlich blicke ich mich um. Steht hinter mir eine zweite Lotte? Eine, die Tessa geklont hat, und die kürzlich in New York war? Bullshit. Reiß dich zusammen, Lotte. Mit zittrigen Fingern formuliere ich eine neue Frage:

Ist Lotte Hohenfeld adelig?
ChatGPT denkt nach. Und denkt nach. Keine Antwort. Entgeistert starre ich auf den Bildschirm. Dann tippe ich die Frage noch einmal ein. Jetzt kommt etwas:
Nein, Lotte Hohenfeld ist nicht adelig. Sie ist eine deutsche Buchautorin.

Scheiße. ChatGPTt lässt sich nicht verarschen. Nicht so wie Google. ChatGPT will nicht reingelegt werden. Im Gegenteil. Er erfindet lieber selbst etwas und trägt es dann so souverän und überzeugt vor, als sei es eine Doktorarbeit.

Plötzlich höre ich wieder dieses Gekicher in meinem Kopf. Nein, bitte nicht! Ich halte mir die Ohren zu, vergeblich. Es fühlt sich an, als würde ich meine eigene Stimme hören. Wie krank ist das? Ja, wie krank ist das eigentlich, liebe Lotte? Hier sitzt du und befragst einen Chatbot. Und wozu? Zu dir selbst! Wolltest du nicht ein großes Werk schreiben? Schon vor Jahrzehnten hast du diesen Plan gefasst, und was ist daraus geworden? Ein Bollwerk gegen das Nichts? Etwas Wahres, Schönes, Gutes? Gib's zu, das interessiert dich eh nicht mehr. Denn du ahnst es – da gibt es nichts, keine Hoffnung, kein Bollwerk! Nichts! Da nimmt man doch lieber den Trost der Endorphine mit, nicht wahr? Den Kick durch die Klicks, ganz gierig bist du danach, klick, klick, wie so ein Junkie auf Stoff. Armselige Lotte. Ein Wurm, ein Pantoffeltierchen, frisch aus der Ursuppe, das nach Luft und Licht schnappt. Ja, das bist du.

Regungslos sitze ich vor dem Laptop. Das Gelächter in meinem Kopf ist verstummt, stattdessen kalte Leere.

Ich öffne meine Homepage. Als müsse ich prüfen, ob wenigstens dort alles in Ordnung ist. Die Seite ist unverändert – in Großformat blickt mich das Gesicht von LOTTE HOHENFELD an, leicht amüsiert lächelnd. Beim Klicken des Cursors zwinkert es mir zu. Ist dieses Bild ein echtes Foto? Oder von KI erstellt? Ich habe es Tessa nie gefragt. Unendliche Variationen dieser Lotte wären möglich. Plötzlich fühle ich mich seltsam. Denn ich löse mich auf. Die Lotte vor mir scheint real zu sein, aber ich bin es nicht. Nur zwei Augen, die aus einem Schädel auf einen Bildschirm starren. Mein Name ist LOTTE HOHENFELD. Letztes Jahr war ich noch neununddreißig Jahre alt. Ich lebe in Berlin. Ich schlafe gut, ich kann mich nicht beschweren. Ich habe einen Haufen Influencer mit Wodka Soda gefügig gemacht. Morgen früh werde ich mein Gesicht mit einem minzhaltigen Öl-Peeling reinigen, denn eine Naturkosmetikfirma will mit mir kooperieren. Danach werde ich ein erfrischendes Aloe-Vera-Gesichtswasser auftragen, eine botanische Pflegereinigung, speziell für Mischhaut entwickelt, ganz ohne Alkohol, denn Alkohol trocknet die Haut aus und lässt einen älter aussehen. Es gibt eine Idee von LOTTE HOHENFELD, eine Abstraktion, eine digitale Einheit, eine Abfolge von Einsen und Nullen in eurem Instagram Feed. Vielleicht gibt es sogar einen Körper, ein Gebilde aus Zellen, Fasern, Muskeln und Eiweißstoffen. Ein Körper, der auf VIP-Veranstaltungen im engen Glitzerfummel durch die Reihen geht und euch vielleicht sogar schon mal lächelnd die Hand geschüttelt hat. Nur ich bin einfach nicht da.

Kapitel 15

Die ersten Tage der Berlinale liegen hinter uns. Ich war mit Sarah unterwegs und wir haben alles gegeben.

Wir waren am Potsdamer Platz, da wo die Eröffnung und die Preisverleihungen stattfinden, haben in der Lobby des Hyatt Hotels Espressi getrunken und Leute beobachtet. Wir haben uns pflichtbewusst zwei Wettbewerbsfilme angeschaut. Beim ersten musste ich am Ende weinen, ich glaube vor Erschöpfung, denn der Film hatte Überlänge, beim zweiten über die Identitätssuche eines queeren Busfahrers schlief Sarah mehrmals ein, was ihr etwas peinlich war.

Eigentlich soll man auf einem Festival sein Netzwerk ausbauen, doch da ich weder Filmschaffende bin noch ein Buch oder Drehbuch zu verkaufen habe, verlegen wir uns bei den Veranstaltungen aufs Promi-Glotzen und Schampus-Trinken. Erkenntnis Nummer Eins: die Cute-Boys der deutschen Filmszene sehen auf der Leinwand stattlich aus, reichen einem aber nur bis zur Schulter. Erkenntnis Nummer Zwei: *The camera really adds 10 pounds*: Anbetungswürdig grazile Filmsternchen sind in Wirklichkeit knöchrige Hungerhaken, manche mögen es fragil nennen. Von den Gulaschkanonen und Meeresfrüchte-Buffets essen sie definitiv nichts, während Sarah und ich richtig zuschlagen, schon allein um den ganzen Sekt zu vertragen, den man trinkt, wenn man auf Agenturveranstaltungen stundenlang zwischen Produzenten, Schauspielern und Casting-Directors herumsteht. Wenn jemand mich anspricht, was selten vorkommt, bringe ich einen Spruch, den Tessa mir mitgegeben hat: »Ich bin wegen eines aktuellen Projekts hier, darf aber noch nicht drüber sprechen.« Einmal plaudern wir mit einer Gruppe Filmhochschulabsolventen, unter ihnen eine Ophüls-Preisträgerin, die mir sagt, mein Gesicht komme ihr bekannt vor und wer ich denn sei. Als ich Lotte Hohenfeld sage, sagt sie: »Ach, DIE Lotte Hohenfeld?« »Ja, genau«, sage ich. Die Ophüls-Preisträgerin mustert mich mit einer Mischung aus Missbilligung und allgemeinem Lebensneid: »Wer hat DICH denn auf DIESE Veranstaltung eingeladen?« Ich nippe an meinem Sekt, der maximal Discounter-Qualität hat, aber was will man von der prekären Filmszene hier erwarten, und schenke ihr mein freundlichstes Lächeln: »Quentin Tarantinos Management hat uns eingeladen.« Die kleinen Triumphe sind die schönsten.

Ansonsten haben wir alle angesagten Events abgeklappert, ein Party-Hopping-Marathon zwischen Ritz-Carlton, Gendarmerie und Grill Royal. Früher gingen Schauspieler, Filmschaffende und echte Stars zur Berlinale. Heute sind hier alle möglichen Celebrities zugegen, die Partybilder durchs Netz schicken, um den Rest der Welt, der keine Einladung hat und zu Hause vorm Smartphone hockt, neidisch zu machen. Gefühlt sind auf allen Events die gleichen Promis am Start. Das Armani-Paillettenkleid von Iris Berben ist wirklich der Burner, so was können sich sonst nur Filmsternchen leisten, die nebenbei als Influencer schaffen, wer sich hier ernsthaft kunstschaffend nennt, trägt maximal Esprit. Exzessive Stimmung kommt selten auf, dafür ein exzessives Rocksaum-Wettrennen. Als LOTTE HOHENFELD finde ich mich nur am äußeren Rand von irgendeinem BUNTE-Gruppenfoto wieder, gegen High-End-Influencerinnen und Sophia Thomallas tätowierte Elfenfigur habe ich keine Chance.

Jetzt sitzen wir im Taxi und ich stelle fest, dass der Energy Drink, den Sarah mir eben gereicht hat, kaum noch Wirkung entfaltet. Spätestens seit der Studio-Babelsberg-Party bin ich latent verkatert. Geschlafen wird im Taxi, sagen Berlinale-Kenner, aber dafür bleibt jetzt keine Zeit mehr. *Drei Tage wach* lautet das Motto der Stunde. Dieser geile Song von *Lützenkirchen* läuft lustigerweise auch gerade im Radio und ich bitte den Taxifahrer den Sound voll aufzudrehen. Ich hatte ganz vergessen, wie sensationell dieser Track ist. Als er rauskam, ging Sarah noch zur Grundschule, trotzdem findet sie ihn »nice«. Mir fällt auf, dass ich Sarahs Mutter sein könnte. Als ich ihr das sage, schaut sie mich hinter ihrer Riesenbrille ernst an und fragt, ob ich ihr meinen TikTok-Account vererben werde. Noch bin ich nicht tot, stelle ich fest, wobei mir einfällt, dass Sarah und Tessa ohnehin die Login-Daten zu allen meinen Accounts besitzen.

Das Taxi steuert Richtung Brunnenstraße, wir fahren zu Tessa ins Loft, wo ich duschen und mich umziehen muss. Nachher findet die streng geheime Veranstaltung im Borchardt statt, *the hottest shit* in Town.

In Tessas Loft ist alles vorbereitet für unsere Ankunft, was heißt, dass Tessa Schampus kaltgestellt hat und Miriam schon mit ihren Schminksachen und Lockenstäben auf der Couch bereitsitzt.

Gemeinsam entscheiden wir, dass ich heute Abend ein goldenes Paillettenkleid anziehen werde: sexy Cinderella-Style, auffällig, aber nicht billig ist das Motto. Während Miriam mich schminkt, läuft im Hintergrund *Drei Tage Wach* in Dauerschleife. Trotzdem kann ich mir ein Gähnen nicht verkneifen. Tessa schaut mich besorgt an. Zwischen ihren Augenbrauen vertieft sich diese schmale, vertikale Falte, wie immer, wenn sie nachdenkt. Dann verschwindet sie in der Küche. Zurück kommt sie mit einem Glas Schampus, stellt es vor mir auf den Schminktisch, zieht ein kleines Tütchen aus ihrer hinteren Jeanstasche, reißt es auf und streut den pulvrigen Inhalt in das Glas.

Ich habe Tessa nur selten eine Line ziehen sehen, aber dass sie einen Vorrat für besondere Gelegenheiten im Hause hat, wundert mich nicht. Meinetwegen. Wach macht das Zeug auf alle Fälle, und in Flüssigkeit verdünnt ist die Wirkung eh minimal.

Ich trinke den Schampus in drei Zügen, esse noch einen Kräcker und dann ist es auch schon Zeit aufzubrechen.

Im Gegensatz zu mir ist Tessa rockig unterwegs: schwarze Jeans und Boots, Lederjacke, dazu eine dunkel getönte Sonnenbrille im Seventies-Style.

»Fehlt noch der Schnauzer, und du bist Kalle Schwensen!«, stellt Miriam fest und lacht.

Gut, dass sie die Hamburger Kiezgröße nicht bei seinem alten Spitznamen genannt hat. Sarah hätte sicher türknallend das Loft verlassen. Ohnehin macht Sarah einen leicht sauren Eindruck. Vermutlich, weil heute Abend Tessa und nicht sie mitkommt.

Als wir im Taxi sitzen, fühle ich mich beschwingt. Der Abend ist schön, und Berlin ist eine wunderschöne Stadt, wie es so gleißend an einem vorbeizieht, die Spree, die Penner, der Fernsehturm, eine Konzentration lautlos strömender Geschichten, die einem wie Samt übers Gesicht streicheln. Ich überlege, ob Lyrik etwas für mich wäre und frage Tessa, ob sie wisse, dass sie aussieht wie Carrie-Anne Moss.

»Ja«, sagt Tessa.

»Weißt du auch, was Schuberts Theorem ist?«

Tessa wirft mir einen vielsagenden Blick zu.

»Ein Rotwein?«

»Nein. Es besagt, dass Schwerkraft nur eine schlechte Angewohnheit ist, die man jederzeit ablegen kann.«

»Soso.«

Ich muss kichern und bin erstaunt über die originellen Facetten meiner Allgemeinbildung, ganz offensichtlich reicht das Chaos in mir noch aus, um Sterne tanzen zu lassen, so hat das doch auch Nietzsche formuliert. Inzwischen haben wir die Französische Straße erreicht. Direkt vorm Borchardt parken zwei Ferraris und ein Hummer, die Frontscheiben des Restaurants sind mit Folien abgeklebt, drei Security-Typen stehen vorm Eingang,

Tessa sieht mich an: »Wir werden einen lustigen Abend haben. Und denk dran, eventuell ist ER da.«

Ich nicke: »Sehr gut. My heart will go on.«

Wir steigen aus dem Taxi und während wir zum Eingang laufen, merke ich ein Kribbeln in meinen Füßen und Händen, vermutlich Kaliummangel, aber egal, ansonsten geht es mir fantastisch. Während Tessa unsere Namen nennt und die Registrierung klarmacht, schnorre ich von einem der Türsteher eine Kippe. Eigentlich hätte ich jetzt Lust auf Schokolade, aber wenigstens etwas.

Die Registrierung klappt problemlos, über Tessas Gesicht huscht ein triumphierendes Lächeln. Wer reinkommt ist drin.

Als die Tür hinter uns zufällt, überkommt mich ein ganz warmes Gefühl. Ich bleibe kurz stehen und nehme einen tiefen Atemzug. Ich liebe diesen Laden. Immer wenn man hier ist, ist es aufregend. Es ist das Gemeinschaftserlebnis. Hier taucht man seinen großen Zeh in die Badewanne der Wichtigen und Schönen, ohne komplett einzutauchen, aber wenn Thomas Gottschalk auf dem Weg zur Toilette an einem vorbeiläuft, hat man das Gefühl, er hätte genauso gut stehenbleiben können. Überhaupt denkt man hier ständig, die Tür könnte aufgehen und ein Filmstar reinkommen, irgendwie liegen Restmoleküle von De Niro, Nicholson, Clooney und Jolie in der Luft, die alle mal hier waren, und die einem zuraunen: dein Leben wird eine wundersame Wendung nehmen. Eine Abzweigung in eine neue Realität scheint möglich. An manchen Abenden fühlt man sich hier wie im Film *Rossini*, nur die vielen Kerzen fehlen, und ich finde, man sollte häufiger *Azzuro* von Paolo Conte spielen, aber das passt halt nicht so zur deutschen Küche.

Unter den hohen Decken hängen heute Luftballons, vielleicht hat jemand Geburtstag, dazu schummriges Licht, schwarz-weiß gekleidete Kellner, die zwischen roten Polsterbänken, Marmorsäulen und Gästen umherhuschen, in der Luft Schnitzel- und Parfumgeruch, Stimmengewirr und Gelächter, dazu Hotel-Costesartige Musik. Langsam schreiten wir Richtung Mitte rechts, wo Tessa einen Platz organisiert hat, und eigentlich fühlt es sich an wie das Schreiten am Grunde eines Aquariums, meine Füße berühren nur leicht den Boden, geradezu tänzelnd, was ja auch logisch ist, denn unter Wasser herrscht Schwerelosigkeit. Überhaupt ist alles so ein bisschen fließend, keineswegs unangenehm, eigentlich richtig schön. Während ich so durch das schummrig glitzernde Aquarium schreite, und wir zwischendurch halt machen, weil Tessa mit irgendjemandem spricht, staune ich über die Gäste. Zwischen zwei grazilen Frauen mit auffälligen Gesichtern sitzt ein Franziskanermönch. Ja, tatsächlich. Wie selbstverständlich hockt er da am Tisch in seiner braunen Kutte, ein Messing-Kreuz am Hals, die Kapuze halb ins Gesicht gezogen. Seine Augen sind verdeckt, aber seine Lippen sieht man, die sind strichschmal. Abgefahren! Ist das der Antichrist inkognito? Oder ein manifestierter Schuldkomplex, weil ich seit Jahrzehnten nicht in der Kirche war? Ich blinzle, und in dem Moment führt der Mönch mit der Hand ein Champagnerglas zum Mund. Und ich sehe, dass an seinen Fingern vier fette, goldene Ringe mit Diamanten prangen. Der Mönch ist ein Rapper.

Ein Stück weiter redet ein Typ mit weißen Haaren, breitem Unterkiefer und Unterbiss auf ein paar Leute ein. Seine Augen sind aufgerissen, die Zähne stehen leicht vor. Ist das Klaus Kinski? War der nicht längst tot? Seine Stimme knarzt wie ein zufallender Sargdeckel, und aus irgendeinem Grund muss ich auf seine Zahnreihen starren, die kommen mir unheimlich präsent vor, hell und glänzend. Das Universum ist aus Körpern und Leere zusammengesetzt und diese Zahnkörper fangen an sich auszudehnen, die Leere zu verdrängen, kaum zu glauben! Geist und Seele sind körperlich, das sagte schon Lukrez, und weil Klaus Kinski ja tot ist, steckt seine Seele in diesen Zähnen und dehnt sich aus in alle Richtungen. Meine Güte.

Jetzt haben wir unseren Tisch erreicht, direkt neben einer der hohen Marmorsäulen. Während Tessa unsere Tischnachbarn begrüßt, betrachte ich die Säule und stelle fest, dass die dunklen Stellen sich bewegen. Ich blinzle mit den Augen, um ganz sicher zu sein. Wie Salamander, nein, wie Lurche, ja so richtig hässliche aus Tümpeln, die urzeitlich aussehen, kriechen sie auf dem grünen Marmor aufwärts Richtung Decke. Faszinierend! Wie oft war ich jetzt schon im Borchardt und nie sind mir diese Lurche aufgefallen. Das Pulver von Tessa hat mein Bewusstsein erweitert, ganz eindeutig. Zugang zu einer anderen Ebene der Realität verschafft, vielleicht so wie dieses Ayahuasca-Zeugs, das die Yogis alle trinken, und das einem die Welt zeigt, wie sie wirklich ist. Offensichtlich voll von kriechenden Lurchen. Aus dem Nichts sind sie gekommen und setzen ihren Weg ins Nichts mit gleichmäßigem Kriechen fort, bis in alle Ewigkeit vermutlich, schließlich kriechen sie immer wieder rund um diese Säulen. Sind diese Säulen eventuell mit radioaktiver Strahlung in Berührung gekommen? Einer der Lurche dreht seinen Kopf in meine Richtung und sieht mich an.

»Nicht dass ich wüsste.«

»Du kannst sprechen?«, frage ich entgeistert.

»Offensichtlich«, sagt der Lurch gelangweilt.

»Krass, wie heißt du denn?«

»Mein Name ist unbedeutend.«

»Was für ein schöner Name«, sage ich und bin ganz gerührt.

Dann muss ich den Lurch wieder sich selbst überlassen, denn Tessa stellt mich unseren Sitznachbarn vor, außerdem wird Essen bestellt. Als ich dem Kellner sage, dass ich gerne einen kandierten Seestern in Aspik hätte, wirft mir Tessa wieder so einen vielsagenden Blick zu. Also bestelle ich brav das Schnitzel mit warmem Kartoffelsalat.

Tessa unterhält sich jetzt mit dem großen Schlaksigen, der neben ihr sitzt, ich glaube es ist Wim Wenders, und Tessa erklärt ihm, dass *Odyssee im Weltraum* ein sterbenslangweiliges wenn auch hypnotisierendes Machwerk sei. Herr Wenders widerspricht vehement, fuchtelt mit den Armen und dabei sticht mir sein glänzendes Samtjackett ins Auge, das unheimlich weich aussieht, so weich, dass ich am liebsten drüber streicheln würde. Aber das gäbe sicher Ärger mit Tessa, die ganz offensichtlich am Flirten ist. Seit wann steht Tessa auf Wim Wenders?

Neben uns werden jetzt silberne Etageren mit Schalentieren reingetragen und an einen Tisch weiter hinten gebracht. Dort muss die Super-VIP-Ecke sein, denn davor steht ein bulliger Typ mit Knopf im Ohr. Jetzt kommen auch schon unsere Schnitzel mit Kartoffelsalat, und mir fällt auf, dass die Panade auf meinem heute besonders goldgelben glitzert, außerdem bewegen sich die Luftblasen darunter, das Fleisch atmet noch. Mit einem Finger über die Oberfläche zu streichen, wäre jetzt nett, gehört sich aber natürlich nicht, und darum wende ich mich meinem Sitznachbarn zu, der Regisseur ist, eine Silberbrille trägt, einen Bierbauch hat und mich mit seinen hängenden Wangen stark an Zummi von der Disney-*Gummibärenbande* erinnert. Der weiseste Gummibär von allen, dafür halt grau und alt. Und manchmal mit Wortfindungsstörungen beim Zaubern. Ich könnte den Regisseur fragen, ob er die *Gummibärenbande* kennt, insbesondere Zummi mit seiner Nickelbrille und dem Zauberbuch, aber viel lieber würde ich ihm durchs Haar streicheln. Das ist zwar weiß und schütter, sieht aber verführerisch seidig aus. Ganz ehrlich, ich merke so ein Zucken in meiner rechten Hand, die will unbedingt an Zummis Haare. Ich stelle mir vor, dass die Hand kurz davor ist, ein Eigenleben zu entwickeln, sie könnte sich wie ein Flaschendeckel von meinem Arm abdrehen, einen Satz tun und auf der Schulter dieses Regisseurs landen.

Weil Tessa mich jetzt schon wieder so komisch anguckt, beschließe ich, die Sache zu vergessen und auf die Toilette zu gehen. Tessa steht auf und folgt mir, meine Güte, ist sie meine Anstandsdame?

Auf der Toilette riecht es säuerlich und ich versuche nicht zu tief einzuatmen. Vorm Spiegel stelle ich fest, dass meine Augen komisch aussehen. Waren sie nicht blau? Ich bin mir wirklich recht sicher, dass ich blaue Augen habe, ich meine, ich prüfe das natürlich nicht ständig, krankhaft narzisstisch bin ich ja nicht, aber bei LOTTE HOHENFELD auf der Homepage sind die Augen auch strahlend blau und Tessa weiß ja wohl, was sie tut. Jedenfalls sind meine Augen jetzt total schwarz und beim Vorbeugen stelle ich fest, dass das tatsächlich meine Pupillen sind, außer denen sieht man gar nichts mehr, nur das Weiß und dann die Pupillen. So richtig kann ich mir das nicht erklären, und normalerweise beunruhigen mich solche Dinge, aber heute nicht. Ich bin tatsächlich kernentspannt, man könnte mir einen Finger amputieren, und ich fände es lustig. Eine Alien-Lotte mit schwarzen Augen, frisch gelandet vom Planeten Schampus. Ich muss kichern und eine dunkelhäutige, langbeinige Schönheit, die sich neben mir vorm Spiegel weiße Pulverreste von der Nase wischt, kichert mit. Mir fällt auf, dass vor ihr im Waschbecken eine Spur grünlich klumpiger Flüssigkeit klebt. Vermutlich der Grund des säuerlichen Geruchs.

Ich verlasse die Toilette wieder, ein Stück hinter mir meine Anstandsdame Tessa, und schwebe durchs Borchardt-Aquarium zurück in Richtung unseres Tischs.

Und da sehe ich ihn.

Direkt hinter einem Kahlköpfigen mit Knopf im Ohr kommt er auf mich zu. Denn er will dahin, wo ich war: auf die Toilette.

Dreitagebart, die Haare zurückgekämmt, ein rundes und doch markantes Gesicht, dichte Augenbrauen, schmale Augen, drum herum Lachfalten, die sein Alter verraten, welches ein paar Jahre über meinem liegen dürfte. Der begehrteste Frauenschwarm der Welt.

Plötzlich wird alles ganz langsam; als bewege sich die Welt in Zeitlupe; heute, gestern und morgen verschmelzen zu einem Kumulationspunkt, der sich direkt vor mir auftut, mitten im Borchardt, und zwar genau da wo er ist, und er kommt auf mich zu, der Punkt, der alle Punkte des Universums enthält, mithin auch sich selbst und mich und überhaupt alle, in dem sich Fakten und Fiktion in sich selbst bis ins Unendliche spiegeln, wie beim Blick durchs Kaleidoskop; der Punkt, der ein sich ewig wiederholendes Etwas und gleichzeitig Nichts enthält.

Aber das interessiert mich alles nicht.

Ich schreite auf ihn zu, vorbei am Kahlköpfigen, den ich zur Seite schiebe wie einen im Wasser schwebenden Gegenstand, und stehe direkt vor ihm. Ich sehe ihm in die Augen, die ebenso dunkel sind wie meine und glasig auf mich zurückschauen, auf seiner Stirn glitzern Schweißperlen, sein Atem ist feucht und warm, in seinem rechten Mundwinkel hängt ein winziges Stück Schnitzelpanade. Ich wische ihm mit dem Zeigefinger die Panade ab, stecke sie mir in den Mund, kaue und schlucke sie runter.

Dann greife ich mit der Hand an seinen Nacken, denn mein Interesse gilt den Enden seiner dichten, leicht gewellten Haare. Ein Schauer der Erregung durchfährt meinen Körper, etwas so Weiches und Seidiges wie die Haare dieses Mannes habe ich noch nie gespürt. Es bleibt mir keine Wahl. Ich presse meine Lippen auf seine. Eine Aromen-Explosion aus Zwiebeln, Yves Saint Laurent-Duft und Zigaretten durchfährt meine Synapsen, my heart will go on, oder auch nicht, es ist mir egal. Als ich ihn wieder loslasse, vielleicht eine Ewigkeit oder mehrere explodierte Universen später, schwanken wir beide. Seine betrunken glänzenden Augen blicken mich erstaunt an.

So kann ich ihn nicht gehen lassen.

Ich nehme sein Gesicht in meine Hände, blicke ihm tief in seine dunklen Augen, die aussehen wie meine, als ob ich mich selbst im Spiegel sehe, und ich denke, wir könnten die zwei Kugelwesen aus Platons *Symposion* sein, die von Zeus getrennt wurden und nun kurz vor einer elektrisierenden Wiedervereinigung stehen. Vielleicht übertragen sich meine Gedanken auf seine, jedenfalls verzieht sich nun sein Mund zu einem Grinsen. Dem breiten, charmanten, spitzbübischen Grinsen, das wir alle, Millionen Menschen auf der ganzen Welt, seit Jahren aus dem Kino kennen, und nun nimmt er mein Gesicht in seine Hände und presst seine Lippen auf meine. Ich bekomme kaum Luft, frage mich, ob Platon bei der Wiedervereinigung seiner Kugelwesen deren Erstickungstod mit eingeplant hat, und bin erleichtert, als er mich irgendwann, unendliche Zeit später, wieder loslässt. Während er immer noch grinst, hole ich tief Luft und schließe meine Augen. Dann greife ich seine Hände, die zugleich rau und weich sind, denn ich fühle, dass ich ihm noch etwas mitteilen muss. Etwas fundamental Wichtiges. Ich darf es nicht vergessen.

Woher mein Mitteilungsbedürfnis kommt, weiß ich nicht. Als ergäbe sich hier eine einmalige Chance, und als sei er der perfekte Empfänger für diese Information. Aber was sind das für Worte, die nun meine Lippen verlassen? Es ist mir ein absolutes Rätsel. Ist das Rilke? Ringelnatz? Walter von der Vogelweide? Ist es mein Unterbewusstsein oder spricht aus mir das Universum selbst? Eine kosmische Botschaft und ich bin die auserwählte Überbringerin?

Ich ziehe ihn an mich, so nah wie möglich, und flüstere ihm zärtlich in sein rechtes Ohr:

»Aufstrich, Abstrich, drei Tage wach, zugeballert, reingeschallert, druff, druff, druff.«

175

Kapitel 16

Am Folgetag erwache ich auf Tessas Ledercouch und fühle mich grauenhaft. Die Windungen meines Gehirns pochen gegen die Schädeldecke, mein Mund ist staubtrocken, als hätte ich eine Wüstensafari ohne Wasserversorgung hinter mir. Mühsam schwanke ich ins Badezimmer, greife nach meiner Zahnbürste, die direkt neben Tessas hängt, und merke, dass meine Hände zittern. Meine Güte. Unter leisem Jammern schleiche ich zurück zur Couch, lege mich wieder hin, während Tessa, die im Arbeitszimmer war und mich gehört hat, reinkommt und mir ein großes Glas Wasser mit Elektrolyt-Mischung bringt. Dazu eine Prärie-Auster: ein rohes Ei, gewürzt mit Worcestersauce, Tomatensaft und Pfeffer.

»Bald ist wieder gut«, sagt Tessa und gibt mir einen Kuss auf die Stirn.

Dann muss sie zurück ins Arbeitszimmer. Denn obwohl heute Sonntag ist, sitzt sie dort seit mehreren Stunden und bereitet den gestrigen Abend nach.

Erst langsam wird mir klar, was überhaupt passiert ist. Meine Erinnerungen sind bruchstückhaft, aber eins steht fest: die Realität, wie sie noch bis gestern Abend galt, bevor ich meinen Fuß ins Borchardt setzte, hat eine Abzweigung genommen, die in ein völlig neues, paralleles und deutlich separiertes Universum geführt hat, welches nun die alte Realität abgelöst hat. Vielleicht war mein seltsames Gefühl im Borchardt gar nicht so verkehrt: wenn nicht gar die Realität selbst, so haben sich auf jeden Fall mehrere Dimensionen in ihr sprunghaft verschoben.

Auf der ersten Seite von BILD online und diversen Nachrichtenmagazinen prangt jetzt ein Foto, das mich zusammen mit dem begehrtesten Frauenschwarm der Welt zeigt. Vereinigt in einem innigen Kuss. »*Überraschung auf der Berlinale: hat der Weltstar eine deutsche Freundin?*« »*Kuss-Alarm im Borchardt! Wen knutscht er da?*«

Die Antwort auf diese Frage weiß nicht nur die BILD, sondern bald das ganze Netz. Mich.

Ich bin ganz gerührt. Es sieht richtig romantisch aus. Und das goldene Paillettenkleid steht mir hervorragend. Offenbar war also doch Presse im Borchardt zugegen, von wegen *top secret*. Vor allem aber war Tessa zugegen, nämlich direkt hinter mir. In fast wackelfreier Qualität hat sie den Kuss bzw. Doppelkuss mit ihrem Smartphone festgehalten, und zwar in Großaufnahme. Sie schickt mir das Video per Dropbox, es ist fast zwei Minuten lang. Wahnsinn.

Über welche Kanäle sie es in Umlauf gebracht hat, weiß ich nicht, aber im Laufe des Tages hat das Video sämtliche Online-Redaktionen erreicht und ist parallel auf TikTok eingeschlagen. Und zwar wie eine Bombe. Jeder zweite Beitrag in meinem Tik-Tok-Feed zeigt mich selbst. Und zwar beim Küssen. Richtig heiß sieht das aus zwischen uns. Dabei kennt er nicht mal meinen Namen. Egal. Mir selbst werden primär sein Zwiebelatem und meine kurze, aber ziemlich akute Atemnot in Erinnerung bleiben. Sauerstoffmangel soll ja den Orgasmus beschleunigen. Das möchte ich nach dieser Erfahrung bezweifeln.

Im Laufe des Tages, den ich weiterhin auf Tessas Ledercouch verbringe, passiert einiges. Fotos tauchen im Netz auf, die mehr oder weniger deutlich mich und ihn in Los Angeles zeigen. Zum Beispiel in einem Straßenkaffee: er blickt gelangweilt durch seine dunkle Sonnenbrille in Richtung Kamera, ich sitze ihm gegenüber, mein Gesicht nur seitlich erkennbar. Aber ganz klar, das bin ich. Unglaublich, was Tessa mit moderner KI alles zustande bringt. Natürlich gäbe es forensische Tools, mit denen man solche Bilder auf Echtheit untersuchen könnte. Aber die Welt ist scharf auf die Bilder, nicht auf die Wahrheit.

Am Nachmittag hat das Thema auch die internationale Presse erreicht: nicht nur amerikanische Boulevard-Medien, auch seriöse Seiten zeigen die Kuss-Bilder und versuchen sich in einer Analyse der unbekannten »Neuen« LOTTE HOHENFELD. Eine deutsche Society-Lady, vielleicht sogar adelig? Meine Güte. Mehrmals klingelt mein *iPhone*, einmal ist es mein Verleger, der mir mitteilt, dass ein chinesischer und ein amerikanischer Verlag sich brennend für die Auslandsrechte am *Tinder-Prinzip* interessieren. Seine Stimme, die ich bisher erst einmal überhaupt gehört habe, klingt ganz hoch und aufgeregt. Nächste Woche müssten wir uns unbedingt treffen, ganz egal wann, er habe immer Zeit. Im Übrigen sei mein *Tinder-Prinzip* bei amazon aktuell auf Bestseller-Rang Platz 55 »Bücher«.

»Der SPIEGEL-Bestseller ist in Sichtweite!«, freut er sich, »wir schaffen das, jetzt müssen Sie alles geben!«

Was genau er damit meint, erklärt er nicht. Mehrere Zeitungs-redaktionen erkundigen sich bei Tessa, meiner Managerin, ob ich für Interviews zur Verfügung stünde. Ein hohes Tier von Tinder — ja tatsächlich – will wissen, ob dem Kuss-Ereignis eventuell ein Kennenlernen über ihre Plattform voraus ging? Nein? Auch egal, bestünde vielleicht Interesse an einer Werbekooperation? Man habe da schon ein paar tolle Ideen, die man gerne mit mir besprechen würde. Zwei Talkshow-Anfragen gehen ein: LOTTE HOHENFELD sei doch Autorin eines Dating-Sachbuchs, mit anderen Worten also Dating-Expertin, und ob sie nicht an der nächsten Sendung teilnehmen wolle, so ganz allgemein zum Thema Beziehungspsychologie und überhaupt?

Zwischendurch telefoniere ich mit meinem Vater. Nachbarn haben ihm von meinem Kuss im Borchardt berichtet und ihn neugierig gefragt, was da denn los sei. Ich erkläre ihm, er solle sich keine Sorgen machen, es sei eine spontane Aktion gewesen. »Lotte, du machst Sachen. Pass bitte auf dich auf«, seufzt er am Ende der Leitung. Gott sei Dank ist mein Vater kein BILD-Leser und an Social Media erst recht nicht interessiert. Trotzdem macht mir unser Gespräch ein mulmiges Gefühl und ich muss schon wieder an Opas Reihenhaus denken. Egal was passiert, dieses Reihenhaus ist immer da.

Am Abend hat sich der Ansturm gelegt. Ich habe mir noch ein paar Stunden Schlaf gegönnt, sitze jetzt mit der Alpaka-Wolldecke auf Tessas Couch und löffle eine Hühnersuppe, die Tessa mir eben gebracht hat. Zu mir nach Hause kann ich nicht, ein paar Reporter haben meine Adresse herausgefunden und lungern vorm Hauseingang rum.

Ich beschließe einen letzten Blick für heute auf meine Accounts zu werfen. Ich spüre, dass dort Überraschendes auf mich wartet. Als ich Instagram öffne, kann ich es erst nicht glauben. Es ist eine Null dazugekommen. Statt fünfzig- habe ich nun fünfhunderttausend Follower.

Ich muss schlucken und schaue nochmal hin. Es ist nur eine Zahl. Winzige, beleuchtete Punkte auf einem Bildschirm. Information ist kein Stoff, keine »Sache«, nichts, was man beobachten oder konkret messen könnte. Und doch. Millionen Menschen haben auf ihren Nachrichtenapps und Social Media-Accounts LOTTE HOHENFELD gesehen, sich ihren Kuss angeschaut, sie neugierig gegoogelt und fünfhunderttausend von diesen Menschen folgen ihr nun, weil sie gespannt sind, was als Nächstes geschieht.

Dass sich die Followerzahl verzehnfacht hat, ist unglaublich, aber, wenn man drüber nachdenkt, tatsächlich plausibel. All die Leute, die seit gestern meinen Namen im Netz gesucht haben, sind auf eine LOTTE HOHENELD gestoßen, die nicht nur bereits zigtausend Follower und einen beeindruckenden Wikipedia-Eintrag hat, sondern offenbar schon längst in prominenten Kreisen verkehrt. Diese Frau scheint relevant zu sein, so relevant, dass sich jetzt sogar der bekannteste Frauenschwarm der Welt für sie interessiert. Höchste Zeit ihr zu folgen, um künftig nichts zu verpassen. Der Teufel scheißt auf den größten Haufen. Relevant ist, wen andere für relevant halten. Prominenz ist eine Fiktion, die sich rumgesprochen hat.

Je überraschender, widersprüchlicher und unerklärlicher ein Ereignis ist, desto größer ist die allgemeine Verwirrung und Erregung. Und diese beiden sind nichts anderes als unschlagbare Garanten für Aufmerksamkeit.

Die Augen der Welt sind auf LOTTE HOHENFELD gerichtet.

Gesehen werden heißt geliebt werden. Wer nicht geliebt wird, der ist einsam und ungesehen. Jemanden lieben heißt ihn wahrzunehmen, sein Ich aus der Unsichtbarkeit ins Licht zu holen. Doch LOTTE HOHENFELD wird nicht *gesehen* und mithin auch nicht geliebt. Es ist ein Irrtum. Die Welt *starrt* auf LOTTE HOHENFELD, in gebannter Erwartung.

Wenn man in den Abgrund starrt, starrt dieser irgendwann zurück, fällt mir ein Spruch ein, und ich muss laut auflachen. Ein seltsames Lachen ist das, amüsiert, triumphierend, aber auch irgendwie bitter. Ich habe mich noch nie so lachen gehört. Ich hebe meinen rechten Mittelfinger und strecke ihn meinem *iPhone* mit den fünfhunderttausend Instagram-Followern entgegen. You stare at me, I stare at you!

Die größte Dummheit wäre, jetzt zu sterben. Warum mir das durch den Kopf geht, weiß ich auch nicht. Auf dem Höhepunkt der Aufmerksamkeit um sie träte LOTTE HOHENFELD einfach ab, würde unsichtbar und final verschwinden. Sterben, die ultimative Kapitulation des Ichs.

In dem Moment kommt Tessa aus dem Arbeitszimmer, fragt, ob ich vorm Schlafen noch eine weitere Hühnersuppe wolle, sie müsse nochmal vor die Tür. Ich schüttle den Kopf, deute auf meine Instagram-Seite und Tessa lächelt wissend:

»Habe ich schon gesehen, Lottchen. Der absolute Wahnsinn, wirklich.«

Als Tessa weg ist, verbringe ich eine weitere Stunde im Internet. Dutzende Male rufe ich das Kuss-Video auf, entdecke bei jedem Anschauen neue Details und merke, dass ich fasziniert bin. Es wirkt so ehrlich, rein und – wie soll ich es anders ausdrücken – authentisch? Diese Nonchalance beim Küssen eines Weltstars. Irgendwie scheint mir diese LOTTE HOHENFELD im Video eine vollkommen von mir selbst separierte Entität zu sein. Ich sehe mich, aber ich bin einfach nicht da.

Vor der Ledercouch auf dem Boden liegt das goldene Paillettenkleid, genau da wo ich es letzte Nacht ausgezogen habe. Es ist wirklich richtig schön. Ich greife danach, streiche mit der Hand über den goldenen Glitzer und bemerke einen Widerstand am Kragen. Ich fühle mit den Fingern nach. Es ist ein kleiner, knopfartiger Gegenstand. Er wurde offenbar von Innen durchs Futter gesteckt und befestigt. Aber ein Knopf ist es nicht. Plötzlich wird mir klar, was das ist.

Eine Kamera.

Entgeistert starre ich auf das winzige Ding und mir wird heiß. In meinem Kopf rasen Gedanken.

Ich stehe auf, laufe eine Runde durch den Raum, einfach nur, um mich zu bewegen. Dann gehe ich in Tessas Arbeitszimmer.

Es ist dunkel, nur die Standby-Lichter der drei Bildschirme leuchten rot. Draußen regnet es, das gleichmäßige Prasseln gegen die doppelt verglasten Fenster erfüllt den Raum.

Ich merke, dass ich zögere. Was ich jetzt tun werde, habe ich noch nie getan. Weil ich vertraue. Weil ich vieles nicht wissen will. Nicht-Wissen lässt ruhiger schlafen. Und weil ich mir meine Illusionen erhalten will. Auch die über mein Verhältnis zu Tessa.

Langsam gehe ich zum Schreibtisch, berühre die Metall-Maus, die neben der Tastatur liegt. Der Bildschirm wird hell, ich soll das Passwort zum Entsperren eingeben. Ich kenne es, Tessa hat es mal erwähnt. Eine ziemlich seltsame Begriffsfolge, darum habe ich sie mir gemerkt: »*Faserland_ist_abgebrannt*«.

Es klappt, der matt erleuchtete, entsperrte Desktop liegt vor mir. Nur wenige Ordner sind darauf abgelegt. Einer heißt »Lotte«. Ich öffne ihn per Doppelklick. Er enthält mehrere hundert Dateien, einsortiert in Unterordner, ich überfliege die Namen, es sind hauptsächlich Fotos, die mir bekannt sind, auch das von Tessa gefilmte Kuss-Video ist darunter.

Auf einem Unterordner jedoch bleibt mein Blick haften: »*Cam X*«. Die Art der Datei darin ist mir völlig unbekannt. Ich zögere kurz, dann klicke ich darauf.

In einer Kaskade öffnen sich ein Dutzend kleiner Fenster, die sich gleichmäßig über alle drei Bildschirme verteilen, so schnell, dass ich blinzeln muss. In jedem der Fenster startet ohne weiteres Zutun ein Video. In jedem ein anderes.

Ich lasse mich auf Tessas riesigem Schreibtischstuhl nieder.

Und komme mir vor wie im Cockpit von *Alien*. Sigourney Weaver, die per Live-Kamera die Kammern ihres Raumschiffs überwacht.

Ich sehe Kati mit ihren großen Augen, wie sie mich direkt ansieht, dann eine Hand, es ist meine, die ihr Gesicht berührt, ihr eine verrutschte Wimper von der Wange wischt; Kati, wie sie dann ihre Wange an meine Hand schmiegt, die Augen geschlossen, ein Lächeln auf den Lippen.

Ich sehe das Borchardt, als würde ich gerade hindurchgehen, durch die Party von gestern, dann sein Gesicht, rund und doch markant, mit Dreitagebart und Schnitzelpanade im rechten Mundwinkel, langsam kommt es auf mich zu.

Ich sehe die Lars Eidinger-Party, das Gesicht des TikTokers, das mich interessiert angrinst; ich sehe die Bühne des Business-Events; ich sehe Daniela, wie sie mir strahlend die Tür zu ihrer Wohnung im Prenzlauer Berg öffnet.

Mich fröstelt. Ich stelle mir Tessa vor, wie sie hier statt meiner sitzt. Ihr ernstes Gesicht mit den dunklen Augen. Was denkt sie, wenn sie diese Videos betrachtet? Ich frage mich, ob sie lächelt.

Fahrstuhlgeräusche sind zu hören.

Hastig klicke ich mit der Maus auf die kleinen Kreuze am Rande der Fenster, um sie zu schließen.

Gleich wird Tessa zurück sein und das Loft betreten.

Es wird das einzige Mal bleiben, dass ich meine Welt durch ihre Augen sehe.

Kapitel 17

Am Tag danach herrscht allgemeine Hektik.

Denn Tessa hat entschieden, dass wir nach Los Angeles fliegen. Sie hat einen Plan, von dem will sie mir erst im Flugzeug berichten, aber der müsse diese Woche durchgeführt werden, die Umstände seien perfekt. Im Büro wird mich keiner vermissen, ich hatte für die Woche noch Urlaub eingereicht. Ein weiser Zug von mir, sicher zerreißen sich dort alle gerade das Maul über mich. Ich kann froh sein, dass ich nicht da bin.

Während wir unsere Koffer packen, teile ich Tessa mit, dass ich die Kamera im goldenen Paillettenkleid gefunden habe. Die ganze Nacht habe ich gegrübelt, ob ich sie damit konfrontiere, aber ich will einfach wissen, wie sie reagiert. Dass ich an ihrem Computer war und auch all die anderen Videos entdeckt habe, verrate ich nicht.

Wie zu erwarten, reagiert Tessa vollkommen entspannt. Tessa ist Profi, in jeder Hinsicht. Egal bei was, sie würde niemals die Fassung verlieren oder sich einer krummen Sache durch Unsouveränität überführen lassen.

Ja, das mit der Kamera habe sie mir eigentlich vorher schon sagen wollen, aber im allgemeinen Trubel sei es untergegangen. »Aber warum eine Kamera?«, bohre ich nach. Damit wir auch wirklich alles mitkriegen, erklärt sie. Alles mitkriegen? wiederhole ich, nicht wirklich überzeugt. Ja natürlich, antwortet Tessa, alles was geschieht. Der Abend hätte sich schließlich in alle möglichen Richtungen entwickeln können, da habe sie auf Nummer sicher gehen wollen. Ich schaue sie an und mein Blick lässt keinen Zweifel, dass mich diese Erklärung nicht befriedigt.

Tessa lässt die Bluse sinken, die sie gerade in ihren Rollkoffer legen wollte, und sieht mich ernst an.

»Ich will eben, dass es dir gut geht.«

»Und darum überwachst du mich mit einer Kamera?«

Tessa nickt.

»Du weißt, dass ich das immer will.«

Ich sage nichts.

»Das weißt du doch, oder etwa nicht?«, wiederholt sie.

Ich schweige immer noch.

Tessa kommt zu mir, nimmt mein Kinn in ihre rechte Hand und schaut mir in die Augen.

»Solange ich dich kenne, will ich, dass es dir gutgeht.«

Sie sagt es sehr bedacht, sehr langsam. Und ich denke, sie könnte tatsächlich Carrie-Anne Moss sein. In einer sehr überzeugenden Filmszene.

Jetzt habe ich einen Kloss im Hals.

Vermutlich ist es Rührung. Und irgendwie das Bedürfnis, ihr wie ein kleines Kind um den Hals zu fallen.

Diesen Satz hat niemand je zu mir gesagt. Außer einer Person: meiner Mutter. Als ich ein Kind war hat sie es gesagt und später noch einmal. Sehr eindrücklich. Dieses spätere Mal habe ich in einer Schublade meines Unterbewusstseins abgelegt, tief unten, weit verborgen, damit ich nicht daran denken muss. Tessa ist jetzt die Person, die sich darum schert, dass es mir gut geht, und ich glaube es ihr, weil ich es ihr glauben will. Und weil alles, was sie in den Jahren für mich getan hat, dafürspricht. Taten zählen, nicht Worte. Oder etwa nicht? Tessa ist Profi im Lügen. Vielleicht deswegen bilde ich mir ein, dass sie bei dieser Art von Dingen die Wahrheit sagt.

Drei Stunden später sitzen wir im Flugzeug auf dem Weg nach Los Angeles. Und nur fünf Tage später sitzen wir schon wieder im Flieger. Nämlich auf dem Rückflug nach Berlin. Alles, was Tessa in Los Angeles erledigen wollte, haben wir erledigt. Es war der Wahnsinn.

Unter der kalifornischen Sonne schlenderten wir über den Rodeo Drive, blickten wie *Pretty Woman* durch schimmernde Luxus-Schaufenster, aßen Waffeln am Sunset Strip, betrachteten Dinosaurier in den Universal Studios und fuhren im überfüllten Touri-Bus Hollywoods Promi-Residenzen ab. Doch der eigentliche Grund unserer Reise war ein anderer: eine Charity Gala am vierten Abend, irgendwo in einem Luxushotel in Beverly Hills. Tessa war es gelungen, uns kurzfristig und ganz legal auf die Gästeliste zu setzen, ganz offensichtlich hatte der Name LOTTE HOHENFELD direkt das Interesse der Veranstalter geweckt.

»Mensch Lotte, habe ich dir immer gesagt, dein Name ist ein Asset! Selbst die Amis haben sich deinen Namen nach der Kuss-Aktion gemerkt, klingt nach Prominenz und deutschem Adel, einfach genial«, stellte Tessa schon auf dem Hinflug anerkennend fest. Dann fragte sie mich, ob ich noch fit in Karate sei. »Karate, wieso?«, entgegnete ich erstaunt, habe ich nie gemacht, aber fast fünf Jahre Taekwondo, sogar im Verein. Auch gut, meinte Tessa, das sei ja eh alles sehr ähnlich. Keineswegs, widersprach ich, Karate sei japanisch, Taekwondo koreanisch, außerdem gebe es nur im Taekwondo diese spektakulären Kicks im Flug, wie man sie auch in Filmen oft sehe. Noch besser, stellte Tessa zufrieden fest, dann sah sie mich an: »Ich hoffe, du hast noch ein paar davon in petto?«

Tatsächlich war nämlich nicht die Charity Gala unser Ziel, sondern eine gewisse Francesca X: die letzte feste Freundin von IHM. Eine Radiomoderatorin mit italienischen Wurzeln, berüchtigt für ihr aufbrausendes Temperament. Sie hatte mit ihm über einige Jahre eine on-off-Beziehung geführt, angeblich aktuell »off«, Genaues ließ sich der Presse nicht entnehmen. Francesca X war auch als Gast auf der Charity-Gala angemeldet und Tessa spekulierte auf ein effektvolles Zusammentreffen.

Bereits am Tag vor dem Event statten wir dem Hotel einen Besuch ab, Tessa erkundet die Räumlichkeiten, hält sich länger in den Damentoiletten auf. Als sie mit zufriedenem Lächeln zurückkehrt, weiß ich, dass alles in ihrem Sinne vorbereitet ist.

»Alles geregelt«, grinst sie, »Francesca X ist übrigens im Bilde, ich habe ihr eine anonyme Nachricht zukommen lassen, dass du morgen auch da bist. Die Dame soll eine Neigung zur Eifersucht haben.«

Vom Abend selbst, an dem ich auf Tessas Anweisung statt Kleid einen roten Hosenanzug trage, der irgendwie an Uma Thurmans Outfit in *Kill Bill* erinnert, bleiben mir nur die Highlights in Erinnerung. Die Gala selbst war öde, vielleicht weil außer Stargast Lionel Richie, der sein *Ballerina Girl* zum Besten gab, kein Promi da war, den ich kannte. Nach Lionels Auftritt gibt Tessa mir ein Zeichen, es sei Zeit sich frisch zu machen. Und als wir die riesige Damentoilette betreten, steht tatsächlich SIE dort vorm Spiegel: Francesca X. Sie blickt zur Tür, sieht mich und erkennt mich sofort. Ihre Kulleraugen fixieren mich, ihr italienisches Puppengesicht verzieht sich zur Faust und aus ihren aufgespritzten roten Lippen schießen mir folgende, wenig damenhafte Worte entgegen:

»Miserable slut! Puttana tedesca!«

Ihr erster, ebenfalls wenig damenhafter Bauernschwinger verfehlt nur knapp meine rechte Wange, Alter! Ich weiche zurück und direkt stürmt sie wieder auf mich zu, diesmal mit geballten Fäusten. Hier ist keine Technik aber viel Temperament am Werk, soviel steht fest. Ich blocke sie mit dem linken Ellenbogen ab, was sie aber nur weiter anstachelt, wie ein wütendes Aufziehäffchen schleudert sie mir ihre Fäuste entgegen, beim Zurückweichen knalle ich gegen eine der Kabinentüren. Dem Sound nach zu urteilen, dürfte das Holz gebrochen sein, ein stechender Schmerz durchzieht meinen Rücken – so geht es nicht weiter! Mit dem rechten Fuß pushe ich sie in die Kicking Range – Gott sei Dank trage ich Hose – und platziere einen gezielten Kick in ihre Hüftgegend, sie jault auf, stürmt dann aber wieder auf mich zu, ich greife ihren Arm und schleudere sie Richtung Waschbecken, sie taumelt rückwärts. Dieses unterschichtige Gerangel muss ein Ende haben! Es ist Zeit für ihn. Ob ich ihn noch draufhabe? Den Kick aller Kicks – den Tornado Kick. Ich mache einen Schritt auf sie zu, drehe nach rechts, hole Schwung, springe und werfe ihr in einer 360 Grad-Drehung meinen linken Fuß ins Gesicht.

Das war's. Francesca X heult auf, getroffen.

Etwa fünf Minuten später sitzen Tessa und ich im Taxi zurück in unser Hotel. Tessa ist hochzufrieden. Alle von ihr auf der Damentoilette befestigten Kameras haben ihren Dienst erfüllt. Das Videomaterial geht direkt an Sarah, weit weg ins ferne Berlin. Wir lachen über das dumme Gesicht dieser Francesca X und ihr kindisches Geboxe. Und mir kommt wieder das Reihenhaus meines Opas in den Sinn. Warum jetzt schon wieder? Ich habe mir nichts zuschulden kommen lassen! Diese dumme Tante hat schließlich angefangen mit ihrer unterschichtigen Attacke. Das haben wir sogar auf Video.

Auf unserem Rückflug Richtung Deutschland am nächsten Tag sind wir bester Laune. Ich fühle mich beschwingt und aufgekratzt, als hätte ich einen wichtigen sportlichen Wettkampf gewonnen. Tessa hat uns Business-Plätze reserviert, wir trinken Schampus, kichern wie kleine Mädchen und schauen zwischendurch ins Internet. Denn da ist viel los. Ein Video ist auf TikTok viral gegangen, unter dem Hashtag #KungfuBitchfight. Es ist unsere Toiletten-Kampfszene, aufgenommen aus bestem Winkel, erstaunlich scharf und von Sarah perfekt bearbeitet. LOTTE HOHENELD und Francesca X sind natürlich markiert. Doch nicht nur das, ein Ausschnitt daraus, nämlich mein wirklich gelungener Tornado-Kick – von dem ich erheblichen Muskelkater zwischen den Beinen zurückbehalten habe – hat sich verselbständigt. Unterlegt mit Musikschnipseln aller Art, kickt sich LOTTE HOHENFELD durch TikTok, mal kommentiert von Influencern, die versuchen zu ergründen, was genau der Kampfszene vorausgegangen sein mag, mal von irgendwelchen Martial Arts-Trainern, die mit Hilfe des Videos Werbung für ihre Kurse machen und erklären, was ein Tornado Kick ist. Es gibt sogar schon eine App, bei der man sein eigenes Gesicht in den *Kungfu Bitchfight* einfügen kann.

Auch die Boulevard-Presse springt auf den Trend auf, kommentiert das Toilettenvideo mit eigenen Analysen. Womöglich sei es tatsächlich was Ernstes zwischen LOTTE HOHENFELD und dem Weltstar? Anders sei der Eifersuchtsanfall seiner Ex ja kaum zu erklären?

Er selbst, der Weltstar, das Zentrum der Begierde, hat keinerlei Statement abgegeben, weder zum Kuss im Borchardt noch zum Toilettenkampf und überhaupt. Wie jeder Weltstar weiß er zu schweigen. Schließlich ist er Profi. Nur einer seiner Bodyguards wird in der Washington Post mit folgendem Satz zitiert:

»LOTTE HOHENFELD? Sorry, sagt mir gar nichts. Diese Dame habe ich vorher nie bei ihm gesehen.«

Aber wen interessiert das jetzt noch? Ein Bodyguard mag die Wahrheit kennen, aber die Wahrheit ist nicht spannend genug, als dass sich jemand um sie kümmern würde. Die Realität hat eigentlich noch nie jemanden interessiert.

Inzwischen sind wir wieder in Berlin zu Hause. Und zwar in Tessas Loft. Ich übernachte bei ihr, denn weiterhin lungern Leute vor meinem Hauseingang herum. Während ich meinen Koffer entpacke, fühle ich mich seltsam. Nicht wegen der viral gegangenen Toilettenszene, sondern wegen einer Szene im Flugzeug vorhin.

Tessa hat jemanden kennengelernt.

Kapitel 18

Sie saß vor uns im Business-Bereich und als wir die zweite Flasche Champagner in Angriff nahmen, drehte sie sich zu uns um, grinste und meinte, sie wolle mittrinken, bei uns sei definitiv bessere Stimmung als in ihrer Reihe. Amerikanerin, schönes Lächeln, ebenmäßiges, symmetrisches Gesicht, sehr weiße Zähne, wahnsinnig viele und sehr gerade, top definierte Oberarme, Crossfit sei Dank, perfekt gemachte Fingernägel. Trotzdem unaufgeregt lässig. Die Sorte Frau, an der es rein gar nichts auszusetzen gibt, und die einem gerade deswegen ein unangenehmes Hab-Acht-Gefühl beschert. Erfolgreiche Webdesignerin, wohnhaft in Berlin.

Mir war sofort klar, dass Tessa sie attraktiv fand. Tessas Pokerface ist ihre Königsdisziplin, sie verachtet Leute, denen man ihr tiefstes Inneres problemlos aus dem Gesicht ablesen kann. Aber ich kenne Tessa. Und heute konnte ich ihr Gesicht lesen. Ihr Lächeln, eine Spur angetaner als sonst, ihre Blicke, ein paar Sekunden länger als notwendig. Ich war die beobachtende Dritte, Beiwohnerin eines unsichtbaren aber eindeutigen Funkenflugs. Am Ende werden Nummern ausgetauscht, was für ein amüsanter Flug das doch war, bald will man sich in Berlin wiedersehen. Auch wenn niemand es ausspricht: ich bin nicht Teil dieser Verabredung.

Während ich meinen Koffer auspacke, kann ich an nichts anderes mehr denken. Ich habe mich bei Tessa in völliger Sicherheit gewogen. Ich bin ihr Lottchen, basta. Daneben gibt es keinen wirklich wichtigen Menschen in ihrem Leben. Niemand kann sie mir wegnehmen. Und nun das. Was hat die Amerikanerin gedacht, als sie uns sah? Zwei gute Freundinnen? Könnten Tessa und ich nicht genauso gut ein Liebespaar sein? Tessa, der dunkle Engel mit den kurzen, schwarzen Haaren, sehe ich aus wie ihre kleine Schwester? Ich könnte ihre große Liebe sein, zumindest doch wohl ihre hotte, blonde Affäre?

Hat diese Amerikanerin direkt durchschaut, dass ich nur Tessas verhätscheltes, unselbständiges Anhängsel bin, ihr Protegé, sie meine »Managerin«?

Mein Kopf ist leer. Und ich spüre ein ziehendes Gefühl in der Magengegend, als würde sich etwas in mir verkrampfen. Es ist Eifersucht. Und Eifersucht ist Angst.

Ich kann mich nicht erinnern, wann ich das letzte Mal so gefühlt habe.

Meine Versuche, Teil eines Paares zu werden, waren in theoretischen Ansätzen steckengeblieben. Nur Männer, bei denen ich mir instinktiv sicher sein konnte, dass sie das Potenzial besaßen, mich totunglücklich zu machen, kamen als Objekte meiner Begierde überhaupt in Frage. Die zumindest zu erahnende Fähigkeit, mir Herzschmerz zu bescheren, war quasi Dating-Voraussetzung. Mit einer gewissen Wonne suhlte ich mich bereits in der Kennenlernphase im masochistischen Wissen, dass mein Schmachtobjekt irgendwann feststellen könnte, dass ich doch nicht die war, die er sich erdacht hatte. Das Drama stieg, wenn ich merkte, dass ein Date sich zurückzog, das Interesse verlor, subtile Anstalten machte, mir mitzuteilen, mich nicht mehr sehen zu wollen. Das war Hollywood, der Kitzel der Zurückweisung, die Challenge, den anderen doch noch von der eigenen Großartigkeit zu überzeugen, der prickelnde Rausch der Hormone. Kurzgesagt: nur die zumindest leichte Ahnung bevorstehenden Dramas löste emotional irgendetwas bei mir aus. Sind Schmerz und Sehnsucht nicht die größten aller Gefühle? Was wollen wir coolen, selbständigen Frauen, wenn wir weder den Schoß der Ehe noch den Ernährer suchen? Wir wollen Hollywood! Wir wollen spüren, dass wir etwas Besonderes sind, weil jemand ganz Besonderes etwas Besonderes in uns sieht. Warum sonst sind so viele auf der Jagd nach unbezwingbaren Arschlöchern? Verfolgen sie wie *Ice-Age*-Eichhörnchen Scrat die ominöse Supernuss, um sich dann von der Supernuss unterdurchschnittlich galant behandeln zu lassen. Was ich suchte, war eine Herausforderung. Ich suchte jemanden, der etwas in mir sah, was besser, krasser oder cooler war als das vorhandene Material. Jemanden, der es wert war, diese Version meiner selbst aus dem Sack zu lassen.

Ich bin nicht blöd. Ich habe Psychologie studiert. Das war keine Liebe. Das war Rausch. Im Grunde reiner Narzissmus. Tatsächlich blieben einige Herren am Ball, woraufhin die Projektion des Dramas augenblicklich verpuffte. Ein Kerl, der mich vergötterte, und das tat manch einer, wenn mein Interesse an ihm nachließ, wurde zur Witzfigur, einem lächerlichen Würstchen, egal wie gut er aussah, wieviel Geld oder Muskeln er hatte. Es war ein Jammer.

Ein paarmal wurde mir das Herz gebrochen. Henning aus dem Studium, Sohn eines Metzgers, er hatte so was Hemdsärmeliges, Grobes. Ich liebte es, ihn zu beobachten, wie er vor sich hinredete, manchmal hatte er dabei diesen Blick. Etwas Jungenhaftes, Bedürftiges trotz seiner rauen Optik. Dieser hilflose Blick, der hat mich gekriegt. Ich überlegte, ob man sich aus Mitleid verlieben kann, was verrückt wäre, aber offenbar möglich, und ich dachte sogar mal kurz nach, ein Buch darüber zu schreiben. Irgendwann fiel mir ein Foto meines Vaters aus Kindheitstagen in die Hände, sein Blick darauf war wie der von Henning.

Ich war nicht Hennings Typ. Ein paarmal hatten wir Sex, auf mein Betreiben. Er mochte mich, wie man halt eine gute Freundin mag, der man sich nicht ins Gesicht zu sagen traut, dass man eigentlich nicht auf sie steht, was mich irgendwie rührte. Die Unmöglichkeit, sein Herz zu knacken, hielt mich bei der Stange, als enge Vertraute umkreiste und belauerte ich ihn, erprobte die

Tricks der indirekten Verführung, am Ende des Studiums war er verlobt, mit einer, die das Gegenteil von mir war. Attraktiv fand ich sie nicht. Aber das half nicht, es versetzte mir einen Stich. Jahre später, wir hatten uns längst aus den Augen verloren, traf ich Henning zufällig an einer U-Bahnstation, inzwischen war er Vater, angedickt, mit silberner Brille. Mir war rätselhaft, was ich je in ihm gesehen hatte.

Die meisten anderen Amouren waren weniger erwähnenswert. Einige traf ich ebenfalls später wieder, ein rastloser Abenteurer war nun Steueranwalt im Staatsdienst, ein unwiderstehlicher Herzensbrecher, Alleinerziehender mit schütterem Haar. Sind es nicht Träume, in die wir uns verlieben? Träume haben eine begrenzte Haltbarkeit.

Ein einziges Mal hatte ich eine Wohnung zu zweit angemietet, was mir schon nach kurzer Zeit Fluchtgedanken bescherte. Als ließen siebzig Quadratmeter Wohnfläche für zwei Menschen nicht genügend Luft zum Atmen. Das Konzept trauter, männlich-weiblicher Zweisamkeit schien nicht für mich gemacht zu sein.

Ich hatte mit Kerlen in ihren verrauchten Studentenbuden rumgelungert, sie mir die Welt erklären lassen, mit ihnen getrunken, gevögelt und gekifft. Platon schrieb von zwei Kugelwesen, die sich zeitlebens suchen und zu einem werden wollen. Ich hatte Kerle unterschiedlichster Sorte geliebt, dreckig, maßlos, manchmal wahnsinnig, aber nach dem Sex fühlte sich immer alles an wie vorher. Menschen sind getrennte Wesen, auch wenn sie dem Traum vom vereinigten Kugelwesen hinterherrennen. Ich hatte mich als einzelnes Kugelwesen eingerichtet.

Doch das Leben ist ein kalter, unwirtlicher Ort. Und im Grunde war mir klar: Ich suchte schon lange kein Drama mehr. Ich suchte ein Zuhause. Die Jahre mühsamer Liebesversuche lagen hinter mir. Ich wollte mich ausruhen. An einem sicheren Ort. Und das war bei Tessa.

Ich lasse von meinem halb leeren Koffer ab, ich habe keine Lust weiter auszupacken. Ich frage mich, wo Tessa ist, und mir fällt ein, dass sie sich hinlegen wollte.

Ich gehe in ihr Schlafzimmer. Die Vorhänge sind halb zugezogen. Sie liegt tatsächlich im Bett. Die Klamotten, die sie im Flugzeug trug, hat sie noch an, mit angewinkelten Beinen liegt sie seitlich auf der Bettdecke, den Kopf auf der linken Hand abgelegt. Sie schläft.

Ihre dunklen Haare glänzen im einfallenden Sonnenlicht. Ihr Gesicht mit den geschlossenen Augen liegt im Schatten.

Ich setze mich neben sie auf den Bettrand. Ich betrachte ihre im Schlaf entspannten, ernsten, schönen Züge. Und denke, dass sie mir eigentlich ein Rätsel ist. Wie sie so daliegt, könnte sie mir genauso gut fremd sein. Doch ich habe dieses Privileg, dass sie mich mag. Selbst wenn alles, was ich von ihr zu wissen meine, reine Projektion sein sollte, fühle ich mich ihr völlig vertraut. Denn sie ist mein Zuhause. Ich bin das Vögelchen, das bei ihr rechtzeitig vorm Wintereinbruch untergekommen ist. Das Vögelchen, außen tough und sorglos, im Inneren voller Zweifel. Tessa ist mein Winternest.

Vorsichtig strecke ich die rechte Hand aus und halte sie ihr vor die Nase. Ich will überprüfen, ob sie atmet. Sie tut es.

Ich weiß, es ist lächerlich. Vermutlich eine Urangst von mir: die unbestimmt nagende Gewissheit, dass alles, was einen Zustand von Glück bedeutet, nicht von Dauer sein kann. Seit ich sie kenne, war Tessa die Antwort auf Fragen, die ich nie gestellt hatte. Sie war meine Familie. Ihr größter Verdienst war, dass sie mich liebenswert fand, und ich mir einbildete, dass sie niemandem sonst dieses Gefühl entgegenbrachte. Zu ihren Assistentinnen war sie freundlich aber nicht übertrieben zugeneigt. Liebhaberinnen von ihr, die es zuweilen gab, aber nie von Dauer, hatte ich nur zwischen Tür und Angel kennengelernt. Aus irgendeinem Grund war ich überzeugt: Tessa und ich würden zusammen alt werden.

Ich betrachte Tessa im Schlaf, wie ihre Nasenflügel beim Ausatmen leicht vibrieren. Und ich muss an die Bar in Pankow denken, an den Abend, als wir uns kennenlernten.

Ich erinnere mich an einen kühlen Schauer, als ich sie auf der anderen Seite der Bar stehen sah. In ihrer dunklen Lederjacke mit dem blau-weiß-gestreiften Hemd. Eine Mischung aus Aufregung und Befremden. Ein Gefühl, das einen im Leben nur selten befällt. Als habe soeben ein schicksalsentscheidender Mensch die Bühne betreten. Doch das aufgewühlte Gefühl legte sich rasch, vermutlich weil Tessa mir wie eine überlegene, aber gleichzeitig wohlmeinende, große Schwester entgegentrat. Bei Tessa gab es kein Drama, sondern abends Hühnersuppe. Tessa war besonders darin besonders zu sein, Tessa war echtes Hollywood. Aber Tessa ließ mich nicht leiden und hatte es auch nicht vor. In der Bar in Pankow hatte ich ihn einen Moment verspürt, den Hauch des möglichen Dramas. Aber Tessa ersparte mir das Drama und wurde meine große Schwester.

Tessa weiß vieles über mich. Was weiß ich über sie? Manches habe ich mich nie zu fragen getraut: ihre größte Liebe, überhaupt ihre Vergangenheit. Bei Fragen nach früher antwortete sie stets überlegt, aber abschließend, in die Details ging sie selten. Heute ist heute, gestern ist gestern, pflegte sie zu sagen. Bei ihr lag mir stets das Herz auf der Zunge. Ich war das Schulkind, das Mutti mittags alles von der Schule erzählt, während Mutti verständnisvoll lächelnd zuhört.

Auch wenn sie mir in gewisser Weise unbegreiflich war, fühlte ich mich dennoch vollkommen sicher bei ihr. Ich vertraute ihr alles an, jeden unerhörten Gedanken, jede Peinlichkeit. Und ich liebte Tessa dafür, dass sie mich liebte, obwohl ich nur dieses kleine, bedauernswerte Lottchen war.

Ein einziges Mal haben wir uns geküsst. Es war in einer Bar in Kreuzberg, und eigentlich nur, um einen hartnäckigen Verehrer zu vertreiben. Tessa lächelte, wartete nicht ab, was ich tat. Ihr Kuss war überraschend, innig und zärtlich. Ich verlor ein wenig das Gleichgewicht, musste mich an der Theke abstützen. Sie lächelte. Ein verschmitztes Lächeln, das sagte »schau an« oder auch »siehst du?«.

Wenn Tessa schweigt ist sie am schönsten. Ihre Augenbrauen sind dann leicht zusammengezogen, dazwischen eine feine Denkfalte, die nicht verhärmt sondern besonders aussieht. Meist habe ich keine Ahnung was sie denkt.

Jetzt sitze ich hier auf Tessas Bettrand und betrachte sie, wie sie schlafend vor mir liegt. Und plötzlich, wie aus dem Nichts, überkommt mich eine Erinnerung.

Ich liege im Gras, ich muss etwa acht Jahre alt sein, neben mir eine weitere Person, ein Mädchen. Vogelgezwitscher über uns, der Geruch von Gras und Blumen, Sonnencreme auf der Haut, Kindheit. Die Wiese hinter unserer Wohnanlage, der kleine Tümpel am Waldrand mit den Molchen. Buntes Wassereis und saure Gummi-Gurken. Rollschuhe zum unter die Schuhe schnallen, der Geruch von Chlor auf der Haut, wenn man den ganzen Tag im Schwimmbad war.

Ich merke, dass mir Tränen in die Augen schießen – und auf einmal sehe ich es ganz klar: neben mir im Gras liegt ein schwarzhaariges Mädchen. Die Brust wird mir eng, als würde in mir irgendetwas still aufschluchzen und gegen meine Rippen pressen.

Sie hieß Katinka und ging in meine Klasse, nur zwei Jahre lang. Es waren die schönsten meines Lebens. Ich trug Zöpfe, sie auch, meine blond, ihre schwarz, kohlrabenschwarz, ihr Gesicht war ebenmäßiges und ernst. Wie das einer Madonna. Wenn sie etwas sagte, egal was es war, ein belangloser Satz, ein »geht's dir gut?«, hatte ich das Gefühl, etwas Bedeutsames, vielleicht Brillantes gehört zu haben. Als hätte mit ihr ein unweltliches, höheres Wesen, jemand, den es eigentlich nicht gibt, ein Wesen reiner Schönheit, mein Leben betreten. Wir lagen auf der Wiese, hielten uns an den

Händen, und ich konnte mein Glück kaum fassen, dass dieses perfekte Wesen mich als ihre Freundin auserkoren hatte. Ich behütete sie wie meinen Augapfel. Ein freches Wort vom Klassenrüpel und ich stand direkt neben ihr. Ich teilte mit ihr meine Schulbrote, holte sie vor der Sportstunde zu Hause ab, half ihr bei den Matheaufgaben. Katinka war Halbwaise, ihr Vater schon älter, mit einem kaputten Bein. Als wir in die vierte Klasse kamen, zogen sie weg. Ich erinnere mich, wie ich nachts in meinem Bett weinte. Und ich erinnere mich an eine seltsame, tiefsitzende Trauer, die sich irgendwie einbrannte und nie wieder ganz wegging. Als wäre mir das Glück im Leben bereits begegnet, mir dann aber unwiederbringlich aus den Fingern geglitten. Meine Klassenlehrerin, die auch Religion unterrichtete, schenkte mir zum Abschluss der Grundschule das Taschenbuch *Hallo, Mr. Gott, hier spricht Anna*, in dem sie vorne als Widmung eintrug, sie wünsche mir die Leichtigkeit, ein guter und fröhlicher Mensch zu werden. Das Buch liegt bis heute nahe meinem Bett, und solange ich es besitze, frage ich mich, ob meine Lehrerin mir mein Innerstes aus dem Gesicht ablesen konnte.

Manchmal überkommt mich diese plötzliche, schmerzende Sehnsucht nach meiner kleinen, blassen Schulfreundin. Ich muss dann innehalten, kann kaum schlucken und frage mich, wie rührselig man sein kann. Als sei das Leben nicht weitergegangen und die Geschichte nicht drei Jahrzehnte her. Dann liege ich plötzlich in meinem Kinderzimmer, vielleicht vierjährig im Bett, Mutter kommt rein, zieht die Vorhänge auf, Kindergarten, Schweinebraten, trällert sie, findet es lustig und kitzelt mich. Und ich erinnere mich, dass ich damals das Gefühl hatte, nichts könnte mir im Leben zustoßen, solange dieser Moment nur auf ewig anhalten möge.

In wenigen Momenten, vielleicht an einer Hand abzuzählen, verspürte ich das Bedürfnis ein Kind zu haben. Ein kleines

197

Mädchen mit schwarzen Zöpfen. Dahinter steckt zweifellos der Wunsch, einen anderen Menschen mit Haut und Haar zu lieben, sich ihm völlig auszuliefern. Aber ich weiß, es ist nur die egoistische, sentimentale Sehnsucht, die Uhr zurückzudrehen. Ich habe mich eingerichtet, mich kann nichts erschüttern. Jeden Kerl, jede Affäre überstand ich leicht, nichts hat mich wirklich umgehauen. Ich sehe jünger aus als ich bin. Ich bin beliebt, zumindest gibt es genügend Menschen, die sich um mich bemühen. Wenn ich es möchte, komme ich gut an. Wenn ich es darauf anlege, gelingt es mir, Männer in mich verliebt zu machen. Ich kenne die Tricks, ich weiß, wie ich durchkomme. Ich kann erraten, wie man mich gerne hätte, und das kann ich abliefern, ich bin geschickt. Ich schlafe gut. Mir fehlt nichts. Ich vermeide es enttäuscht zu werden. Ich kenne die Menschen, ich habe sie durchschaut, ich erwarte nicht viel von ihnen. Mich kann nichts mehr aus der Bahn werfen. Und seit sechs Jahren ist Tessa mein Mädchen mit den schwarzen Zöpfen.

Jetzt, da sie neben mir schlafend auf dem Bett liegt und ich sie betrachte, frage ich mich einen winzigen Moment lang, ob sie nicht tatsächlich die erwachsene Katinka sein könnte.

Seit ich sie kenne, war Tessa da. Als die Ärzte einen bösartigen Tumor in der Lunge meiner Mutter fanden, obwohl sie nie geraucht hatte. Als nach Mutters Tod die Zeit stillstand, und sich um meinen Körper ein Nebel ausbreitete, durch den ich nur verschwommen blicken konnte, so verschwommen, dass ich das Bedürfnis hatte, für immer zu schlafen. Als ich mich nach endlosem Schlafen aufmachte, die Nächte im Berghain zu verbringen, Wodka ohne Wasser trank und irgendwann vom Toilettenboden aufgelesen wurde. Ich erwachte im Krankenhaus und sah ihr Gesicht.

Und jetzt, da ich es neben ihr sitzend wieder betrachte, klingelt plötzlich die Türglocke.

Tessas Augen öffnen sich, einen Moment blicken sie verwirrt, schlaftrunken, sehen mich, dann klingelt es wieder.

Während Tessa aufsteht und zur Tür geht, gehe ich zurück ins Wohnzimmer, wo mein halb ausgepackter Koffer wartet. Ich höre eine Stimme. Es ist die Amerikanerin. Gedämpftes Lachen, Tessa kommt ins Wohnzimmer.

Sie wollen noch einen Drink nehmen gehen, irgendwo in der Nähe, ich solle nicht warten, aber sehr spät werde es sicher nicht werden.

Jetzt bin ich allein im Loft. Ich liege auf der Ledercouch und habe Tessas Fernseher angemacht. Ich kann mich nicht erinnern, wann ich das letzte Mal alleine ferngesehen habe. Auf dem Bildschirm flimmern Szenen eines alten Tatorts, wovon er handelt, weiß ich nicht.

Ich starre auf das Flimmern, sehe durch es hindurch, bis es mit der Umgebung zu etwas Waberndem verschwimmt.

Jetzt ist gut, Lotte. Du hast geweint, jetzt reicht es. Es ist Zeit zu schlafen, wir machen die Augen zu. Nein, Mama, ich kann nicht schlafen. Natürlich kannst du. Es wird alles gut werden. Nein, nie wurde alles gut.

Ich sitze auf dem Beifahrersitz eines Autos. Tessa sitzt neben mir am Steuer. Wir fahren schweigend auf der Autobahn, wohin weiß ich nicht. Außer uns ist kein anderes Auto zu sehen. Die Landschaft ist kahl und menschenleer. Irgendwann halten wir an. Mitten im Nichts. Tessa dreht sich zu mir, sieht mich an. Sagt nichts. Die Beifahrertür neben mir öffnet sich, wie von Zauberhand. Ich sehe Tessa an. Sie nickt. Wie in Trance greife ich nach dem Türgriff, öffne die Tür ganz, steige aus. Stehe im Nichts am Rand der Fahrbahn. Die Tür schließt sich. Das Auto fährt los, ich bleibe zurück.

Ich schrecke hoch. Mein Herz pocht wie wild. Der Raum um mich herum ist dunkel. Ich bin auf der Ledercouch eingeschlafen, es muss Nacht sein. Und ich fühle etwas, das schlimmer ist als Schmerz. Es ist das Grauen. Das Grauen, vollkommen verlassen zu sein.

Fahrstuhlgeräusche sind zu hören, kommen näher. Jemand betritt das Loft. Es ist eine einzelne Person. Ich sehe die Umrisse von Tessa, die das Wohnzimmer betritt. Das Parkett knarzt unter ihren Bikerboots. Sie kommt zu mir zur Ledercouch. Nur das Licht des tonlos flimmernden Fernsehers erhellt den Raum. Tessa kniet sich vor mich vor die Couch. Ihr Gesicht ist jetzt vor mir im Dunkeln, ich sehe nur ihre Umrisse, aber ich spüre, wie ihre Augen mich betrachten. Ich fühle ihren kühlen Atem, rieche ihren Duft, Tom Ford, Soleil Blanc.

Eine ganze Weile hockt sie vor mir vor der Couch, ich mache nichts, blicke einfach zurück, dahin, wo ihr Gesicht in der Dunkelheit liegt. Ich spüre, dass meine Augen verklebt sind. Ich bin nicht fähig, irgendetwas zu sagen.

Jetzt nimmt sie mein Gesicht in ihre Hände, die nicht kalt sind, sondern warm und zart, und küsst mich auf den Mund.

Kapitel 19

Als wir am nächsten Morgen frühstücken, ist alles wie immer. Weder Tessa noch ich sprechen die Sache mit der Amerikanerin an. Und niemand thematisiert den Kuss.

Ich habe Angst davor. Tessa ist mir nichts schuldig, sie kann daten wen sie will. Jetzt ein Commitment von ihr einzufordern, ihr gar eine Szene zu machen, weil sie einen anderen Menschen attraktiv findet, womöglich unter Tränen, wie so ein Kind, das fürchtet am Rand der Autobahn zurückgelassen zu werden, es wäre erbärmlich. Es wäre ein Bekenntnis, hilflos und abhängig zu sein. Es würde mich unattraktiv machen. Schwäche ist der Tod der Verführung. Damals in der Bar in Pankow habe ich ihren Eignungstest bestanden. Aber wer sagt, dass der Test noch gültig ist? Ich habe Panik, es doch noch zu vermasseln. Panik, dass das armselige Lottchen am Ende doch nicht das war, was Tessa gedachte zu adoptieren. Vor allem habe ich Panik, dass man mir meine Panik anmerkt. Angst ist Schwäche.

Am Nachmittag kehre ich in meine Wohnung zurück. Im Briefkasten liegen Schreiben von irgendwelchen Pressemenschen, die um Interviews bitten. Ich frage mich, wie sie meine Adresse rausgefunden haben. Im Internet findet man eigentlich nur die Kontaktdaten meiner Managerin.

Das Leben geht weiter. Mein Urlaub ist vorbei, ich gehe wieder ins Büro. Mein Chef meint nur, er hoffe, dass meine Auszeit erholsam war, aber natürlich weiß er, was los war, selbst wenn er es nicht selbst mitbekommen hat, haben ihm die Kolleginnen mit Sicherheit detailliert berichtet. Die wiederum fragen neugierig, ob ich IHN denn noch treffen würde und ob ich denn wegen IHM in Los Angeles gewesen sei. Ich antworte vage, auch Hollywoodstars seien nur Menschen, aber gut küssen könne er natürlich. Ich spüre, dass sie mich hassen für diese Aussage. Die Stimmung im Büro ist seltsam, das Portfolio wurde neu aufgeteilt, zwei meiner Kunden betreut jetzt eine Kollegin im Nachbarteam. Eine Sechzigprozent-Stelle wie meine sei für diese Key-Mandate nicht geeignet, behauptet mein Chef.

Was LOTTE HOHENFELD angeht, läuft es super. In fünf abendlichen Talkshows war ich in den letzten Wochen zu Gast, eine davon sogar live. Ich hatte keine Bedenken, die Einladungen anzunehmen, und die Auftritte fielen mir erstaunlich leicht. Wie so ein abgebrühter Profi saß ich im Scheinwerferlicht, obwohl ich vorher noch nie im Fernsehen war. Ich stellte mir einfach vor, das sei alles ganz normal. Interviews sind das Normalste der Welt. Genauso wie die Schminkerei vor den Sendungen. Miriam hat mich oft genug geschminkt. Die lichtschluckende Make-up-Pampe im Gesicht, die einen im Garderobenspiegel aussehen lässt wie so eine gruselige, leichenblasse Schaufensterpuppe, irritierte mich nicht. Beim späteren Anschauen der Sendungen in den Mediatheken kam es mir vor, als sei eine mir ähnelnde Schwester dort zu Gast gewesen. Klar, ich weiß schon, dass ich Einzelkind bin.

Und natürlich ist mir klar, warum ich in die Sendungen eingeladen wurde. Nicht weil man meint, ich hätte etwas Bedeutsames beizutragen, nein, ich werde eingeladen, weil ich LOTTE HOHENFELD bin. Warum finden studierte Frauen nur schwer einen Partner? Lasst uns LOTTE HOHENELD einladen. Female entrepreneurship? Warum nicht LOTTE HOHENFELD? Unsere Lieblingsstars der 90er? Da würde doch LOTTE HOHENFELD prima reinpassen. Wie sorgt frau fürs Alter vor? Da kann doch sicher LOTTE HOHENFELD was zu sagen.

Ich weiß, was in den Köpfen der Fernsehmacher vor sich geht. Bei der Hohenfeld schalten die Leute ein. Wer will nicht wissen, mit wem ER im Bett war?

Ich sitze im grellen Licht der Studios, blicke durch staubig trockene Luft und sehe mich selbst dort sitzen. Ich höre mich reden über mein Gertenschlank-Geheimnis, meine Erfahrungen als Start-up-Investorin und warum es so schwer ist, heute eine Frau zu sein. Ein Moderator fragt mich neugierig, wie ich es denn geschafft hätte, aus mir eine erfolgreiche Personenmarke zu machen, gefühlt sei ich ja ständig im Fernsehen zu sehen. Du Vollidiot, denke ich, du weißt ganz genau, warum ich hier sitze. Weil mich gerade jeder einlädt. Den Hype will keiner verpassen, mit mir gibt's Klicks und Reichweite, so geht Personenmarketing. Aber natürlich sage ich das nicht, schenke dem Moderator stattdessen mein freundlichstes Lächeln und erkläre mit ernster Miene:

»Disziplin und Durchhaltevermögen. Das ist das Allerwichtigste. Damit kann es jeder schaffen.«

In Talkshows zu sitzen, Interviews zu geben, sich selbst reden zu hören, das alles verschafft Genugtuung. Freude wäre hier das falsche Wort, ich will ehrlich sein: es ist Schadenfreude. Ätsch, hier sitze ich nun und ihr anderen nicht. Mein Körper badet in der Aufmerksamkeit, ich sag's euch, die Dopamin-Ausschüttung knallt gerade richtig, und ihr Loser müsst mir zuhören. Schau an, jetzt habt ihr euch sogar mein *Tinder-Prinzip* gekauft. Warum nicht gleich so?

Manchmal denke ich an Kati. Ich wäre gerne so naiv. Wenn sie mir ein Stück ihrer Naivität abgeben könnte, vielleicht ließe sich alles ein bisschen aufrichtiger genießen.

Es ist erstaunlich, wie locker mir die LOTTE HOHENFELD von der Hand geht. Ich bin von mir selbst überrascht. Ich habe eine gute Fantasie. Tessa, Sarah und ich haben eine Figur kreiert, in die ich mühelos hineingewachsen bin. Ein Ich kreieren, in das man sich einfügt, auf der sozialen Bühne spielt, so konsistent wie möglich, vermutlich ist es die Conditio Humana. Manch einer perfektioniert sich darin. So wie ich in LOTTE HOHENFELD.

Einmal abends treffe ich Adele auf einen Drink. Sie hat mich angerufen. Sie könne nachts schlecht schlafen und auch tagsüber gehe es ihr nicht gut. Weiterhin postet sie ihre luxuriösen Modefotos, mal vom Strand in Malibu, mal von Gosch auf Sylt. Aber die Sache zündet nicht, ihr Account stagniert. In der Modeszene hat sie keiner auf dem Schirm, zu wenig Reichweite, zu wenig Relevanz. Bei VOGUE und Elle kennt sie keiner. Adele folgt Caro Daur, aber Caro Daur folgt ihr nicht. Adele erzählt, manchmal verspüre sie in sich so einen seltsamen Drang, obszönes Zeugs statt schöne Fotos zu posten. Nachts träume sie sogar davon, wache dann schweißgebadet auf und müsse auf ihrem Smartphone nachschauen, ob noch alles in Ordnung sei. Das nennt man Zwangsgedanken, erkläre ich ihr fachkundig, schließlich habe ich Psychologie studiert, nicht wenige Menschen leiden unter so was, und man kann sich Hilfe holen. Zum Beispiel bei diesem sehr guten Therapeuten in der Karl-Marx-Straße.

Jetzt sitzt Adele vor mir in der Bar Milano. Neben ihr auf der Sitzbank ihre Hermès Birkin Bag. Hätte sie es mir nicht mal erklärt, wüsste ich gar nicht, was das ist und vor allem nicht wie teuer: über dreißigtausend Euro. Wie Gollum seinen Schatz hütet Adele ihre Birkin Bag. Ein kleiner Hauch Unsterblichkeit. Ein Bollwerk gegen die Bedeutungslosigkeit. Ich wünsche ihr, dass andere Leute nicht so dumm sind wie ich und sofort erkennen, was sie da durch die Gegend trägt.

Doch das interessiert sie gerade alles nicht. Mir ist schon klar, warum Adele mich treffen wollte. Das Fünkchen Hoffnung, ich könnte ihr Tipps geben, wie es doch noch klappt mit ihrem »fame«. Ich seufze und erkläre ihr, dass auch ich kein Geheimrezept kenne. Der Kuss im Borchardt? Eine glückliche Fügung aus der Situation geboren. Garantiert nicht wiederholbar. Klar kann ich sie nochmal in meinen Stories markieren, aber so richtig viel hat das beim letzten Mal auch nicht gebracht, schließlich bin ich keine echte Mode-Influencerin.

Adele sieht blass aus und übernächtigt. Sie hat abgenommen. Heute sitzt sie das erste Mal nicht perfekt geschminkt vor mir. Einen Moment will ich aufstehen, mich zu ihr setzen und sie in den Arm nehmen. Ich denke, sie hat es nötig. Aber so nah sind wir uns nicht. Außerdem sitzt neben ihr die Birkin Bag.

Mensch Adele, sage ich stattdessen, mach doch mal Urlaub. Gönn dir eine Auszeit, geh zur Kur an den Tegernsee, da warst du doch schon mal, lass dich verwöhnen. Vielleicht kaufst du ein neues Pferd? Fängst mit Polo an oder so? Die Welt steht dir doch offen.

Aber Adele ist nicht zu helfen. Da kann ich auch nichts machen. Adele wünscht sich nur eine Sache: relevant sein. Sie will gesehen werden und zwar nicht nur von mir oder ihren verwöhnten Freunden. Sondern von Leuten, auf die's wirklich ankommt. Die Hölle, das sind immer die anderen.

Als ich nach dem Treffen mit Adele zu Fuß nach Hause gehe, bin ich nachdenklich. Ich habe jetzt fünfhundertzwanzigtausend Instagram-Follower. Laut Google gibt es eine halbe Million Beiträge mit meinem Namen. Beweise meiner Existenz, Schutzschilder gegen die Vergänglichkeit. Aber es bedeutet mir nichts. Der Spaß ist vorbei. Es ist nur eine Zahl. In der Bar vorhin erkannte mich der nette Kellner und bat um ein gemeinsames Selfie. Ich war gerührt, natürlich bekam er eins, aber mit Stolz oder Freude hat es mich nicht erfüllt.

Das Toilettengerangel in Los Angeles. Eine absurde Szene, eine sinnfreie Eifersuchts-Keilerei um nichts, um einen spontanen Kuss, der, man kann es wohl so sagen, auch um nichts anderes als sich selbst zirkulierte. Meine Güte, Lotte, auf was für Pulver warst du im Borchardt? Gratulation, du hast das Nichts perfektioniert. Aus Nichts ein noch größeres NICHTS gemacht, dem bald sechshunderttausend Leute folgen. Ergötz dich ruhig gründlich daran, immerhin ein kleiner Trost, nicht wahr? Mehr hast du ja nicht.

LOTTE HOHENFELD, ein perfekt kreiertes Wesen, geradezu kohärent in ihrer Aufstiegsgeschichte, der rote Faden ihrer Existenz strebt vom Borchardt himmelwärts. Du hast aus deiner Existenz digitale Essenz extrahiert. Und wofür? Für ein billiges Bühnenstück. Seien wir ehrlich, Lotte, wenn du heute stirbst, wird es in der BILD stehen, aber kein Follower wird dir eine Träne hinterherweinen.

Aus irgendeinem Grund kommt mir jetzt Lady Di in den Sinn. Verrückt, ich weiß. Die erste Ehefrau von Charles III, die Ende der Neunziger bei einem Autounfall starb. Nach ihrem Tod fand die größte Trauerzeremonie statt, die die Welt je gesehen hatte, Millionen Menschen weinten, Millionen Blumen säumten den Buckingham Palace. Auch ich, noch ein Kind damals, habe geweint. Und warum? Die Princess of Wales galt als die Königin der Herzen, Grund war ihr soziales Engagement. Die sozialen Medien gab es noch nicht. Was, wenn es sie gegeben hätte? Wenn Diana ihr Glamourleben, ihre Red-Carpet-Auftritte, ihre Morning Routine, ihre Werbekooperationen, ihre Promi-Freunde, ihre tägliche Meinung zu diesem und jenem ins Netz gestellt hätte? Sie hat es nicht. Was uns in Erinnerung blieb, war eine Diana, die am Bett von Kranken saß, ihnen Mut zusprach, die Schwachen und Einsamen die Hände schüttelte, kahlköpfige, krebskranke Kinder im Arm hielt. Diana war eine Medienikone, die meistfotografierte Frau der Welt, keine Frage, doch es schien nicht so, als giere sie aktiv nach diesem Platz, im Gegenteil, das wohl Attraktivste an ihr war ihr schüchternes Lächeln, dass sie sich zeitlebens bewahrte. Im Herzen blieben nicht Views oder Klicks, sondern gütige Taten.

Während ich die Eingangstür des Mietshauses, in dem ich wohne, aufschließe, kommt mir schon wieder das Reihenhaus meines Opas in den Sinn. Diesmal nicht aus Sorge, sondern weil ich mir mich selbst im Garten vorstelle. Wie ich das Tor neu streiche, türkis statt grün wäre nett, wie ich Tomaten anpflanze, Chilischoten, die sollen ja auch bei deutschem Wetter gedeihen. Und neben dem Rosenbeet baue ich einen kleinen Teich, wie damals der aus meiner Kindheit. Die Welt im Kleinen ein wenig schöner machen. Ein bisschen wahrer, ein bisschen besser. Einfach so, in Opas Garten. Will ich den Rest der Welt überhaupt an mich heranlassen? Reicht das nicht?

Schönheit wird die Welt retten, schrieb einst Dostojewski.

Seneca war ein schlauer Mann. Als Nachahmen und Hass zur Auswahl standen, wählte er den Rückzug. Gestern Abend verspürte ich erstmals den Drang, meinen Rückzug einzuleiten. Nämlich meine Accounts aufzuräumen. Bei allen Leuten »unfollow« klicken, die keine »joy« »sparkeln«. So rät es doch auch Marie Kondo, die weltberühmte Aufräumexpertin: alles aussortieren und wegwerfen, was einen nicht glücklich macht. Du *bist* die Welt, die du wahrnimmst. Das sagt der italienische Philosoph Riccardo Manzotti, und der Satz hat es in sich. Wollen wir der Mist *sein*, den wir uns täglich auf Social Media reinziehen? Jemand wie Dolly Parton, die alterslose, wundervolle Sängerin, die sparkelt joy auf Instagram mit ihrer zuckersüßen Stimme und ihren tollen Liedern. Vielleicht auch ein paar andere Künstler. Sparkelt LOTTE HOHENFELD joy? Ich denke nicht. Und ich denke an Robbie Williams, den Superstar, mit all seinen mentalen Problemen, inklusiv seines offen zugegebenen Selbsthasses. Vielleicht haben wir was gemeinsam.

Ich stehe im Hausflur, wie immer riecht es nach einer Mischung aus Tabak, Kölnisch Wasser und selten gewaschener Kleidung. Die alte Dackelbesitzerin im Erdgeschoss. Sie hat dem Haus ihre ganz spezielle Duftmarke aufgedrückt. Jeder weiß, ob er will oder nicht, sie ist hier und sie ist am Leben. Ich öffne meinen Briefkasten, schaue die Post durch und stutze. Ein Brief meines Arbeitgebers. Die Gehaltsbelege kommen doch digital? Ich öffne den Umschlag und erstarre. Fristlose Kündigung.

Die Schrift verschwimmt vor meinen Augen: »... *sind Ihre außerberuflichen Aktivitäten nicht mehr mit den Anforderungen des Arbeitsvertrags kompatibel ... eine Zusammenarbeit nicht länger aufrechtzuerhalten ...*«

Ich merke, dass mir schlecht wird. Mit zitternden Fingern schließe ich den Briefkasten. Und sehe, dass auf der Ablage über den Briefkästen eine BILD-Zeitung liegt. Für die alte Dackelbesitzerin im Erdgeschoss, sie ist die Einzige im Haus, die BILD als Print abonniert hat. Offenbar hat sie die Zeitung heute hier liegen lassen.

Als hätte ich eine Vorahnung, den Drang, ein bereits entschiedenes Schicksal schwarz auf weiß zu sehen, nehme ich die BILD in die Hand. Und sehe:

»*Lotte Hohenfeld – ist ihr Adelstitel eine Lüge?*«

Darunter ein Foto von mir. Diesmal keins, auf dem ich sexy in die Kamera lächle. Nein, ein unvorteilhafter Schnappschuss mit zerzausten Haaren und offenem Mund, als würde ich gerade jemanden beschimpfen. Immer wenn die Boulevard-Presse den Abschuss eines Promis in die Wege leitet, kramt sie aus dem Archiv solche Fotos hervor. Mit Hässlichkeit lässt sich arbeiten.

Kapitel 20

Den nächsten Tag verbringe ich zu Hause.

Zwei Hiobsbotschaften auf einmal sind zu viel. Tessa ruft an und will mich beruhigen. Alles halb so wild, der Job, ja, das sei unerfreulich, eventuell ließe sich gegen die Kündigung klagen, aber erstmal alles kein Thema, schließlich verfügt LOTTE HOHENFELD über drei gut dotierte Werbekooperationen. Die letzte, wirklich prima dotierte mit einem großen Spirituosenhersteller haben wir erst kürzlich unterzeichnet. Jetzt gelte es erstmal, diese unerfreuliche BILD-Story zu entkräften, und da sei sie, Tessa, ganz zuversichtlich, wir schaffen das schon. Sie hat gut reden. Der BILD-Artikel ist wirklich hässlich.

Bis mittags bleibe ich im Bett liegen, stehe nur auf, um auf Toilette zu gehen und im Küchenschrank zu wühlen. Ich finde Safran- und Kurkumakapseln, die fördern das seelische Gleichgewicht, die Johanniskrautöl-Tabletten, die ich aufstöbere, sind seit Jahren abgelaufen. Vorsichtshalber werfe ich trotzdem von allem etwas mit einem Glas Wasser ein, abgelaufen hin oder her, und frage mich dabei, was eigentlich sinnloser ist: die Einnahme von Gewürzen gegen Depressionen oder das Überspringen jeder fünften Stufe beim Treppensteigen?

Obwohl es mir schwerfällt, rufe ich Reporter Manni Schmidt an – immerhin habe ich ihm schon Stoff für diverse Artikel geliefert – und frage ihn nach den Hintergründen für den BILD-Artikel. Ich merke, dass Manni die Geschichte unangenehm ist. Er betont, nicht er sondern ein Kollege habe den Artikel verfasst, und das auch nur, weil ihm stichhaltige Beweise vorgelegt wurden. Nach weiterer Recherche wird mir klar, was los war: Eva ist die Urheberin.

Ich hätte es mir denken können. Seit Monaten hat sie sich nicht gemeldet und der Borchardt-Kuss war sicher zu viel für sie. Offenbar hat sie Mannis Kollegen einen Hinweis gegeben, mit dem »von« bei LOTTE HOHENFELD, welches die Boulevardpresse ja mehrfach verwendet hatte, könne etwas faul sein. Die Anschrift meiner Familie verriet sie ihm gleich mit, man glaubt es kaum. Und so hatte Mannis Kollege, nachdem mein Vater bei seinem Anruf direkt auflegte – er würde niemals mit der BILD-Zeitung sprechen – meinen arglosen Opa an der Strippe, der auf die Frage, ob die Familie Hohenfeld adeligen Ursprungs sei, mit einem verwunderten »Das wäre mir neu« antwortete.

Manchmal hat man auch mal Glück. In diesem Fall ich.

Mehrere Redakteure anderer Zeitungen melden sich noch am gleichen Tag bei Tessa, meiner Managerin, und fragen, ob LOTTE HOHENFELD auf die Headline der BILD irgendeinen Kommentar abgeben wolle. Aber gerne doch!

Mit etwas Recherche finden wir LOTTE HOHENFELDs erstes Interview in den Tiefen des Internets wieder. Eine Lifestyle-Bloggerin lobte damals auf ihrem Blog meine trotz hoher Herkunft unprätentiöse Art, woraufhin ich ihr erklärte, nichts, aber auch gar nichts von Titeln zu halten, die Privilegien gewisser Stände seien zurecht seit hundert Jahren abgeschafft. Ein weiteres Statement von mir, das wir ebenfalls im Netz aufstöbern, ist ebenfalls hilfreich: »Adel? Interessiert mich nicht.«

Zwar übernehmen diverse News-Portale die BILD-Headline, bestückt mit wenig attraktiven Fotos meiner Person, doch gleichzeitig erscheinen zwei Interviews mit mir, in denen ich abstreite, jemals behauptet zu haben adelig zu sein.

Aber die echte Erlösung, meine wahre Retterin aus dem Getöse des Shitstorms, ist Kati. Das hätte ich nicht erwartet. Alles Lüge mit der Lüge, erklärt Kati in einem Interview, das der STERN mit ihr führt, ihre Freundin LOTTE HOHENFELD habe ihr gegenüber nie behauptet ein »von« im Namen zu tragen. Ganz im Gegenteil. Man müsse doch auch nur auf LOTTE HOHENFELDs Account bei Instagram schauen, nichts stehe da von einem »von«. Nein, ihre Freundin sei auf keinen Fall eine Lügnerin, da würde sie heftig protestieren.

Als Tessa mir das Interview mit Kati weiterleitet, bin ich nicht nur gerührt, sondern bewegt. Ich kann es kaum glauben. Einen einzigen, Wodka-Soda-geschwängerten Abend habe ich mit Kati verbracht, und sie bezeichnet mich tatsächlich als ihre Freundin. Was für eine zynische Mist-Kuh bin ich eigentlich, dass ich Kati jemals für einen »traurigen Vogel« gehalten habe? Kati ist wahrhaft naiv. Und vermutlich ist Naivität die wichtigste Eigenschaft eines wahren Helden. Ohne Naivität gibt es keine Liebe auf dieser Welt.

Zwischenzeitlich ist bei Wikipedia auch die Verlinkung meines Namens zur Homepage der Freiherren-Familie »Hohenfeld« verschwunden, Tessa sei Dank. BILD-Manni ruft an, gibt sich zerknirscht und fragt, ob ich Interesse an einem Interview hätte, einer Art Gegendarstellung.

Aber sicher doch. »*Adel? Lotte Hohenfeld sch... drauf!*« prangt am nächsten Tag eine Headline auf BILD-Online. Und im Interview darunter ziehe ich richtig vom Leder: Wie peinlich titelgeil die Deutschen doch seien, natürlich sei ich nicht adelig, die Presse selbst habe mir einen Titel angedichtet, warum sollte ich widersprechen? Ich lese keine Artikel über mich, sorry, auch keine von BILD, und erst recht nicht einen auf Wikipedia, den irgendwelche Leute über mich verfassen. Ganz ehrlich? Adel? Geht's noch, leben wir im Mittelalter?

Was in den Folgewochen passiert ist verblüffend. Ich erhalte mehrere Talkshoweinladungen, man möchte mit mir über die Themen »Herkunft« und »Privilegien« sprechen.

Natürlich sage ich zu. Instinktiv ist mir klar, dass sich hier eine

Chance ergibt. Und tatsächlich lege ich jetzt, wieder im Scheinwerferlicht der Studios, richtig los, mit einer Vehemenz, die mich selbst überrascht. Bin ich eine verkannte Aktivistin? Ich glaube, ich hätte das Zeug dazu. Adel, das überholteste Konstrukt überhaupt! Ein Stand mit Vorrechten und internen Gesetzen, sorry, das gebe es in Deutschland seit dem Kaiserreich nicht mehr, gesetzlich ausdrücklich abgeschafft. Klar, das Boulevard liebe diese Themen, aber wenn die BUNTE Ernst August den »*Prinz von Hannover*« nenne, dann sei das ein Versehen: der gute Mann sei ein Bürgerlicher wie du und ich, und »*Prinz von Hannover*« nichts als ein banaler Bestandteil seines Nachnamens. Juristisch gesehen gibt es seit hundert Jahren keine Prinzen, Grafen oder Freiherren mehr. Wirklich schlimm, was für eine Rolle trotzdem noch Herkunft und Name spielen, quasi über unser Schicksal entscheiden, im Grunde leben wir doch weiterhin in einer Klassengesellschaft, von Chancengleichheit keine Spur – oder etwa nicht?

»*Ein Mensch ist mehr als sein Name!*«, wettere ich bei Markus Lanz, richtig agitiert mit geballter Faust, und sieh da, am nächsten Tag zitiert mich eine große Zeitung mit diesem Satz.

Die Entwicklung ist verblüffend. Jeder Shitstorm ist eine Chance, man muss sie nur ergreifen. Statt dass die Leute »unfollow« klicken, legt LOTTE HOHENFELDs Gefolgschaft kräftig zu. Videoschnipsel meiner Interviews verbreiten sich auf Youtube und TikTok, plötzlich folgen mir ganz neue Personenkreise: politisch Interessierte, kritisch Denkende, Linksintellektuelle, Studenten, F.A.Z.-Leser. Bei LOTTE HOHENFELD gibt es gesellschaftlich relevanten Inhalt – holla die Waldfee!

Ich steigere mich richtig rein, ich gebe alles, und ganz ehrlich, es macht mir Spaß. Es könne doch wohl nicht sein, dass ein Herr »Fürst« mehr berufliche Achtung erfahre als eine Frau »Schuster«, die bei ihren Leisten bleiben soll. Wieso haben eine Victoria oder Maxima durch den Klang ihrer Namen bessere Lebenschancen als eine Selma, Fatma oder Chayenne? Wieso meint die Welt, der Name »Hohenfeld« stehe für etwas Hoheitliches? Seid doch mal kritisch, Leute, lasst euch nicht täuschen von Oberflächlichkeiten und Buchstabenkombinationen.

»Shitstorm«, ich schaue nach in *Des Teufels Wörterbuch* von Ambrose Bierce, einem meiner Lieblingsbücher, das Anfang des zwanzigsten Jahrhunderts geschrieben wurde. Rund tausend schwarzhumorige Begriffs-Definitionen sind hier zu finden, wie z. B. für den »Zyniker«: *Ein Schuft, der mit seiner gestörten Wahrnehmung die Dinge sieht, wie sie sind, statt wie sie sein sollten.*

Nein, das Wort »Shitstorm« ist hier nicht enthalten. Natürlich nicht, der Shitstorm ist ja ein neuzeitliches Internetphänomen. Aber eigentlich gehört es aufgenommen.

Ein Sturm aus »Scheiße«. Und der Teufel legt noch einen drauf.

Kapitel 21

In der Nacht kommt der Traum zurück.

Wieder sitze ich auf dem Beifahrersitz, neben mir Tessa, die das Auto lenkt. Wir fahren über eine verlassene Straße, zu den Seiten graue Landschaften, die im Nichts enden. Ich will wissen, wohin es geht, doch ich kann nicht sprechen. Als bestünde ich nur aus Augen. Das Ziel scheint ausgemacht, der Weg Teil einer lange geplanten Reise. In der Ferne zeichnet sich rechts ein Schild ab, der einzige Gegenstand weit und breit. Wir fahren darauf zu. Es ist ein Bushaltestellen-Schild, vollkommen verlassen am Rand der Straße, die antiquierte gelb-grüne Farbe abgeblättert, unten am Pfosten, auf dem es thront, hängt ein orangener Mülleimer, wie aus den achtziger Jahren. Wir kommen daneben zum Stehen. Ich drehe mich zu Tessa, blicke sie an, flehend, voller Angst. Aber sprechen kann ich nicht. Tessa blickt stumm zurück. Die Tür neben mir öffnet sich, entsetzt blicke ich in ihr Gesicht. Doch nichts ist darin zu lesen, nichts gibt es preis außer unergründlichem Ernst. Dann ein winziges Nicken ihres Kopfes, ein kurzer Wimpernschlag, der sagt: »Es ist Zeit.« Fremdgesteuert wie eine mechanische Puppe steigt mein Körper aus dem Auto. Steht jetzt neben dem orangenen Mülleimer, unter dem gelb-grünen Schild. Die Tür fällt zu, das Auto setzt sich in Bewegung. Und braust tonlos davon.

Als Mutter starb, saß ich im Garten des Hospizes.

Auf einer der weiß gestrichenen Bänke, vor mir das hübsch bepflanzte Blumenbeet. Ein schöner Garten, mit Liebe angelegt, nichts unterschied ihn von einem ganz normalen Garten, dem eines Museums oder eines Klosters vielleicht. Die Sonne war nachmittags rausgekommen, und obwohl es schon Mitte September war, standen die Rosen in voller Blüte. Ich hatte meine Strick-jacke ausgezogen, mein Gesicht fühlte sich warm an, als würde die Sonne mit ihren Fingern darüber streicheln, und für einen Moment vergaß ich alles, saß einfach nur da, mein Körper ent-spannte sich, wurde eins mit der Sonne und dem Garten, als eine Stimme neben mir sagte:

»Ihre Mama ist tot.«

Die rundliche Stationsschwester, die an jenem Tag nur im Aus-hilfsdienst eingesetzt war und mich gar nicht kannte, siezte mich. Ich war Mitte Dreißig, kein Wunder, so gehört sich das, und doch nahm sie wie selbstverständlich an, dass ich meine Mutter Mama nannte. Die Vermischung aus erwachsener Nüchternheit und der kindlichen Benennung eines Elternteils haute mich um. »Ihre Mama ist tot« setzte sich fest und hatte ein langes Leben. Der Satz kroch zwischen die Windungen meines Gehirns, machte sich breit und nistete sich ein. Ein Satz, der einen festen Platz in mir beanspruchte, und der bereit war, sich jederzeit wieder nach vor-ne zu schieben. Der Moment auf der Bank des Hospiz-Gartens dauert an bis heute.

Manche Psychologen vergleichen traumatische Ereignisse mit einem gefüllten Luftballon, den man unter Wasser drückt. Doch der Luftballon bleibt nicht da, man hofft, dass die Meeresströ-mung ihn wegtreibt, aber so sehr man sich müht, wenn man ihn unter das Wasser drückt, taucht er ein Stück weiter wieder an der Oberfläche auf. Ich mag die Metapher nicht sonderlich, sie er-scheint mir zu harmlos.

Mit Mutters Tod trat ein Riss in mein Leben, teilte es in ein Da-vor und ein Danach. Das Danach war eine Realität, die vorher durch einen luftigen Schleier aus Sorglosigkeit verdeckt gewesen war, und nun wurde vollkommen klar, dass es schon immer nur ein Schleier gewesen war, eine Maskerade, eine Hülle, die sich nun lüftete und die tatsächliche Welt preisgab: eine Welt aus trübem Licht und verwaschenen Farben. Der Zustand des Davors, die Illusion naiver Unbeschwertheit, das Vertrauen in die Güte des Seins und des Lebens, war nach dem Riss unwiederbringlich verloren. Ich wurde porös.

Ich verstehe, warum wir auf unsere Kindheit wie auf ein verlorenes Paradies blicken. Weil sie gefüllt ist mit Neugier und großen Erwartungen. Die Welt erscheint offen und unbestimmt, gibt Anlass zum Staunen. Der knarzende Klang des Turnhallenbodens, der Duft schneenasser Gummistiefel und Orangenschalen zur Vorweihnachtszeit, die noch nicht ganz verblasste Vorstellung, das Christkind persönlich könnte die Geschenke durchs Balkonfenster hereingereicht haben. Ein Rest Magie, die Möglichkeit einer alles überragenden Ordnung, das angenehme Gefühl, noch nicht alles zu wissen über die Realität, die irgendwie doch noch Wunder und Überraschungen bereithalten könnte.

Mit dem Riss verschwanden die Bilder meiner Kindheit. Der Riss wurde Teil meiner selbst. Das Leben ging weiter, aber der Riss blieb da. Jederzeit konnte er sich in Erinnerung rufen. Ein Schlager von Charles Aznavour, *Hier encore*. Sie hatte alles Französische geliebt, besonders von ihm, dem traurigen Charmeur mit seiner weichen Stimme. Eine Bürste mit blonden Haaren darin. Das freundliche Lächeln einer Frau in der Straßenbahn. Manchmal nur das Klingeln des Telefons und der Gedanke: das könnte Mama sein.

Ich halte nichts von Psychoanalyse. Das Leben ist ein Drama, und das einzige Rezept, damit klarzukommen besteht darin, es so oft und gut wie möglich zu vergessen. Das klingt zynisch, aber es ist die Wahrheit. Auf vorsätzlichem Vergessen beruht mein Leben. Nach Mutters Tod schien mein Vater dieselbe Taktik zu verfolgen, kein Wunder, wir sind aus gleichem Holz geschnitzt. Bei ihm war es die freundliche Englischlehrerin aus Sekundarstufe Eins, tatsächlich heirateten die beiden zwei Jahre später. Wie ich schob er das Drama in eine Schublade, die tiefste und verborgenste überhaupt, schloss ab und machte weiter. Ich glaube, er spürte den Riss, ob dieser ein Teil von ihm wurde, weiß ich nicht.

Auch ich halte mich wacker. Den grauen Nebel, der sich um mich ausbreitete, schob ich irgendwann zur Seite. Auf einer Wolke aus Disziplin und ein paar Wodka Soda machte ich weiter, nahm die Welt wie sie war, gab mich dem schönen Schein hin, lenkte mich ab mit Dingen, Menschen und dem Glitzern von Discokugeln. Ich ignorierte den Riss, schob die Schwaden bei Seite, hielt sie mit Aktivität, Trotz und Ironie in Schach und musste zuweilen selbst über mich lachen. Die sogenannte Tanzwut, die im Jahr 1518 in Straßburg ausbrach, ist in den zeitgenössischen Chroniken gut dokumentiert. Ohne erkennbaren Anlass trat damals eine Dame auf Straßburgs Straßen und begann wie wild drauflos zu tanzen, vollkommen exaltiert und wie von Sinnen. Innerhalb kürzester Zeit schlossen sich Dutzende Leute an. Tag und Nacht bewegten sie ihre Körper, man baute ihnen gar eine Bühne, spielte Musik dazu, hoffend, das seltsame Gemenge dadurch in den Griff zu bekommen. Unzählige Tanzwütige machten mit, brachen irgendwann zusammen, starben vor Erschöpfung. Bis heute rätseln Historiker über die Ursachen dieser Tanzwut, manche vermuten eine Nervenkrankheit, eine Entzündung des Gehirns, vielleicht die Folgen des Verzehrs giftiger Pflanzen. Andere hingegen sehen es nüchtern. Es war die Zeit der Ernteausfälle, der Angst und des Hungers. Die Menschen tanzten sich in Trance, um Unsicherheit, Schmerz und das nahende Nichts zu vergessen.

Nein, ich halte nichts von Psychoanalyse. Ich würge meinen Schmerz nicht hoch, arbeite mich nicht daran ab, ich schwitze ihn lieber aus.

Und doch dauert Mutters Tod mein Leben lang. Es ist der Riss, der jedem Moment ein wenig Zuversicht entzieht. Das Mantra meiner Kindheit, es wird schon alles gut werden, war eine Täuschung, Teil eines einlullenden Kinderliedes, das überlagert wurde durch den letzten Anblick meiner Mutter.

Ihrem zerbrechlichen, fast durchsichtigen Gesicht, ihren Augen, die mich anschauten, aber eigentlich durch mich hindurch. Blicke aus Unverständnis, denen aber keine Worte folgten. Es gab nichts zu sagen. Worte waren überflüssig, außer die, ich solle unbedingt auf mich achtgeben. Das müsse ich ihr fest versprechen. Als müsse wenigstens ich weiterleben, um dieser Situation, für die es keine Erklärung gab, irgendetwas abzugewinnen. Etwas, das nicht das Nichts war.

Der Anblick ihres um Jahrzehnte gealterten Körpers, ihre schmale Silhouette, ihr dünnes Haar. Das Nichts hatte sie mit seinen kalten Armen umschlungen. Mutter war die erste Sterbende in meinem Leben, und wenn ich an ihrem Bett saß, machte mich ihr Anblick sprachlos. Ich spürte, dass das Grauen in mein Leben getreten war, leise hatte es von meinem Fleisch und Blut Besitz ergriffen. Ihr Anblick berührte mich bis tief ins Mark, schnürte mir die Kehle zu, machte mir klar, dass wir nichts als Körper sind, die zu Ruinen werden, und als ich aus dem Fenster des Krankenzimmers blickte, sah ich plötzlich die Natur im Schnelldurchlauf wachsen und wuchern, sich gierig dem Licht zuwenden, um dann ebenso schnell zu verwelken, verfallen und zu verschwinden. Mutters Ruinenkörper hatte nichts Abstoßendes, im Gegenteil, das Grauen war unmittelbar, umschloss auch mich, es war Gevatter Tod, ein Familienmitglied, der mit kaltem Atem seinen längst verhandelten Platz einnahm.

Nach Mutters Tod wurde der Verlust ein Teil von mir. Eine unheilbare Einsicht, dass Verlust die einzige Realität ist. Alles andere nur ein trügerischer Schleier aus Alltag, zuweilen bunt, manchmal amüsant. Leben heißt Durchhalten, so gut wie möglich. Der Verlust ist das Eigentliche, am Ende läuft alles darauf hinaus.

Die Zuversicht, die ich als Vierjährige zu Hause im Bett verspürte, wenn Mutter morgens die Gardinen auseinanderschob, die Sonnenstrahlen reinließ und dabei leise vor sich hinsang. Die Zuversicht, alles würde großartig oder immerhin gut werden, ist mir aus den Händen geglitten.

Das Leben hat einen Riss, und nur bei Tessa lässt er sich ertragen.

Tessa weiß wer ich bin. Sie hat es verstanden. Sie weiß um den nicht heilbaren Riss in mir, sie weiß um meine Fassade aus Coolness, ironischer Lässigkeit und freundlicher Indifferenz, die ich mit mir trage, die mich schützt, der ich selbst sogar glaube. Tessa weiß, dass ich das Leben für ein Drama halte und dass mein Rezept das Vergessen ist. Sei es durch Oberflächlichkeit oder einen gut gemischten Wodka Soda. Tessa weiß, dass ich nichtsdestotrotz überall den Abgrund erkenne, der auf mich lauert. Unerbittlich. Selbst wenn ich auf ihrer Ledercouch liege, wabert über mir dieses Wissen. Dass der Abgrund da ist, geduldig auf mich wartet, langsam aber unaufhaltsam sein schwarzes Maul öffnen wird, um alles wegzureißen, was mir wichtig ist, nur ich bleibe nackt im Nichts zurück. Doch Tessas weiche Alpakawolldecke schützt mich wie eine tröstende Wattewolke. Tessa weiß, dass ich das Vögelchen bin, das in ihrem Winternest untergekrochen ist, wo der Abgrund nur vor der Tür lauert aber nicht vordringen kann. So wie die Grauen Herren in *Momo* nicht die Niemalsgasse betreten können ohne sich aufzulösen, denn dort läuft die Zeit rückwärts, schafft es der Abgrund nicht in Tessas Loft. Ich traue Tessa zu, mit dem Abgrund fertigzuwerden. Tessa weiß, dass meine Freundinnen gute Bekannte sind, mit denen ich mich austausche, aber nur zu gewissem Grad, dass ich Freundschaften pflege, auch aus Trägheit, weil ich sie nicht durch neue ersetzen möchte, was vielleicht angebracht wäre, aber doch zu energieraubend. Tessa weiß, dass ich nicht erwarte, dass Personen dieser

Art da wären für mich, wenn es hart auf hart käme. Tessa weiß, dass ich, wenn es hart auf hart käme, nur zu ihr kommen würde. Tessa weiß, dass ich ihr manchmal, wenn sie neben mir schläft, die Hand vor die Nase halte, um zu prüfen, ob sie atmet. Einmal nachts, als wir nach einer langen Party nebeneinander auf ihrem Bett eingeschlafen waren, ich aufwachte und eben dies tat, vermutend, sie würde schlafen, hoffend sie würde atmen, drehte sie sich zu mir um, seufzte und sagte: »Lottchen, jetzt mal ehrlich. Mach dich locker, noch bin ich nicht tot.«

Tessas Loft ist der Ort, an dem der Abgrund machtlos ist, keinen Zugriff hat, solange ich hier bin, bin ich geschützt. Der Riss ist unter Kontrolle. Draußen lauert das Nichts, doch Tessa ist stärker.

Kapitel 22

Jetzt, da mein Bürojob Geschichte ist, habe ich viel Zeit. Und erst jetzt fällt mir auf, wie eng getaktet und anstrengend die letzten Monate waren. Mit meinem Arbeitgeber habe ich einen Aufhebungsvertrag unterzeichnet, zwei Monatsgehälter Abfindung werden mir gezahlt. Ganz offenbar will man das Risiko eines Gerichtsverfahrens vermeiden, nachdem ich, instruiert durch Tessa, mit einem Anwalt gegen die Kündigung drohte. Die Abfindung beruhigt mich ein wenig, und ich habe beschlossen, mir nicht zu viele Sorgen zu machen.

Endlich habe ich Zeit zum Durchatmen, ich schlafe aus, manchmal bis mittags, setze mich dann in ein Café in die Sonne. Als hätte mein Körper auf eine Auszeit gewartet. In Berlin fühlt es sich immer gut an im Café zu sitzen, auch zur Mittagszeit. Vielleicht ist Berlin der einzige Ort der Welt, an dem Nichtstun offiziell legitimiert ist. Hier darf man alles sein: Aussteiger, Künstler, bettelarmer WG-Bewohner oder Start-up-Millionär, alles geht, und keinen wundert's.

Im Gegensatz zu mir nehmen sich LOTTE HOHENFELDs Social Media Accounts keine Auszeit, sie gedeihen weiter, geradezu von selbst, wie ein eigenständiger Organismus, dessen biologischer Motor gezündet wurde und der nun selbständig vor sich hin atmet, befeuert durch Markierungen, Verlinkungen und ein paar Videos, die Sarah und ich zwischendurch hochladen. Ein Organismus, der langsam aber stetig weiterwächst, fast wie ein Perpetuum Mobile, das sich auf hohem Niveau magisch selbst versorgt. Als ich gegenüber Tessa diesen Vergleich erwähne, muss sie lachen. Ja, da habe jetzt wohl der Teufel seine Hände im Spiel, genau wie sie es mir damals prophezeit habe. Der Teufel scheißt auf den größten Haufen und der »Haufen« vom Lottchen sei nun groß genug, was auch dem Teufel nicht entgangen sei. Und so seien meine sich selbst unterhaltenden Social Media-Accounts quasi Beweise teuflischer Handwerkskunst. Über diese Erklärung muss ich ebenfalls lachen, und dabei kommt mir wieder der Dämon auf Tessas Küchentresen in den Sinn. Wie er mit seinem steinernen Gesicht vor sich hin grinst, um den Hals geschlungen der Rosenkranz aus Korallenperlen von Tessas Großmutter.

Das Alter ist eine Perlenkette aus Abschieden. Vom Großvater, der alten Katze, dem Tante-Emma-Laden um die Ecke. Ich stelle mir Tessas Oma vor, wie sie in ihrem verwitterten Garten saß, den Rosenkranz mit ihren Fingern bearbeitete, um das Schicksal gütig zu stimmen. Hat sie die Perlen abgezählt? Sie gedreht, einmal, zweimal, nach einem geheimen Muster? Magisches Denken ist nicht ungewöhnlich, bei manch einem wird es zum Zwang. Ich erinnere mich, wie ich als Kind bei jeder Treppe die fünfte Stufe übersprang, in der Grundschule fing es an, die Zahl fünf war böse und brachte Unglück, so bildete ich es mir ein. Wenn ich die Haustür abschloss, drückte ich danach dreimal mit der Handfläche dagegen, zweimal zur Sicherheit, das dritte Mal, um der Sicherheit Stabilität zu verleihen. Versuche, Zufall und Chaos in den Griff zu bekommen, die vage Vermutung, es könnte eine höhere Ordnung geben, die sich so beeinflussen ließe. Die Wiederholungen im Grunde willkürlich, doch die innere Logik bestechend: die ganze Zeit hast du das Ritual befolgt und bisher ist alles gutgegangen, oder etwa nicht? Offenbar entfaltet das Ritual also Wirkung, drum behalte es weiterhin bei, sicher ist sicher.

Erst nach Mutters Tod stellte ich meine Zahlenspiele ein. Vielleicht weil ihr Tod mir Beweis für ihre Wirkungslosigkeit war. Vielleicht lag es auch an den Mitteln, die der Psychiater mir verschrieb.

Magische Rituale – hat nicht auch Adele sie praktiziert? Jeden Tag ein Fashion-Foto posten, immer zur gleichen Uhrzeit, seit Jahren, immer mit gleichem Filter (»Mayfair«, etwas konturiert), stets mit den gleichen Hashtags, als würden die Glück bringen. Rituale in der Hoffnung auf Reichweite, ohne Erfolg. Ist das Ganze bei Adele in Selbsthass umgeschlagen? In eine Gegenwehr ihres Unbewussten, das ihr nun zuflüstert, obszönes Zeug zu posten, wie ein dämonisches Zeichen aus Protest und Verbitterung?

Der Gedanke an Adele lässt mich erschauern, vielleicht weil es gar nicht so abwegig erscheint, aus Versehen einen völlig unpassenden Post abzusetzen. Ein Selfie von sich selbst auf der Toilette vielleicht? Um Gotteswillen. Ich nehme mir vor, bei nächster Gelegenheit den steinernen Dämon auf Tessas Küchentresen so zu drehen, dass er statt in den Raum aus dem Fenster starrt. Ja, ich gebe es zu, ich bin abergläubisch, ich gehe lieber auf Nummer sicher.

Das Leben geht weiter. Ich genieße meine freie Zeit, laufe tagsüber durch Berlin. Ich setze mich im Tiergarten auf eine Bank, beobachte die Leute, besuche die Pfaueninsel, gehe in Secondhandshops in Kreuzberg und bummle über den Flohmarkt im Mauerpark. Irgendwie scheint sich diese Stadt ständig neu zu erfinden, kunterbunt, multikulti und voller Überraschungen, ein nicht enden wollendes Abenteuer. Ich komme mir unbeobachtet vor, gänzlich anonym, und es fühlt sich gut an. Im Treiben einer Stadt aufzugehen, sich in ihr rhythmisches Wogen einzufügen wie ein kleiner Ton, der nicht weiter auffällt, einfach nur zufrieden vor sich hin klingt und mitschwingt. Ab und zu merke ich, dass jemand mich erkennt: ein verstohlenes Hinterherschauen, ein Blick mehr als nötig, die übertriebene Unbefangenheit einer Boutique-Besitzerin, die tut, als habe sie mich nie zuvor gesehen, aber mit ihrem Smartphone ein Foto von mir schießt, während ich den Laden verlasse. Ja, den Klick habe ich gehört, ich drehe mich um und schaue sie vielsagend an. Wenigstens unangenehm soll es ihr sein.

Ich überlege, ob ich Eva kontaktieren soll. Ob es ihr inzwischen peinlich ist, dass sie der BILD mein nicht blaues Blut gesteckt hat? Es tut mir fast ein wenig leid für sie, dass ihre neidgetriebene Aktion so komplett nach hinten losgegangen ist, quasi das Gegenteil bewirkt hat. Ich könnte mich bei ihr für meine neuen Follower bedanken. Nein, das wäre zynisch, denke ich und entscheide es zu lassen. Seit Eva weg ist, ist auch mein Kontakt zu Claudia eingeschlafen. Vermutlich hat Eva sie auf ihre Seite gezogen.

Ich beschließe, Claudia anzurufen und erwische sie in ihrer dermatologischen Praxis bei der Mittagspause. Sie freut sich, dass ich mich melde, es sei ja schon ewig her, dass wir uns gesehen hätten, viel zu lange eindeutig, und bei mir sei ja unglaublich viel passiert in letzter Zeit. Das Telefonat ist nett und freundlich, aber auch ein wenig steif. Ich weiß, dass Claudia das meiste, was sie denkt, nicht sagt. Meine über fünfhunderttausend Follower, wie kann so was klappen? In nur zwölf Monaten? Sie selbst postet doch schon seit Jahren Videos aus ihrer Praxis, jeden Tag eins, unermüdlich, richtig professionell, mit viel Liebe und Fachwissen inszeniert, sogar eine PR-Agentur bezahlt sie dafür – und trotzdem dümpelt ihre Followerzahl bei unter dreitausend vor sich hin. Und ich? Küsse einfach einen Weltstar und ab geht die Lutzi. Solche Zufälle gibt's doch gar nicht? Da ist doch der Teufel im Spiel? Wie oft waren Claudia und Eva mit mir zusammen im Borchardt, und nie ist uns ein Weltstar über den Weg gelaufen, geschweige denn einer zum Küssen. War ich nicht bis vor kurzem noch die ganz normale Lotte mit ihrem gescheiterten Start-up und dem bescheidenen Bucherfolg? Irgendwie deutete doch gar nichts daraufhin, dass gerade ICH es schaffen würde? Den Durchbruch, zu was auch immer. All das spricht Claudia natürlich nicht aus, aber ich höre es trotzdem. Es schwingt irgendwie mit. Wir tauschen Alltäglichkeiten aus, Claudia erzählt mir das Neueste aus ihrer Praxis, ich erwähne, dass ich meinen Bürojob losgeworden bin. Aber das wird sie nicht trösten, schließlich weiß sie durch Instagram um meine lukrativen Werbekooperationen. Nach dem Telefonat leite ich Claudia zwei Berliner VIP-Einladungen weiter, die ich die Tage erhalten habe. Sie kann gerne mit irgendwem hingehen, ich habe diesmal keine Lust. Nicht unwahrscheinlich, dass Claudia Eva mitnehmen wird. Mir soll's recht sein.

Als ich am nächsten Tag mittags im Café Fleury bei einem Latte Macchiato sitze, steht am anderen Ende des Cafés eine junge Frau auf, kommt zu mir rüber und bleibt vor meinem Tisch stehen.

Sie ist hübsch, vielleicht Mitte zwanzig, trägt einen geraden Pony, wie es die Hipster-Mädels gerade alle tun, aber es steht ihr. Sie lächelt mich an, etwas verlegen. Sie hieße Sally, und eigentlich sei es nicht ihre Art, Leute anzusprechen, aber es sei wirklich cool, mich mal live und in Farbe zu sehen. Freut mich, sage ich und lächle freundlich zurück, mein Name ist Lotte. Wir lachen kurz, denn natürlich kennt sie meinen Namen bereits. Dann erzählt mir Sally, dass sie mir schon seit Jahren auf Instagram folge, nämlich seit ich damals meine Fotos von Wolken gepostet habe, die hätten ihr unheimlich gut gefallen. So niedlich und irgendwie herzergreifend. Ich sehe Sally überrascht an. Noch nie ist mir einer meiner Wolken-Follower über den Weg gelaufen, ich hätte nie gedacht, einen zu treffen, geschweige denn, dass sich irgendjemand an die Wolken erinnern würde.

Ja, diese Wolken mit den putzigen Gesichtern hätten ihr damals richtig gute Laune gemacht, fährt Sally fort. Dann grinst sie. Aber auch das, was seitdem von mir komme, finde sie aufregend. »Tatsächlich?«, frage ich vorsichtig nach. Ja, definitiv, nickt Sally, mein Account sei wie so eine Wundertüte, immer wieder käme was Neues, mit dem man gar nicht rechne. Und klar, die psychologischen Videos, Tinder-Tipps und so, das sei auch definitiv interessant gewesen.

Irgendwie bin ich gerührt. Und es kommt mir so vor, als ob ich hier gerade zum ersten Mal ein ehrliches Feedback erhalte. In meinen Social Media-Kommentarspalten stehen auch Feedbacks, keine Frage, aber die sind entweder überschwänglich begeistert, was auf die Naivität ihrer Verfasser hinweist, somit nicht ernst zu nehmen ist, oder aber im Gegenteil hasserfüllt pöbelnd, was ich ignoriere, denn Neid ist bemitleidenswert. Ganz ehrlich, wer ein frustrierter Hate-Binger ist, wie ich früher einer war, der soll sich gefälligst Mühe geben, seine missgünstigen Kommentare zu unterdrücken. Echt peinlich, wenn man seinen Frust rauslässt wie so ein digitales Tourettesyndrom.

Sally hingegen, die immer noch vor mir steht, scheint weder naiv noch missgünstig zu sein. Ich lade Sally auf einen Cappuccino ein, wir machen ein gemeinsames Selfie, dann versuche ich, sie ein bisschen auszufragen.

Sally ist nicht blöd, sie macht gerade ihren Bachelor in BWL, Vernunftentscheidung wie sie sagt, außerdem jobbt sie in einer PR-Agentur. Ich frage sie, wie es sich denn anfühle, wenn man LOTTE HOHENFELDs Beiträge anschaue, immerhin mache sie das ja schon eine Weile. Naja, es sei aufregend, immer was Neues, sagt Sally, auch der Glamour natürlich, die coolen VIP-Events, immer spannend. Besonders gut habe ihr der Toiletten-Kungfu-Bitchfight gefallen, richtig abgefahren, jetzt überlege sie, sich bei einem Taekwondo-Kurs anzumelden.

Ich bin gerührt. Und bohre trotzdem weiter. Ob meine Videos sie nicht auch neidisch machen würden, ein bisschen zumindest? Die Frage überrascht Sally und offenbar ist sie ihr auch etwas unangenehm.

Sie überlegt eine ganze Weile. Ich will eine ehrliche Antwort, erkläre ich lächelnd. Und, neidisch?

Ja schon, sagt Sally nach einer Weile. Und warum? Ihr eigenes Leben sei halt nicht so besonders aufregend. Ja, sie sei schon neidisch. Definitiv. Ok, sage ich und nicke verständnisvoll. Fühlst du dich denn auch inspiriert, irgendwie zumindest? Ja, nickt Sally, schließlich zeige mein Account, was alles möglich sei im Leben. Sie nimmt einen Schluck von ihrem Cappuccino, lächelt und ergänzt dann: Naja, zumindest was rein theoretisch alles möglich sein könnte.

»Wie so eine Cinderella-Geschichte?«, frage ich.

Sally sieht mich an. Ja, ein bisschen so. Allerdings habe Cinderella damals ja kein Smartphone gehabt, um ihren kometenhaften Aufstieg vom Asche-Mädchen zur strahlenden Prinzenbraut festzuhalten. Und Social Media habe es auch nicht gegeben, insofern sei außer ihren fiesen Stiefschwestern damals auch niemand neidisch auf sie geworden. Klar, sie wisse schon, dass Cinderella nur eine Figur in einem Märchen sei, ergänzt Sally und lacht, aber trotzdem. Während Sally immer noch lacht, fällt mir auf, dass sie recht hat.

Eine letzte Frage habe ich noch. Ob es denn irgendeinen Post von mir gebe, bei dem sie wirklich nur gute Feelings gehabt habe. Sally denkt nach. Dann erscheint ein Lächeln auf ihrem Gesicht. Sie nickt, ja, definitiv, mein letztes Video. »Du meinst das »No filter«-Video?«, frage ich erstaunt. Ja, ganz genau, nickt Sally, das war wirklich richtig gut. Das habe sie auch sofort geteilt.

Später, als ich wieder zu Hause bin, denke ich über unser Gespräch nach. Ich nehme mein *iPhone* und schaue mir nochmal das »No filter«-Video an. Sarah und ich haben es vor einer Woche in Tessas Loft gedreht, die Idee war von mir. Es zeigt mich dabei, wie ich, ausgerüstet mit einer selbstauslösenden Kamera auf einem Stativ, ein Foto von mir selbst vorbereite. Wie ich die Kamera ausrichte, so dass mein Oberkörper mittig im Bild erscheint, wie ich meine Haare akribisch mit einer Bürste bearbeite, bis auch die letzte Strähne perfekt über die Schultern fällt, wie ich zwei Stativleuchten anschleppe, denn der natürliche Lichteinfall durchs Fenster reicht mir nicht, wie ich wie wild mit den Borsten einer Zahnbürste auf meinen Lippen rubble, bis sie rot und füllig glänzen, wie ich noch dreimal die Position wechsle. Das Ganze im Schnelldurchlauf zusammengeschnitten, am Ende der finale Schnappschuss: ein perfektes Selbstportrait mit wallender Mähne, lächelnden, vollen Lippen, perfekt ausgeleuchteter, ebenmäßig erscheinender Haut, Hashtag: »NO FILTER«.

Unter dem Video mehrere hundert Kommentare, etliche Lach-Smileys, »Genial!«, »Genau so ist es!« schreiben Follower. Ich schaue genauer nach, kein einziger Hater-Kommentar. Hier gibt es nichts zum Haten.

Ich merke, dass in mir ein Gefühl von Aufregung aufsteigt. Geradezu Euphorie. Das ist es. Endlich ist sie mir klar geworden: meine Mission auf Social Media. Was für ein Glück, dass ich Sally getroffen habe, ihr Feedback war Gold wert, warum bin ich nicht selbst darauf gekommen? Ich muss dringend mit Sarah darüber reden. Wir werden LOTTE HOHENFELDs Content neu ausrichten. Wir reißen der Social Media-Welt den Schleier runter. Bei uns wird es nur noch die Wahrheit geben, wir werden Revoluzzer.

Kapitel 23

Die folgenden Tage und Wochen sind Sarah und ich fleißig. Sarah ist genauso angetan wie ich von der Idee, mehr Ironie, Witz und Boshaftigkeit in unsere Beiträge einzubauen. Ich wusste es immer, sie ist ein cooles Mädchen. Irgendwie fühlt es sich an wie ein Befreiungsschlag. Statt die Trends zu bedienen, artig die Lieder mitzusingen, von Frauensolidarität, Mental Health, Inspiration oder Selbstliebe, nehmen wir von nun an alles aufs Korn.

Wir drehen auf Deutsch und auf Englisch, schließlich haben sich LOTTE HOHENFELDs Follower seit dem Borchardt-Kuss internationalisiert. Und es macht einen Heidenspaß. Im ersten Video entdecke ich mein darstellerisches Talent. Mit platinblonder Lockenperücke, tiefem Dekolleté und Schlauchbootlippen – wir nutzen eine Zahnspangenkonstruktion mit Bockwürstchen wie einst Stefan Raab beim Imitieren eines It-Girls – oute ich mich als Vertreterin von Tussi-Power im Auftrag weiblicher Emanzipation. Um meine Forderungen zu unterstreichen, z. B. Minirock-Pflicht ins Grundgesetz, gestikuliere ich wild mit den Händen, an denen überlange, pinke Fingernägel kleben. Als ich am Ende »Tussis an die Macht« als Brief an den Bundeskanzler in einen Laptop tippen will, ergibt sich ein Problem: Tippen ist mit Tussi-Krallen nicht zu bewerkstelligen. »Keeeeeeeviiin?« rufe ich hilfesuchend hinter mich.

Wir testen die neueste Unterwäschekollektion eines Hollywood-Realitystars, stellen fest, dass die Unterhosen im Schritt furchtbar kneifen und die Mieder schlimme Atemnot machen, entscheiden uns, alles mit Scheren zu zerschneiden, und tragen am Ende die BHs als Zorro-Masken und die Schlüpfer als Mützen.

Wir schmieren unsere Gesichter mit einem Hyaluron-Serum

zu dreihundert Euro das Fläschchen ein, stellen fest, dass davon die Haut spannt wie Hölle, wir danach genauso knittrig wie vorher aussehen und merken an, dass es Cremes mit exakt gleichen Inhaltsstoffen in der Drogerie für fünfzehn Euro gibt. Wir empfehlen den Followern, statt der von Influencern beworbenen Menstruationsunterwäsche doch mal die Inkontinenzschlüpfer ihrer Omas auszuprobieren. Warum sein Geld zum Fenster rausschmeißen? Wir geben ein Schminktutorial, in dem wir unter Anleitung von Miriam mit Kleber und Theaterschminke eine wirklich prächtige, haarige Warze auf Sarahs Nase zaubern. *»Hässlichkeit«:* der neue Signature Look, eine optische Eigenart, die uns anekelt und uns doch auf unheimliche Weise fasziniert, ein garantiertes Alleinstellungsmerkmal also, perfekt geeignet zur Inszenierung einer unverwechselbaren Personenmarke. Auf dem Schuhmarkt hat es doch auch funktioniert: Crocs, der hässlichste Schuh von allen – und heute Super-Kult. Einfach Klasse! Wir stellen eine Top 10 der »Angeberei« auf und vergeben die Gewinnerplätze an Influencer, die mit ihren ständigen Hochglanzposts und Red-Carpet-Looks ihre Follower ganz besonders unzufrieden machen.

Wir zeigen ein Video, in dem sich eine Influencerin bitterlich über die Dick-Pics beschwert, die täglich in ihren Social Media-Postfächern landen, danach zeigen wir die Wirkung ihrer Worte: Hunderte weiterer Dick Pics, die wie ein Tsunami ihren Account überfluten und diesen mit einem *Kawummm* zum Explodieren bringen. Wir stellen die Frage in den Raum, ob moralische Belehrungen durch Netzpersönlichkeiten auf den sozialen Medien überhaupt je eine Wirkung entfalten. Dick Pics, Rassismus, Diskriminierung, keine Frage, alles verachtenswert. Aber weiß eure Community das nicht längst? Nur die, die tatsächlich belehrt werden müssten, die sagen: »Scheiß auf digitale Indoktrination!«. Wer auf Social Media predigt, wirkt auf Andersdenkende wie ein

Oberlehrer: abstrakt, enervierend, provozierend. Keiner lässt sich hier bekehren, im Gegenteil, Ressentiments werden verstärkt. Es ist eben kein echtes Gespräch, das man hier führt, keine echte, zwischenmenschliche Interaktion, keine emotionale Erfahrung. »Follower« sind keine »Freunde« – fresst es Leute! Niemand hinterfragt wegen euch seine Weltanschauung. Ihr seid eine Marke, mit der sich Geld verdienen lässt, aber die Welt werdet ihr nicht verändern.

Wir stellen die These auf, dass der sog. *Mere-exposure*-Effekt ab einem gewissen Punkt ins Gegenteil umschlägt. Fand man eine intellektuelle Netzpersönlichkeit anfangs inspirierend, freute sich über ihre zahlreichen Twitter-Statements und geistreichen Instagram-Beiträge, schlägt die Sympathie in Genervtheit um, wenn selbige anfängt, einen mit Red-Carpet-Looks und Fernsehpreis-Outfits zu beglücken. Klar, man bleibt am Ball, *FOMO* lässt grüßen, aber unterschwellig wächst in einem die Aggression gegen die Angeberei. Sorry, wer glaubt, der Welt täglich sein »*Outfit of the day*« zu schulden, der hat den Schuss nicht gehört. Da hilft es auch nichts, zwischendurch ein Foto seines Doppelkinns zu posten, nach dem Motto: ich bin zwar geil aber auch nur ein Mensch. »AGA« – *Aggression gegen Angeberei* – eine neue Abkürzung fürs Social Media-Zeitalter. Gelten »Follower« mit Magengeschwüren eigentlich noch als »Follower«? Gibt es eine Heilung vom Followerdasein?

Sarah und ich sind ziemlich stolz auf uns. So viel Meinung und Ehrlichkeit gab es bei LOTTE HOHENFELD noch nie. Tessa hingegen ist skeptisch.

Unsere Beiträge zeigen Wirkung, LOTTE HOHENFELDs Anhängerschaft verändert sich. Nicht wenige Influencer klicken »Unfollow«, manche schreiben mir böse, enttäuschte Nachrichten. Eine Diversity-Expertin, die als Keynote Speakerin durch die Lande zieht, bezeichnet mich als Verräterin am Feminismus, vermutlich sei ich durch rechtskonservatives Gedankengut getrieben, in jedem Fall würde ich der guten Sache in den Rücken fallen. Was auch immer die »gute Sache« sei. Während die einen sich abwenden, kommen neue Follower hinzu.

Irgendwie erfüllt mich das Ganze mit neuer Energie. Das Leben mag eine Perlenkette aus Abschieden sein. Aber man kann es auch positiv interpretieren: Abschiede von der jeweils alten Version des eigenen Ichs. Das Leben ist ein steter Neuanfang. Die Erkenntnis euphorisiert mich. Diese neue Version von LOTTE HOHENFELD macht mir Spaß, ich fühle mich abenteuerlustig, und so verrückt es klingt: ich spüre Sinn.

Vielleicht ist es gerade das, worum es im Leben geht? Sich nicht festlegen lassen. Neue Ideen aufgreifen. Aus einer leeren Hülle ein Etwas machen, das alle möglichen Formen und Facetten annehmen kann. Ist das nicht auch die Botschaft des Existenzialismus? Nichts ist da außer einem diffusen Etwas, kaum besser als »Nichts«, aber daraus können wir alles Mögliche formen. Vielleicht ist gerade das mein Talent? Ich kann sein, was ich sein möchte? Ich bin nicht »Nichts«, sondern irgendwie, das klingt jetzt seltsam, alles? Meinetwegen, »Ich« ist nur ein Netzwerk aus feuernden Synapsen, eine hilfreiche Selbst-Illusion, eine Chimäre um sich in der Welt zu bewegen, aber immerhin ergibt alles am Ende eine Vielzahl. »*I contain multitudes*«, lautet ein Zitat von Bob Dylan, ich mag es. Variationen des Nichts ergeben zusammen ein Etwas? Es zählt nicht, was du bist, sondern was du sein könntest, so hat es Tessa formuliert. Vielleicht ist das der Sinn des Lebens? Sich stetig neu erfinden, sich in ungeahnte Richtungen neu entfalten, jede neu entdeckte Facette ein kleiner Triumph. Immer weitermachen, das Weitermachen selbst ist das Wunder. Ein Apfel wächst an einem Baum, irgendwann landet er als Häufchen aus beigem Matsch am Boden, aber dennoch: vorher erblüht und erstrahlt er, trotz jeder Witterung, zeigt dem Nichts den Stinkefinger. Tatsächlich, so ist es. Dieser Stinkefinger ist der Sinn des Lebens! Sinn bedeutet, sich verschwenden im Dienst an einer Sache, was für eine Sache das auch immer sein mag. Find what you love, and let it kill you.

Während mir all das durch den Kopf geht, ich richtig gerührt bin von meinen Erkenntnissen, muss ich dann doch über mich grinsen. Typisch Mensch. Wenn man meint, sich auf der richtigen Spur zu befinden, sich alles irgendwie gut anfühlt, sieht man plötzlich Sinn und Schönheit wo vorher nur Grau und Chaos war. Fehlt noch, dass ich vom *Growth-Mindset* schwadroniere oder die heilige Kraft der Manifestation beschwöre. Meine Güte, als nächstes veröffentliche ich noch einen Glücksratgeber.

Mir fällt ein, dass ich meinen Verleger noch nicht zurückgerufen habe. Seit Wochen liegt er mir in den Ohren, doch endlich ein neues Buchprojekt zu starten. Irgendwas über Erfolg, Glück, Männer oder Frauen, ganz egal was. Ich weiß, was er denkt: garantiert wird sie mit dem Buch in Talkshows eingeladen. So entstehen Spiegel-Bestseller, das weiß jeder in der Branche. Wer glaubt, Qualität oder Inhalt entschieden über einen Bucherfolg, ist hoffnungslos naiv.

Heute haben wir Videos von mir gedreht. Tessa wollte es so. Mit einer speziellen Kameraausrüstung filmte mich Miriam vor einer grünen Leinwand, mitten im Loft von allen Seiten, dazu zahlreiche Headshots. Irgendwann, meinte Tessa, bräuchten wir eine komplett digitale Lotte, und das müsse sorgfältig vorbereitet werden. Der Fokus lag auf meinem Gesicht, meiner Mimik. Ich sprach Texte in die Kamera, machte auf Tessas Anweisung Grimassen, gähnte, lachte, schmollte.

Erst jetzt erwähnt Tessa, im Grunde nebenbei, dass mein Gesicht auf der Homepage mit einer KI erstellt wurde. Nicht ich selbst lächle mich vom Bildschirm aus an, zwinkere mir verschmitzt und verschwörerisch zu, nein, es ist eine von einem intelligenten IT-Tool neu erschaffene Lotte. Letztlich wundert es mich nicht, schon beim ersten Ansehen meiner Homepage hatte ich das Gefühl, eine mir bislang unbekannte Person vor mir zu haben.

Nach dem Videodreh im Wohnzimmer, als Miriam mit ihrer Kameraausrüstung bereits nach Hause gegangen ist, sitzen Tessa und ich auf der Ledercouch und Tessa kommt auf meine Social-Media-Aktivitäten zu sprechen.

»Ganz ehrlich, Lottchen. Was denkst du dir dabei? Willst du das System kippen?«

Mir war klar, dass Tessa es wieder auf den Tisch bringen würde.

»Ach komm, übertreib nicht. Es sind nur ein paar ironische Videos«, sage ich.

Tessa schüttelt den Kopf.

»Es sind eine ganze Menge. Ich frage mich, was du dir davon erhoffst?«

»Erhoffst? Endlich mal die Wahrheit zu sagen! Endlich mal diesen ganzen Onlinemist zu entlarven. Findest du nicht, dass das nötig ist? Komm schon. Das befreit, Sarah sieht das genauso.«

Das überzeugt Tessa aber nicht.

»Willst du eine Social-Media-Revolution anzetteln? Ich bitte dich. Oder willst du ins Satire-Geschäft einsteigen? In die Politik gehen vielleicht?«

»Ach was«, sage ich und rolle die Augen.

»Friss es, Lottchen, du wirst nichts ändern am System. Die Dinge sind wie sie sind. Spiel das Spiel mit oder lass es bleiben, eine andere Wahl hast du nicht.«

Jetzt werde ich sauer. Irgendwer müsse doch mal aufbegehren, Satire sei ein Mittel des Protests, und wie man an meiner Followerzahl sehe, gefalle es vielen.

Tessa schüttelt den Kopf.

»Du bist verrückt, Lottchen. Wir leben im Kapitalismus. KA-PITALISMUS, buchstabiere es mal. Wer das Spiel nicht mitspielt, fliegt raus. Und du hast zurzeit kein festes Einkommen oder sehe ich das falsch?«

»Moment, warst du nicht mal Punk? Seit wann scheren Punks sich um Kapitalismus?!«

»Die Alt-Achtundsechziger werfen auch keine Steine mehr.«

Ich weiß, worauf sie hinauswill. Letzte Woche ist die Naturkos-metikfirma, mit der wir seit einigen Monaten kooperiert haben, als Partner abgesprungen. Das Profil von LOTTE HOHENFELD passe nicht mehr so recht zu den Werten ihres Unternehmens, schrieben sie in einem freundlichen Brief, man wolle die Zusam-menarbeit daher nicht verlängern.

»Spiel das Spiel mit, oder lass es«, sagt Tessa, »aber bilde dir nicht ein, es anderen verderben zu können. So läuft es nicht. Und wenn's so läuft, dann sollte man den Absprung vor Augen ha-ben.«

Ich sehe sie an. Und merke, dass mein Herz klopft.

Den Absprung. Früher sprach Tessa öfters davon. Südamerika, Malediven, vielleicht ein kleines Haus am Meer, die Vorstellung, sich irgendwann einfach abzusetzen, irgendwo ganz neu zu star-ten. Natürlich gemeinsam.

Jetzt sagt sie es nicht.

»Ich will nur, dass du dich nicht verrennst«, sagt Tessa.

Ich nicke und schweige.

Tessa, die auf der anderen Seite der Ledercouch sitzt, steht auf, kommt zu mir rüber und setzt sich neben mich.

Sie streicht mir übers Haar.

»Satirische Videos. Ganz ehrlich, Lottchen. Ich denke nicht, dass das dein großes Werk ist.«

»Was ist es dann?«

»Vielleicht gibt es kein großes Werk.«

Ich sehe sie an. Hat sie das jetzt tatsächlich gesagt? Sie hat mich aufgegeben. Nein, so kann es nicht gemeint sein. Sich die Nichterreichbarkeit seiner Träume eingestehen. Vielleicht das Schwerste im Leben. Vielleicht aber auch ein Triumph. Die alte Version von sich selbst hinter sich lassen und neu anfangen.

»Wofür habe ich dann die ganzen Follower?«, frage ich sie.

Tessa lächelt.

»Du wirst es herausfinden.«

Ich weiß nicht warum, aber als ich Tessa ansehe kommt mir wieder Katinka in den Sinn. Meine kleine, blasse Schulfreundin von damals. Ihr madonnenhaftes, frühreifes Gesicht, die Melancholie darin, die eigentlich nur lang gelebten Menschenleben zusteht. Die dunkle, enge Wohnung, in der sie mit ihrem Vater hauste. In der es stets nach einer Mischung aus Zigaretten und Hagebuttentee roch. Ihr Vater mit seinem grauen Schwermut. Immer saß er im Wohnzimmer in seinem Sessel, rauchte, schaute fern, sein kaputtes Bein vor sich hochgelegt. Auf einem Polsterhocker, dessen Velourstoff mit einem durchsichtigen Schonbezug überdeckt war. Als ich meinen Eltern davon erzählte, meinten sie, derartige Plastikschonbezüge finde man nur bei sehr armen oder sehr alten Menschen.

»Vielleicht eine Schulaufgabenbetreuung?«

Tessa sieht mich überrascht an.

»Schulaufgabenbetreuung?«

Ich nicke.

»Für Kinder aus sozial schlecht gestellten Familien. Oder eine psychologische Hilfestelle. Ein Anlaufpunkt bei Smartphone- und Internetsucht für junge Menschen.«

Tessa betrachtet mich. Etwas ungläubig. Offenbar verwundert sie mein Gedankensprung. Ich sehe, dass sie sich fragt, was in mir vorgeht.

Sie betrachtet mich immer noch. Dann erscheint ein Lächeln

auf ihrem Gesicht. Nicht amüsiert. Nicht herablassend oder ironisch.

»Warum nicht. Wer weiß, Lottchen.«

In der Nacht habe ich einen Traum. Ein kleines Haus. Sehr
einfach, aber sehr gemütlich. Es steht direkt am Ufer eines Sees,
vielleicht ist es auch das Meer, ich weiß es nicht. Das Haus sieht
aus wie aus wenigen Holzscheiten zusammengezimmert, wie in
einem Kinderbuch. In die Fensterläden sind Herzen geschnitzt,
aus einem kleinen, windschiefen Schornstein oben steigt weißer
Rauch auf, der wie Watte aussieht. Vor dem Haus liegt ein einfa-
ches Holzboot, direkt unter der hölzernen Terrasse, und bewegt
sich sanft im Rhythmus des Wassers, das nicht flüssig ist, sondern
knitternder, durchsichtiger Folie gleicht. Und auf der Terrasse in
der Sonne sitzen Tessa und Lotte. Tatsächlich, ich sehe mich selbst
und Tessa, wie wir da so sitzen. Und jetzt fällt mir auf, dass Tessa ein Bär ist und Lotte ein Tiger.

»Ist es nicht schön hier?«, fragt der Tiger.

»Ja, uns geht es gut«, nickt der Bär.

»Wir haben alles, was wir brauchen.«

»So ist es«, antwortet der Bär.

»Wir brauchen vor nichts Angst zu haben«, sagt der Tiger.

»Ja«, lächelt der Bär, »denn wir haben uns.«

Kapitel 24

Am Morgen erwache ich in Tessas Schlafzimmer. Statt auf der Ledercouch habe ich neben ihr im Bett übernachtet. Das mache ich selten, ich will ihr nicht zu sehr auf die Pelle rücken. Tessa braucht ihren eigenen Ruhebereich, wie sie es ausdrückt, der Raum runtergekühlt, kein Geräusch um sie herum, die Rollos komplett runtergezogen. Ich hingegen bevorzuge auch nachts eine Lichtquelle und wenn es nur die Leuchtziffern eines Weckers sind, die den Weg zur Tür leiten. Ich bin ein Kind, das sich im Dunkeln fürchtet. Tessa und ich sind ein eingespieltes Team, das kann man schon so sagen. Jeder hat seinen eigenen Tanzbereich, so wie in *Dirty Dancing* Johnny und Baby beim Paartanz, jeder macht sein Ding und lässt den anderen dabei in Ruhe. Leben und leben lassen, don't judge just love. Außer dem Rauchen gibt es eigentlich nichts, was mich je an Tessa gestört hätte, und sind es nicht die Marotten, die Abwärtsspiralen des Alltags, die Paare über kurz oder lang auseinanderbringen? Der eine schläft bei Licht, der andere nicht, der eine will Ekstase, der andere seine Ruhe, der eine ekelt sich vor Haaren und Schleifspuren in der Toilette, der andere sieht drüber weg. Mein Terrain bei Tessa war klar abgesteckt, Couch und Alpakadecke, die Toilette war ohnehin pikfein sauber, schließlich gönnte Tessa sich eine Haushälterin. Im Loft gab es nur Quality time, wenn ich da war. Mir geht durch den Kopf, dass es eigentlich zu schön ist um wahr zu sein.

Es ist schon nach zehn, Tessa ist längst aufgestanden, die Rollos hat sie einen Spalt hochgezogen. Vermutlich, um mir einen Gefallen zu tun. Ich mache mich auf ins Bad und auf dem Weg dorthin entdecke ich etwas am Schlafzimmerschrank. Es ist ein Foto aus einer Fotobox der Universal Studios von Los Angeles, ich wusste gar nicht, dass Tessa es aufbewahrt hat. Mit einem Stück Tesafilm befestigt hängt es nun da. Es zeigt uns beide eng nebeneinander: ich herzhaft lachend, den Kopf an Tessa gelehnt, so dass meine Haare ihr auf die Schulter fallen, Tessa wahrt Contenance, wie üblich, aber ein Lächeln liegt auf ihren Lippen. In Tessas Loft gibt es eigentlich keine Fotos. Zwei hypermoderne, riesige Grafiken zieren die Wände des Wohnzimmers. Von einem Berliner Künstler, der kürzlich verstorben ist, den Namen habe ich vergessen. Aber private Fotos? Gerahmte, sentimentale Erinnerungen an den ersten Schultag, liebe Freunde oder Familie, wie sie bei den meisten Leuten auf den Kommoden stehen, sucht man hier vergeblich. Dass sich Tessa im Leben mehrfach neu erfunden hat, steht außer Frage, nur wie, warum und wann wird man aus ihrem Loft nicht ablesen können. Kein Besucher blickt in Tessas Innenleben. Aber nun hängt hier ein Polaroidfoto von uns beiden am Schlafzimmerschrank. Ich merke, dass ich lächle. Irgendwie sieht es aus, als sei ich ein fröhlicher Stern, der seine Strahlen in Form von blonden Haaren auf Tessas dunklen Mondkörper wirft. Der Gedanke macht mich zufrieden.

Ich gehe ins Bad, putze mir die Zähne, ziehe mich an, Leggings und Hoodie, schließlich ist Wochenende, dann mache ich mich auf zur Kaffeemaschine. Ich betrete das Wohnzimmer. Der Raum ist hell erleuchtet, Sonnenstrahlen fallen durch die hohen Fenster. Und auf der Ledercouch sitzen Tessa und die Amerikanerin.

Tessa im halben Schneidersitz, das rechte Bein angewinkelt, das andere ausgestreckt, den rechten Unterarm auf das Seitenpolster gestützt, in der Hand eine Kaffeetasse. Die Amerikanerin sitzt neben ihr. Nicht einfach so. Sie lehnt sich an Tessa, Tessas linker Arm liegt hinter ihrem Rücken, die Beine der Amerikanerin sind über Tessas ausgestrecktem Bein drapiert, mit ihren NIKE-Sneakern stützt sie sich am Couchtisch ab. Auf dem liegt eine geöffnete Zeitung, offenbar haben die beiden gerade darin gelesen, davor steht wie üblich Tessas buntbemalter Ascher. Heute ohne Zigaretten darin. Klar, geht es mir durch den Kopf. Die Amerikanerin raucht nicht.

Es verschlägt mir die Sprache.

Es fühlt sich an, als wäre mein Körper erstarrt, ich kann meinen Blick nicht von den beiden abwenden.

Und mir wird klar, dass die Amerikanerin ein Raubtier ist. Ihre Haare mögen hell sein, das ist egal. Ganz eindeutig ist sie ein Panther: das Fell glänzend, die Augen smaragdgrün leuchtend, die Silhouette agil und sprungbereit. Ihre Crossfit-gestählten Arme, die aus einem harmlosen T-Shirt ragen, die enganliegende Jeans, die beiläufig den Sexappeal ihres Körpers betont. Ihre weißen, makellosen Zahnreihen, die mir schon im Flugzeug ins Auge stachen, aus diesem breiten Mund mit dem raumgreifenden Lachen. Als trüge sie in ihrem Gebiss die Freiheit mit sich herum. Und wie ich sie betrachte, fühle ich mich wie der Hungerkünstler bei Franz Kafka. Ja, ich bin es, der Hungerkünstler, der mit seiner längst aus der Mode gekommenen Kunst vergangener Tage mitansehen muss, wie die Zuschauermenge an ihm vorbei zum Käfig des jungen Panthers strömt. Hingerissen von dessen unbändiger Lebenskraft, die ihm wie eine kaum zu ertragende Glut aus dem Rachen strömt. Die Zeiten des Hungerkünstlers sind vorbei.

Ich blicke auf Tessa, wie sie ihren linken Arm um das Raubtier gelegt hat. Zwei Ebenbürtige, höchst vertraut. Ich bin fassungslos.

Was wissen wir überhaupt von einem anderen Menschen? Nur das, was unsere Begegnungen mit ihm verraten. Doch schon am nächsten Tag kann derselbe Mensch ein neuer sein, ein Mensch, der anderen Menschen begegnet ist, der neue Gedanken angesammelt hat. Nicht nur die Zellen seines Körpers sind über Nacht erneuert, auch sein Geist ist es. Was weiß ich von Tessa außer das was ich vor mir sehe?

Endlich löse ich mich aus meiner Erstarrung. Ich gehe zur Kaffeemaschine und bereite mir einen Latte Macchiato zu. Es erstaunt mich, mit welcher Gelassenheit ich es hinbekomme. Ich spüre, dass die beiden mich von der Couch aus beobachten. Einen guten Morgen habe ich ihnen nicht gewünscht.

Mit dem fertigen Kaffeegetränk verlasse ich das Wohnzimmer, gehe zurück in Tessas Schlafraum.

Ich setze mich auf Tessas Bett, nehme einen Schluck, obwohl es noch zu heiß ist, ich merke, dass meine Hände zittern wollen, aber ich lasse es nicht zu, sondern halte mit ihnen das Getränk fest.

Die Schiebetür geht auf und Tessa kommt rein, zieht die Tür hinter sich zu.

Sie sieht mich an.

»Was ist los?«, fragt sie.

Einen Moment bin ich sprachlos.

»Was los ist?!«

»Ja, was ist los«, wiederholt Tessa.

»Das kannst du mit mir nicht machen!«

»Was?«, fragt Tessa.

Sie sieht mich an, als sei das eine völlig legitime, normale Frage. Ich fasse es nicht. Will sie mich für dumm verkaufen?

»DAS kannst du nicht mit mir machen«, sage ich. Ich merke, dass ich mich wiederhole, aber es ist mir egal.

»Was ist DAS?«

Ich stehe auf, stehe ihr jetzt direkt gegenüber. Dann deute ich mit der linken Hand theatralisch in Richtung Wohnzimmer.

»DAS!«

Tessa sieht mich an, einen Moment schweigt sie.

»Sprich es aus, Lotte«, sagt sie.

Mich abservieren. Aber wir sind kein Liebespaar. Mich zurücklassen. Mich im Stich lassen. Mich an einer Haltestelle im

Nichts absetzen und wegfahren. Hat sie mich gerade Lotte genannt? Das erste Mal überhaupt. Es fühlt sich an wie ein Stich ins Herz. Lotte statt Lottchen. Es klingt wie ein Donner, ein donnerndes Wort, das etwas umdeutet, mir meinen Status entzieht. Die Niedlichkeit wird mir aberkannt, die Grundlage unserer Beziehung fortgeschleudert, mit einem Wort. Als Lottchen hatte ich den Freibrief. Bei ihr unterzukriechen in mein Winternest. Jetzt bin ich nur noch Lotte. Ein Gast von vielen, der geduldet wird. Dessen Anwesenheit aber nicht kriegsentscheidend ist.

»Komm, sprich es aus, Lotte.«

Aber ich kann nicht. Meine Gedanken lähmen mich. Meine Kehle ist wie zugeschnürt. Ich kann nichts sagen. Mich nicht völlig entblößen. Zu einer schluchzenden Kreatur werden, einem armseligen Kind. Hilflos, bedürftig. Ich habe mein Leben im Griff. Ich komme klar. Irgendwie immer. Ich habe es immer geschafft zurecht zu kommen. Ich werde es überleben.

Sie sieht mich immer noch an. Sie wartet. Sie erwartet etwas. Ich kann es ihr nicht geben. Wie sollte ich es ihr geben. In mir ist nichts, was ich sagen kann. Nur Leere.

Tessa greift mein Kinn. Schaut mir direkt in die Augen.

»Sag es.«

Ich sage nichts.

Tessa zieht die Augenbrauen hoch.

In dem Moment ist eine Stimme aus dem Wohnzimmer zu hören.

»Ist alles in Ordnung?«

Es ist die Stimme der Amerikanerin.

Tessa lässt mein Kinn los.

»Ja«, sagt sie laut.

Sie blickt mich noch einmal an, dann dreht sie sich um und geht zurück ins Wohnzimmer.

Es ist ein »Ja«, in das man alles oder nichts interpretieren kann.

Ein sachliches »Ja«. Vermutlich meint sie es so. Sachlich und abschließend, wie es ihre Art ist.

Lotte, hallt es in meinem Kopf.

Etwas in mir ist zerbrochen. Etwas wurde beendet. Ein schöner Traum. Vielleicht eine Illusion. Irgendetwas in mir schluchzt auf. Lotte. Ich kann das Wort nicht ertragen. Ich denke an meine Schulfreundin Katinka. Ihr Gesicht umrahmt von den kohlrabenschwarzen Zöpfen, ich sehe ihr Antlitz auf einem Amulett, das sich langsam von mir entfernt, immer kleiner wird, sich irgendwie verkapselt, in die Schublade mit den Erinnerungen zieht. Weit nach unten ins Dunkle.

Kapitel 25

Allein in meiner Wohnung zu sein ist hart.

Es ist ungewohnt. Mindestens drei Tage die Woche war Tessas Loft mein Zuhause. Einige meiner Klamotten hängen seit Jahren in ihrem Schlafzimmerschrank, ein Wintermantel, mehrere Paar Schuhe, vor allem zum Ausgehen, dazu Hautcremes und Schminkzeug im Spiegelschrank ihres Bads. Ich werde sie nicht abholen. Ich will das Loft nicht betreten. Schon nach einem Tag vermisse ich die Alpakawolldecke. Mein flauschiger Schutz vor der Welt. Nie im Leben hätte ich mir selbst ein Luxus-Accessoire dieser Art zugelegt. Fast achthundert Euro hat diese Decke gekostet, ich weiß es nur, weil ich dieselbe zufällig im Schaufenster einer Berliner Boutique liegen sah. Aber Tessa war nichts zu teuer. Für ihr Lottchen, das ich damals war. Beim Gedanken, dass nun die Amerikanerin abends eingewickelt in dieser Decke mit Tessa vorm Fernseher sitzt, wird mit schlecht. Ob sie das Polaroidfoto von Tessa und mir bereits vom Schlafzimmerschrank entfernt hat? Es ist zu vermuten.

Vieleicht hätte Tessa gar nichts dagegen, wenn ich weiter in Ihrem Loft abhänge. Vielleicht würde sie mich wieder Lottchen rufen, gönnerhaft, gerührt von meiner Anhänglichkeit. Aber es wäre nicht mehr das Gleiche. Ich bin nicht mehr die eine, die sie liebenswert findet. Nicht mehr die eine, der ihre Zuneigung exklusiv gehört, die es wert ist geliebt zu werden in diesem Loft. Ich weiß es, und ich werde die finale Bestätigung nicht abwarten. Ich muss mich einrichten in meinem Leben, allein. In dem niemand Verantwortung oder Sorge für mich übernimmt. Außer mir selbst. Ich will dem Grauen ins Auge blicken und es dann hinter mir lassen. Unter keinerlei Umständen werde ich warten auf Tessas finale Worte, die zwangsläufig irgendwann bevorstehen und die vermutlich lauten: »Die Amerikanerin wird hier einziehen. Es macht dir doch sicher nichts aus?« Nein, diese Worte werde ich mir nicht antun. So tief werde ich nicht sinken.

Eine Erinnerung ist zurückgekommen, ein Gespräch zwischen mir und Tessa, etwa fünf Jahre ist es her. Auf einer Party, bei der auffallend schöne Frauen unterwegs waren, mit ebenmäßiger Haut, vollen, schimmernden Lippen und langen Beinen. Tessa war augenscheinlich angetan, machte einer besonders Langbeinigen ein Kompliment zu ihrer Figur, ich stand direkt daneben und fragte sie beleidigt, ob sie mich denn gar nicht heiß fände. Nein, hatte Tessa gelacht. Und warum? Weil du was Besonderes bist.

Diese Antwort mochte ich. Bildete mir ein, stolz darauf sein zu können und legte sie zum Stapel bernsteinfarbener Komplimente, auf denen unser Selbstwert gedeiht. Heute frage ich mich, ob meine wohlwollende Interpretation nur meinem Alkoholpegel geschuldet war oder schlicht eine absichtliche Selbsttäuschung. Der Rest der Konversation ging nämlich wie folgt: Ob sie, Tessa, denn jemals darüber nachgedacht hätte, mit mir ins Bett zu gehen? Tessa sah mich an, ihre Augen dunkel, ihr Gesicht rätselvoll. Und sie sagte, sicher habe es viele andere gegeben, bei denen sie es eher erwogen hätte. Erst jetzt, Jahre später, fällt mir auf, dass ich nie über diesen Satz nachgedacht habe. Im Gegenteil, ich habe ihn verdrängt. War es nicht eine unmissverständliche Klarstellung, dass ich nicht in ihr Beuteschema fiel? Und was sind Liebe und Zuneigung ohne diese gewisse Anziehung? Wollen wir einen Menschen, den wir nicht körperlich begehren, unser Leben lang um uns wissen?

Ich war es nie für sie. Jetzt muss ich es mir eingestehen. Die Amerikanerin mit ihren Crossfit-Armen und makellosen Zähnen ist nur die endgültige Bestätigung.

Ein weiterer Riss. Ich bin mir nicht sicher, ob ich ihn überstehen kann. Ich spüre, dass es besser ist, das Trauma, das mir hier bevorsteht, vorwegzunehmen. Es willentlich herbeizitieren, vielleicht um danach klarer sehen zu können. Ich merke, dass sich bereits jetzt Verschaltungen in meinen Synapsen verändern, Verschiebungen meines Herzrhythmus, meiner Sinneswahrnehmungen. Als würde sich bereits etwas über meinen Körper legen. Erneut.

Was ist Erlebtes wert, wenn man es nicht teilen kann? Wir erzählen uns eine Geschichte über unser Leben, während wir es erleben. Aber was ist das für eine Geschichte, wenn wir sie niemandem weitererzählen können? Niemandem, der uns wirklich etwas bedeutet. Jemanden verlieren, heißt sich selbst verloren gehen.

Die ersten Tage nach der Episode in Tessas Loft, habe ich das Gefühl als leere Hülle durch die Gegend zu laufen. Obgleich ich nicht abserviert wurde, fühlt es sich so an. Ich nehme die Trauer vorweg. Doch dann wechsle ich in den Überlebensmodus. Und dieser Überlebensmodus ist meine Rettung. Denn er hat etwas Berauschendes.

Ich komme klar. Ich bin es immer, ich lebe weiter. Ich gehe aus. Ich hänge mich an die verrückten Jungs aus Sarahs GenZ-Clique und ziehe mit ihnen um die Häuser. So wie ich es lange nicht gemacht habe. So wie früher. Es fühlt sich an wie ein Aufbruch, irgendwie hat es etwas Erregendes, Trotziges, Sinnliches. Trauer als Start ins Ungewisse. Jetzt Stärke zu zeigen, euphorisiert mich, gibt mir ein Gefühl von Unbesiegbarkeit und ungeahnten Möglichkeiten. Das nackte, verlassene Ich gibt sich dem Rausch des Ungewissen hin. Statt Hühnersuppe in Tessas Loft gibt es Bier im Techno-Club. Abfeiern im KitKat statt Kuscheln auf dem Sofa. Ich habe es noch drauf, das wilde Leben. Wann leben, wenn nicht jetzt?

Obgleich ich nicht Teil eines Paares war, fühle ich mich wie ein frischer Single. Sechs Jahre lang hatte ich nicht das Gefühl Single zu sein. Mit Tessa war ich Teil einer Verpaarung. Unser Verhältnis war speziell, es war exklusiv und ich dachte es wäre für immer. Ich brauchte nichts anderes. Ich hatte keinen Grund mich unvollständig zu fühlen. Mit Tessa zusammen hörte ich nicht diese innere Stimme, die in der DNA aller Frauen wohnt, und ihnen spätestens in ihren Dreißigern zuraunt, Teil eines Paares zu werden. Möglichst eines heterosexuellen, versteht sich, zwecks Gründung einer Familie. Junge Netzfeministinnen schwärmen heute vom »Situationship«, finden Singlesein »cute« und halten ihre eingeschworene Mädels-Clique jeder Zweierbeziehung für überlegen. Doch sie unterliegen einer Illusion. Gott ist tot, aber ein anderer Mythos ist ungebrochen: die romantische Liebe. Die Liebe, die für immer sein soll. Die Singlefrau mag kernentspannt, cool und selbstbewusst sein, sie mag Laura, Lisa, Carrie oder Ally heißen, aber am Ende des Tages will sie eine andere sein: nämlich eine, die vergeben ist. Den einen Menschen finden, den, der da ist, egal was kommt. Den einen Menschen, der einem die Alpakawolldecke umwickelt, und dem man glaubt, wenn er sagt: alles wird gut.

Das Singledasein ist eine Übergangsperiode, das Finden der großen Liebe hingegen eine unsichtbare, kulturelle Erwartung und vor allem eine tiefsitzende, menschliche Hoffnung. Wer diese Hoffnung an den Haken hängt, hat irgendwie kapituliert. Der eine verkraftet es besser, der andere schlechter. Man richtet sich ein im Zustand des Alleinseins, hält sich an Familie oder Freunde. Im Idealfall macht man seinen Frieden damit. Single by choice, Hochzeit mit sich selbst, die singuläre Frau. Einen Vorteil hat es definitiv, das Alleinsein: es gibt niemanden, den man verlieren kann.

Was ist mit mir? Ich sehe jünger aus als ich bin. Steht mir die Welt nicht offen? Ich bin frei wie ein Vogel, ich werde um die Häuser ziehen, an jeder Ecke könnte ein Abenteuer warten. Ich bin noch nicht bereit für den Rückzug. Ich komme klar, ich bin es immer, und das ist mein Asset.

Kapitel 26

Das Leben geht weiter. Ich gehe voll auf Angriff. Was bleibt mir auch anderes übrig?

Ich gehe wieder ins Fitnessstudio, ich muss brutaler werden. Kräftiger und widerstandsfähiger. Tessa war brutal, das reichte. Jetzt muss ich es selbst sein. Inzwischen schaffe ich zwei Klimmzüge. Als ich von zu Hause auszog, hat Mutter es mir eingeimpft: Lotte, du musst dich rüsten, das Leben ist ein Kampf, jeden Tag von Neuem, du wirst es sehen. Mutter war ein Angstmensch, tatsächlich war sie es, die mir damals vorschlug Taekwondo zu lernen, sie hatte zufällig eine Annonce für Kurse in der Zeitung gesehen. Mit Tessa trat ein furchtloser Mensch in mein Leben. Ich war der kleine Tiger, sie der Bär. Bei ihr vergaß ich, dass die Welt ein Schlund ist, der einen abwärts reißen will. Ich war gewappnet.

Statt die Einladungen für VIP-Events, die ich glücklicherweise weiterhin erhalte, direkt an Claudia weiterzuleiten, gehe ich nun selbst wieder mit ihr hin. Ohne meinen Bürojob, der auf angenehm verlässliche Weise Leben und Miete bezahlte, lebe ich erstmal von meinem Namen. Und was ist ein Name wert, wenn er nicht im Gespräch bleibt?

Miriam steht mir mit ihren Make-up-Künsten nicht mehr zur Verfügung, schließlich wurde sie stets von Tessa bestellt und bezahlt, aber ich kriege es jetzt selbst hin. Ich bin Profi darin geworden, LOTTE HOHENFELD zu sein. Ich weiß, was mir steht, was bei Kunstlicht gut rüberkommt, kenne die Kniffe beim Gestalten des LOTTE-Gesichts, weiß, dass Grün die Komplementärfarbe zu Rot ist, dass helle Haut wie meine, die zu Rötungen neigt, einen grünstichigen Primer benötigt, den man mit beiden Händen großflächig unter der Foundation aufträgt, bis wirklich jeder

Pickel wie von Zauberhand verschwindet. Ich weiß, dass Lottes dunkelroter Lippenstift die Nummer »80« trägt, und ich habe herausgefunden, in welchem Onlineshop ich ihn bekomme.

Als ich mit meinem Vater telefoniere, fragt er, wann ich mir denn wieder einen Job suchen wolle. Schließlich sei ich studiert und das mit guten Noten, da fände sich doch sicher was? Ich druckse herum, sage, klar, das mache ich, so bald wie möglich, ich verspreche es. Tatsächlich widerstrebt mir der Gedanke. Ich stelle mir vor, wie eine Personalabteilungsdame meine Bewerbungsmappe öffnet, den Namen LOTTE HOHENFELD liest, woraufhin ein zufriedenes Grinsen auf ihrem Gesicht erscheint. Na, da hat der Promistatus wohl nicht gereicht, oder auch: schau an, da kommt sie wieder angekrochen in der schnöden Arbeitswelt. Nein, ich kann es noch nicht. LOTTE HOHENFELD ist trotzig. Sie ist vermessen und eitel geworden und sie will der Welt beweisen, dass ihr Name zum Leben reicht. Ich frage mich, ob Prominenz eine Droge ist, die einem den letzten Funken Verstand aus dem Hirn bläst.

Mein Borchardt-Kuss hat mich zur B-Prominenten gemacht. Claudia findet, fünfhunderttausend Follower sprächen sogar für A-Prominenz. Aber das sagt sie nur, um mir zu schmeicheln. Auf der SAT1-Party letzte Woche habe ich ihr die Chefin des Frühstücksfernsehens vorgestellt. Wer weiß, vielleicht wird Claudia als dermatologische Expertin in eine Sendung eingeladen. Auf Parties dieser Art halte ich mich an Schampus und Wodka Soda, nicht zu viel allerdings, denn das Ziel jedes Abends ist gepflegter Smalltalk, um weiterhin Einladungen zu Spiel- und Talkshows zu erhalten. Manche TV-Gesichter nennen so was »Aufträge«, schließlich wird jeder Auftritt bezahlt, abhängig vom Prominentenstatus, versteht sich. Um im Gespräch zu bleiben, gilt es, mit der Eitelkeit wichtiger Leute zu spielen. Ich kann inzwischen mit jedem flirten. Wirklich, es funktioniert mit jedem. Mit dem Senderchef, der nach Davidoff Cool-Water gemischt mit Schweiß riecht, und dem wegen seiner Neurodermitis immer so Hautfetzen am Kinn kleben; mit der anorektischen RTL2-Recruiterin, die so eine hohe, aufgekratzte Heidi-Klum-Stimme hat, dass es einem fast das Trommelfell sprengt; mit der Wetterfee der Öffentlich Rechtlichen, die sich fürs Einwecken und Stricken interessiert, unfassbar langweilig ist, dafür aber eng mit dem Programmchef befreundet.

Claudia macht mit und gibt alles. Ihre Stunde des Networkings hat geschlagen, jetzt gilt es, im Windschatten der guten alten Lotte in den Celebrity-Himmel zu steigen. Was auch immer das für ein Himmel ist. Seit neuestem meldet sie sich fast täglich, schickt mir Emojis, lädt mich in ihre Praxis zur kostenlosen Fraxel-Laser-Behandlung, erkundigt sich nach meinem Befinden. Man muss den Menschen nur mit dem Richtigen locken, dann kitzelt man alles Mögliche aus ihm heraus. Ob Eva sich wieder melden wird? Bisher hat sie es nicht. Es flößt mir Respekt ein.

Abends vorm Schlafen poste ich die Fotos des Tages. Tatsächlich habe ich immer noch fast fünfhunderttausend Instagram-Follower und das, obwohl der Borchardt-Kuss nun mehrere Monate zurückliegt, und ER seit Neuestem mit einem internationalen Topmodel liiert ist. Daran besteht keinerlei Zweifel, denn im ganzen Netz gibt es Fotos von den beiden, innig vereint. Andererseits. Auch von mir und ihm gab es solche Fotos. Einen winzigen Moment frage ich mich, ob Tessa dieses internationale Topmodel ebenfalls managt, doch der Gedanke erscheint mir abwegig. Ein paar meiner Followerinnen schreiben mir, ich sei doch viel cooler als diese Topmodel-Tante, und ich solle den Kopf nicht hängen lassen. Das rührt mich. Ich wundere mich wirklich, dass so viele Follower bei der Stange bleiben. Es muss die Neugier sein. Die neugierige Annahme, dass von dieser LOTTE HOHEN-FELD noch irgendetwas zu erwarten ist. Vorsichtshalber kaufe ich zehntausend neue Follower bei einer türkischen Online-Platt-form. Es kostet rund zweihundert Euro, das kann ich mir gera-de noch leisten. So was nennt man wohl Investition in den eige-nen Markenwert.

Ansonsten stellt mich die neue Situation vor ein Problem. LOT-TE HOHENFELD war ein Gemeinschaftsprojekt, es wird immer klarer. Tessa hatte die Gesamtsteuerung unter sich, die im Dun-keln agierende Türöffnerin zu Fame und exklusiven Kreisen. Sa-rah, das Exekutivorgan, die Steuerin des Contents, Fotografin, Filmerin, Cutterin, Animateurin, Mixerin in einem. Und ich? Das Objekt, Dreh- und Angelpunkt der Show, keine Frage. Doch die Showmaster fehlen nun. Nach längerem Überlegen schicke ich Sarah eine WhatsApp, frage, ob sie weiter für mich arbeiten wol-le. Selbstverständlich würde ich sie an den Einnahmen beteiligen. Fast einen Tag dauert es, bis Sarah antwortet. Tatsächlich scheint sie meine Nachricht zunächst gar nicht gesehen zu haben, als wäre sie in ihrem Postfach untergegangen. Schön von dir zu hö-ren, schreibt sie dann, an sich gerne, nur leider habe Tessa sie auf ein zeitkritisches Projekt gesetzt, das gehe aktuell vor, und da sie ja nebenbei noch an ihrer Masterarbeit schreibe, bliebe im Mo-ment einfach kein Spielraum.

Ich lese die WhatsApp mehrmals. Ich glaube, Sarah lügt nicht. Tessa hat das Projekt »Lotte« offiziell beendet. Das Ziel »Ruhm fürs Lottchen« war längst erreicht, das Experiment gelungen, wenn man so will, und jetzt ist ohnehin die Amerikanerin am Start. Wozu noch ans Lottchen denken?

»Wie geht's dir denn?«, fragt Sarah in ihrer WhatsApp.

Noch geht es. Auch wenn ich mich zuweilen gerne abschaffen würde, vor allem morgens, wenn ich ein Haufen kraftloser Or-gane, Faszien und Muskeln bin, die nach meinem *iPhone* greifen, um zu schauen, ob die LOTTE HOHENFELD-Followerzahl wei-ter gesunken ist. Dieser Sack Moleküle, in dem ICH steckt, war nie geeignet, sich in einer Welt aus Hyperlinks, URLs und leuchtenden Pixelpunkten aufzuhalten, die vielen Bilder und Tabs haben längst die Nervenstränge und Synapsen meines Gehirns zu einem klebrigen Knäul aus toxischer Biomasse verknotet. Wäre es nicht ein sinnvoller Akt, mich abzuschaffen? Zehn Tonnen CO_2 pro Jahr weniger in der Atmosphäre, wenigstens *ein* Beitrag zur Rettung der Welt.

»Alles fein«, schreibe ich Sarah zurück.

Die Gutschriften des Spirituosenherstellers gehen weiterhin ein, die Werbekooperation läuft noch. Aber für die Miete reicht das nicht. Sich selbst beim Trinken eines koffeinhaltigen Kaltgetränks zu filmen, ist glücklicherweise nicht sonderlich komplex. Die etablierte, deutsche Modemarke hingegen hat nicht verlängert, offenbar haben unsere provokanten Videos dort Missfallen ausgelöst. Ich entscheide mich, es mit *Affiliate Marketing* zu versuchen. Hierbei verlinkt man Produkte von Unternehmen und erhält eine Provision für jeden Kauf, der über diesen Link zustande kommt. Doch schon bald stoße ich an meine Grenzen. Ein Video aufzunehmen gelingt mir noch, aber die Magie liegt in der Nachbearbeitung, mir fehlen die Adobe-Skills, ich habe keine Ahnung von Musikrechten, es ist eine Katastrophe. Nicht einmal das notwendige Update meines *iPhones* kriege ich alleine hin, statt Sarahs Hilfe muss ich die eines IT-Shop-Azubis in Anspruch nehmen.

Mir graut vor meiner Steuererklärung und mir graut vorm Bick auf mein Girokonto. Der Betrag darauf wird kleiner, die Miete ist zu zahlen, die Krankenkasse, die Versicherungsbeiträge. Nein, meinen Vater werde ich nicht um Geld bitten, es ist mir zu peinlich, das kann ich ihm nicht antun.

Du musst in dich selbst investieren, raunt mir mein Kleinhirn zu, du bist das Einzige, was dir jetzt bleibt, du bist deine eigene Cashcow, geh voll auf Angriff, LOTTE HOHENFELD, you go girl, Tschakka!

Ich besuche Claudia in ihrer Praxis und lasse mir Botox spritzen, dazu ein Schuss Hyaluron in die Lippen. Das habe ich noch nie gemacht.

Zu Hause schaue ich in den Spiegel. Obwohl Claudia eine vernünftige Ärztin ist und Natürlichkeit ein Kernelement ihres Behandlungskonzepts, sehen meine Lippen aus wie die eines trotzigen Karpfens. Was würde Tessa dazu sagen? Vermutlich nichts. Sie würde mich aus ihren dunklen Augen anschauen, eventuell kaum wahrnehmbar den Kopf schütteln und schweigen. Viele Dinge hält Tessa nicht für kommentierenswert.

Soll ich sie anrufen?

Gestern hat sie mir die Einladung zu einer Fernsehshow weitergeleitet, *Das Promiraten XXL*. Ohne jeden Text, nicht einmal ein »fyi« oder »zur Info« schrieb sie dazu.

Was soll ich ihr sagen, wenn ich mit ihr spreche? Ich schreibe zurück »Danke.« Das ist alles.

Tausend Euro plus Auslagen, das will man mir für die Teilnahme zahlen. Ich sage zu, was bleibt mir anderes übrig? Ich ziehe Bilanz, ja, es ist schon soweit, ich denke an die Anfänge von LOTTE HOHENFELD, über ein Jahr ist das jetzt her, es war ein irrer Ritt, ein Wettkampf, eine Herausforderung, irgendwie amüsant, prickelnd, wie ein Rausch, dann folgte die Episode Hollywood, der Kuss im Borchardt, die Toiletten-Keilerei in Los Angeles, ein gemeisterter Shitstorm, eine Episode der Selbstfindung durch ironische Videos.

Und jetzt? Ich bin ein TV-Gesicht. Nicht mehr, nicht weniger. Es erscheint mir mühsamer als mein alter Bürojob. Die Euphorie ist weg.

Kapitel 27

Das Promiraten XXL ist ein Tiefpunkt. Jammern auf hohem Niveau, würde hier Claudia anmerken, aber was kann ich für meine Gefühle? Vor der Garderobe macht mich ein Produktionsassistent an, irgendwie ziemlich plump: »Geile Oberweite, Schätzchen!«, als hätte es *Me-too* nie gegeben. Das Schminken muss schnell gehen, offenbar wird gespart, die Föhnwelle, die mir die Stylistin verpasst, sieht aus wie aus den Achtzigern, aber fürs Umstylen bleibt vor der Sendung keine Zeit. Auf die Frage *»Wer war der vorletzte Bundeskanzler?«* antworte ich versehentlich Helmut Schmidt, na wunderbar, das gibt sicher peinliche Kommentare. Fast scheint mir, mein Gehirn boykottiert aktiv meine Teilnahme hier, als hätte ich einen Schleier über den Synapsen. Einen Lichtblick gibt es: ein hübscher Dunkelhaariger mit charmantem Lächeln, der neben mir am Ratepult steht, ein Sportmoderator, neu im Unterhaltungszirkus, entsprechend noch kaum bekannt, unter fünftausend Insta-Follower. Als er mich anflirtet, lächle ich freundlich zurück. Mehr ist nicht drin. Das Abhängen mit *No-Names* erlauben mir meine Finanzen nicht.

Nach der Aufzeichnung, die bis abends dauert, gibt es eine Stehparty auf dem Flur des Senders, nicht gerade üppig, Fertigsalate, Lasagne aus der Aluschale und billiger Metro-Wein, egal, sagt der Aufnahmeleiter, knallt genauso wie der gute. Aber macht halt Kopfschmerzen, denke ich, während ich, immer noch geschminkt aber ohne Föhnwelle, die habe ich mir rausgebürstet, an einen Türpfosten gelehnt an meinem zweiten Glas nippe. Ein Stück entfernt steht Nils P., der TV-Moderator und Entertainer, berühmt für seine derben Sprüche, gerne unter der Gürtellinie. Er hat auch am Promiraten teilgenommen, ich frage mich, warum, offenbar läuft's nicht mehr so geschmiert wie früher, oder er braucht das Geld für seine verschiedenen Ex-Frauen. Sieht man mal von Roberto Blanco ab, dem über achtzigjährigen TV-Urgestein mit Kultfaktor und dem genialen Evergreen *Ein bisschen Spass muss sein*, der sich gerade Krautsalat auf seinen Teller lädt, ist er definitiv der einzig echte A-Promi hier.

Ich beobachte ihn. Er ist kleiner als ich und definitiv nicht mein Typ. Zu schmale Schultern, ich mag es nicht, auf einen Mann runterschauen zu müssen, selbst ohne High-Heels, irgendwie fühlt man sich dann massiver und dicker als man eigentlich ist. Es sei denn man ist so ein ultradürres Model-Häschen, das halt neben jedem anorektisch aussieht. Andererseits, wie pflegte Eva zu sagen, im Bett ist die Körpergröße eh egal. Er ist schlecht angezogen, trägt Jeans, die nicht sitzen, einen blauen Pulli, der etwas zu weit ist, man merkt, es ist ihm egal. Wer kann, der kann. Seine Jobbezeichnung lautet TV-Rüpel, warum sollte er sich Mühe geben? Die strubbeligen Haare sind noch das optisch Ansprechendste an ihm. Ich stehe nicht auf den Typ »großer Junge«, ganz und gar nicht. Ich stehe auf den Typ Kerl, breite Schultern, etwas grob, dunkle Haare, den man sich beim Baumfällen oder Holzhacken vorstellen kann, oder halt beim Kopulieren mit der Magd hinter der Scheune. Nils P. kommt zu mir rüber.

Er stellt sich neben mich, schenkt mir von dem Billigwein nach, obwohl mein Glas noch fast voll ist, und ich ihm erkläre, dass die Plörre wie Hühnerpisse schmeckt, dann beginnt er mir schwierige Fragen zu stellen: Verrätst du oft deine Freunde? Wolltest du dich schon mal umbringen? Warum nimmst du an einer Scheiß-Sendung wie dem Promiraten teil?

Ich wundere mich über mich selbst, aber ich beantworte seine Fragen, merke, dass ich betrunkener werde und dass ich beim Anlehnen an den Türpfosten etwas mit den Füßen nach vorne rutsche, um nicht ganz so riesig neben ihm zu wirken. Er trinkt nur

Wasser, ich frage ihn, was das soll, er sagt, er sei halt nicht so bescheuert, dieses Billiggesöff zu trinken, dabei starrt er mich an, ich starre zurück, seine Manieren sind wirklich unterirdisch, und irgendwie sieht er aus wie ein Affe, ja, tatsächlich, so ein Makake mit langen Armen, viel zu lang für den Restkörper, dazu so ein langgezogenes Gesicht, ein schmaler, spöttischer Mund, fehlt noch, dass er mit den Armen schlackernd über den Flur rennt und irgendwelche Affengeräusche von sich gibt. Ich fühle, dass die anderen Leute uns beobachten, über uns tuscheln, sich zuraunen, was für eine tief gesunkene B-Promischlampe ich doch sei, jaja, wenn's nicht mehr mit dem Hollywoodstar klappt, dann muss man sich halt an die deutsche TV-Prominenz halten, bevor man seine Alkoholsucht öffentlich macht und ins Dschungelcamp einzieht, haha. Der Wein ist scheiße, aber er hilft.

Irgendwann bestelle ich mir ein Uber, es wird Zeit für mich. Statt mich zum Ausgang zu begleiten, was wirklich das Mindeste wäre und auch hilfreich, denn ich schwanke jetzt ganz schön, sagt er nur: »Na denn, bis nächstes Mal«, dreht sich um und fängt an, mit irgendeiner Kamerafrau zu reden.

Als ich das Gebäude verlasse, meine ich, zwei weiße Opel Astra an der Straße zu sehen, tatsächlich ist es nur einer, und als ich einsteige, schaut der Fahrer ziemlich besorgt in den Rückspiegel und öffnet direkt die Fenster zwecks Lüftung des Autos, vermutlich weil er Angst hat, dass ich ihm den Hintersitz vollkotze.

Er meldet sich mehrere Tage nicht. Obwohl er meine Mobilnummer hat. Es ärgert mich. Ungeheuerlich. Ich bin richtig angespannt, sauer, erregt und irgendwie aufgebracht. Was bildet er sich ein? Diese miese TV-Wurst, dieser blonde Affe ohne Stil und Manieren.

Eine Woche später, irgendwann spät nachmittags kommt eine WhatsApp rein. Sie ist von ihm, zumindest vermute ich es, das WhatsApp-Profilbild zeigt ein Opossum. Kein Hallo, keine Anrede, keine Grußformel.

»Heute Abend Bar Tausend?«

»Passt«, schreibe ich zurück.

Die Bar Tausend ist ein stylische Szene-Location unter den S-Bahngleisen der Friedrichstraße, man kennt sie aus der Serie *Babylon Berlin*. Wir treffen uns davor am S-Bahnbogen, ich trage hochhackige, dunkelrote Stiefel, seit Jahren nicht angehabt, ein neues Parfum von *Narciso Rodriguez*, arschteuer, aber es duftet nach Stärke und Anmut. Er steht an einen Pfeiler gelehnt, Kippe im Mund, beiger Trenchcoat, offenbar von Burberry, aber vermutlich ist es ein Fake, denn Statussymbole passen nicht zu ihm, an den Ärmeln abgewetzt, dazu Turnschuhe. Ein blonder Makake, einer, der wie Johnny Rotten von den *Sex Pistols* aussieht, ein abgefuckter Punker, denke ich, irgendwie asozial.

»Na, Schönheit?«, sagt er.

»Arschloch.«, sage ich.

Wir sitzen in der Bar an der ewig langen Theke, die auf diesen riesigen, hellstrahlenden Lichttrichter zuläuft, die Atmosphäre schummrig, um uns herum Hipster, Banker, eine Gruppe Schauspieler, alle hübsch, alle schwul. Ich nippe an meinem Miraflores-Cocktail: Riesling, Pisco, Fino Sherry, Maraschino, Kakao und Sanddornessenz, geht schon wieder, denke ich, speziell, aber lecker.

Er trinkt Bier. Es ist mir fast peinlich.

»Ich habe auf einer Business-Konferenz deinen Zwilling kennengelernt«, sage ich.

»Tatsächlich?«

»Ja, Jan S., kennst du bestimmt. Sieht dir echt ähnlich, halt ne Ecke hübscher.«

»Klar, kenn ich den frustrierten Loser.«

»Was bist du für ein arrogantes Arschloch?«

»Weil ich frustrierter Loser sage?«

»Ja.«

»Na, komm. Das ist er nun mal.«

»Er ist schlauer als du, hat schon ein paar Bücher geschrieben, ein guter Moderator, kommt super sympathisch rüber.«

»Frustrierter Loser halt.«

»Nur weil du mehr Glück hattest?«

»Glück muss man haben. So ist das eben.«

Ich betrachte ihn, wie er über sein Glück grinst.

»Die Größe ist ein bloßer Zufall, die Herrschaft des Genies ein Puppenspiel.«

»Sagt wer?«

»Georg Büchner. In seinem Fatalismusbrief aus 1834«, erkläre ich.

»Schon ziemlich antiquiert, oder?«

Er lehnt sich ein Stück vor, senkt den Blick, als trüge er eine Brille, was er nicht tut, und wolle mein Gesicht inspizieren.

»Wie alt bist du?«

»Neununddreißig.«

»Hätte dich älter geschätzt.«

Ich ziehe die rechte Augenbraue hoch, merke, dass es wegen des Botox nur so halb funktioniert, und nehme einen Schluck von meinem Cocktail.

»Ist die Nummer nicht von gestern? Pick-up-Artist? Hast du Seminare in den frühen Zweitausendern besucht? Komplimente mit Beleidigungen mischen. Die Hühner aus dem Konzept bringen, sie ein bisschen demütigen, ganz ehrlich? Um sie danach abzuschleppen? Langweilig.«

Er grinst.

»Ich mag dich. Vor allem, weil du nicht die bist, die du bist.«

»Soll das philosophisch sein?«

»Nein, eine Feststellung.«

»Inwiefern bin ich nicht die, die ich bin?«

»Ich denke, du bist in Wahrheit eher der poetische Typ.«

»Ach ja?«

»Na komm. Dein Social Media, der ganze Zirkus. LOTTE HO-HENFELD. Das ist doch eine Show. Die Frage ist nur, von wem?«

Mir wird etwas unwohl.

»Komm schon, du hast alle verarscht, ich meine: dieser Kuss im Borchardt. Ich bitte dich.«

Ich zucke die Schultern.

»Wieso, hat er dir nicht gefallen? Ich fand ihn heiß.«

Er grinst wieder und beugt sich vor zu mir.

»War das ein Avatar? Habt ihr einen Weltstar-Kopf in einem Video montiert?«

»Natürlich nicht.«

»Na, wenn du es sagst«, lacht er.

»Ich habe dein *Tinder-Prinzip* gelesen, dieses Sachbuch. Passt so gar nicht zum Rest deiner Show. Ziemlich intellektuell, so gar nicht Boulevard.«

Ich zucke die Schultern.

»Tja, jeder Mensch ist voller Überraschungen.«

Er winkt dem Barkeeper, deutet auf das leere Bier in seiner Hand, um ein neues zu bestellen, dann beugt er sich wieder vor zu mir, kommt mit seinem langgezogenen Makaken-Gesicht ziemlich nahe an meins, von gutem Benehmen hat er halt keine Ahnung, der Makake, und grinst breit:

»Frau Hohenfeld, geben Sie's zu. Sie verarschen die Leute.«

Jetzt beuge ich mich vor, so dass er mit seinem Kopf zurückweichen muss, sonst gäbe es eine Stirnknochen-Kollision, stütze die Ellenbogen auf der Theke auf, Manieren braucht ja keiner hier, setze ein Grinsen auf und antworte:

»Genauso wie du alle verarschst. Nicht wahr? Berufsmäßig sogar. Arme, dummbrotige, hilflose Reality-Stars durch den Kakao ziehen. Was für eine armselige Berufsbeschreibung. Verarschen als Cash-Generator? Geldverdienen mit Dreckwerfen? Ich bitte dich. Moralische Überlegenheit ist einfach zu praktisch, damit kann man Status und Prestige einheimsen, ohne viel Arbeit zu investieren, nicht wahr? Sich einfach über den postenden Pöbel erhöhen und auch noch davon leben. Du lebst doch von nix anderem als dem Generieren medialer Erregung, mit billigsten Mitteln. Armselig, wirklich.«

Ich lehne mich zurück, zufrieden, winke dem Barkeeper für einen neuen Cocktail.

Er betrachtet mich, irgendwie amüsiert, und grinst.

»Ich wusste es, du hast alle verarscht.«

Kapitel 28

Der Abend schreitet voran, auf der Bühne legt ein DJ mit Sonnenbrille und Zottelbart auf, Reggae und Funk, speziell, aber groovy. Er und ich sitzen uns gegenüber auf einem der Polstersofas. Wie zwei grinsende Hyänen. Was machen zwei Hyänen, die sich einbilden, bereits alle dreckigen Geheimnisse übereinander zu erahnen? Was kommt danach? Entweder nichts, ein kurzes »Tschau, geiler Abend«, das war's, oder man geht vögeln.

Meine Bude ist tabu, ich war immer ein Auswärts-Vögler, Kerle aus den eigenen vier Wänden zu komplimentieren, ihr Schnarchen im worst-case über Nacht neben sich zu ertragen, weil sie einfach einpennen oder sich besoffen beschweren, ein Rauswurf sei ja wirklich unhöflich, gruselt mich, ich bin zu alt für solche Fisimatenten. Mal ehrlich, von den meisten Menschen stört mich nachts sogar ihr Atmen.

Seine Behausung ist ganz in der Nähe im Scheunenviertel. Yuppie-Bude auf zwei Etagen, hohe, unverputzte Wände, riesiges Bett mitten im Raum, breite, offen verlegte Rohre an der Decke, ähnlich exklusiv wie Tessas Loft, aber diesem fehlt der Charme. Ich stelle mir vor, wie Ex-Frauen hier mit ihren GUCCI-Koffern eingezogen sind, im Kopf schon mal die Einrichtung verändert und die ideale Position fürs Kinderbettchen bestimmt haben, aber der lieblose, kalte Beton hat ihnen zugeraunt: bitte nur vorübergehend. Auch der wie ein weißer Tropfen von der Decke hängende, ultramoderne Kamin will hier nur cool aussehen, aber nicht wärmen.

Es ist ein böses Vögeln, bei dem man den anderen fertig macht, aggressiv, leidenschaftlich, irgendwie irre. Eigentlich ist es Verzweiflung. Mir wird wieder klar, warum man überhaupt Sex hat: Ziel ist das Danach, ohnmächtige, totale Erschöpfung, diese wattige Leere, der Körper ausgesext, der Kopf ein Vakuum, jede Leitung, die zum Hirn führt, durchgebrannt, jede Nervenzelle, jedes Axon, jede Synapse erschlafft, dann nur noch schlafen, vielleicht vorher noch heulen.

Beim Kommen schreie ich ihn an, meine Güte, ich kann mich gar nicht zurückhalten, aber egal, die Nachbarn sind hier mit Sicherheit Kummer gewohnt. Erstaunlich, was für prähistorische Paarungsgeräusche in mir lauern, wie so ein kaulquappiges Evolutionserbe tief in mir drin. Ich fühle mich wie der Weihnachts-Grinch mit seinem motzig bösen Gesicht, der beim Atem-Yoga den ganzen Müll aus seinem hässlichen Mund rausschreit, in so einem hohen, langgezogenen Tonfall, dass es allen Yoga-Tanten um ihn herum die rot lackierten Fußnägel hochzieht.

Akuter Kopulationsnotstand, offenbar war ich völlig untersext. Er liegt neben mir und will mir weismachen, ich hätte ihm höchst vulgäres Zeug in die Ohren gebrüllt, Blödsinn, sage ich, im Gegensatz zu ihm würde ich niemals meine Manieren vergessen. Er raucht eine Kippe, sein Ascher ist nicht aus bunter Keramik wie bei Tessa, sondern aus Stahl, ein stilloses 80er-Jahre-Relikt, fast so von gestern wie die »Kippe danach«, aber ich sehe es ihm nach, schließlich sind seine besten TV-Zeiten auch schon zwanzig Jahre her.

Ich penne bis spätmorgens durch, obwohl ich in fremder Umgebung eigentlich nie richtig schlafe. Erstaunlich. Wie so ein wundes, leergeheultes Baby. Als ich aufwache, riecht es nach Kaffee, im Tropfen-Kamin in der Ecke brennt ein Feuer, er sitzt neben mir am Bett, auf dem Tablett, das er mir reicht, sind zwei Croissants und ein O-Saft.

Er grinst mich an.

»Mit dir war's so schön wie lange nicht.«

Ich sage ihm, dass er den Pick-Up-Scheißmist lassen soll, sonst ginge ich sofort.

Dann trinke ich den O-Saft und esse beide Croissants auf, obwohl eins davon sicher für ihn war.

Er sagt mir, ich sei wirklich sehr zynisch und böse, das täte ihm fast weh. Ich erkläre ihm, das nenne man Realitätssinn und Lebensklugheit, aber das kenne er halt bei Frauen nur vom Hörensagen, wenn man mal an seine letzte Affäre denke, diese Brünette mit der Lispelstimme von RTL.

Er sagt, ich sei mit Sicherheit Nihilist, ich antworte, darüber müsse ich erst nachdenken, so schnell ließe sich das nicht beantworten. Danach haben wir nochmal Sex.

Als ich gehe, lasse ich absichtlich meine Ohrringe auf seinem Nachttisch liegen, bei jedem Besuch in den Folgewochen werde ich weitere Sachen kommentarlos einlagern: einen Schal, einen Ausgehfummel, das Paar dunkelrote Stiefel, ein paar Blusen, Unterwäsche, einen Shaver und zwei Pullis.

Ich glaube, wir werden Freunde.

»Freunde« ist ja ein weiter Begriff. Aber ich glaube, im Zeitalter von »*Situationships*«, der schwachsinnigsten Verpaarungs-Bezeichnung, die sich jemals eine Generation aus dem Gehirn gewrungen hat, kann man uns tatsächlich Freunde nennen.

Zwei Dahintreibende, die übereinander Bescheid wissen, zwar nicht detailliert, aber doch gut genug, um zu erkennen, dass sie im selben Boot sitzen. In einem, das schwankt zwischen Selbsthass und Mitläufertum, zwei Existenzen im inneren Widerspruch, ein Boot, das Gefahr läuft, irgendwann unterzugehen, aber getragen von Zynismus, Bauernschläue und Abgeklärtheit irgendwie weiterschippert. Dem anderen die eigene Bigotterie und Abgefucktheit unter die Nase zu reiben, fungiert als prickelnder Motor. In irgendeiner Weise sind wir ebenbürtig, was das Ganze tatsächlich amüsant und sexy macht. Ich durchschaue dein Spiel, denn meins ist nicht besser. Ich nehme dich nicht ernst und du mich ohnehin nicht. Im Bett nennt er mich Frau Hohenfeld, ich ihn Herr

P. Statt Tiernamen gibt es bei uns das »Sie«, vielleicht tatsächlich aus Respekt.

Er nimmt mich mit auf eine wichtige Senderparty. Häppchen, Live-Musik und billiger Metro-Wein. Ich komme mir etwas deplatziert vor. Ich bin das Mitbringsel von Herrn P., kein lang etabliertes Fernsehgesicht wie die anderen Gestalten hier, ich kenne weder die alten Jokes noch die alten Geschichten. Im grünen Glitzerfummel stehe ich daneben, während Herr P. und der Programmchef über die Zukunft der deutschen Fernsehunterhaltung philosophieren. Diese ewige Quiz- und Talkshow-Langeweile könne doch bald selbst der hartgesottenste Rentner nicht mehr ertragen, meint Herr P., höchste Zeit für was Neues, mal was ganz anderes, was Wildes, vielleicht wie *Schmidteinander* damals, diese Show aus den Neunzigern, reine Anarchie, lupenreiner Dadaismus, das brauche die Nation jetzt, sie wisse es nur noch nicht. Gute Idee, meint der Programmchef, für Neues sei er immer offen, und *Schmidteinander* wurde ja sogar zum Kult, und Kult, das sei ja immer gut, nicht wahr, das bringe Quote. So ist es, nickt Herr P., ganz ehrlich, so eine Show wie die, die würde er sofort machen, auf der Stelle. Den Praktikanten zum ersten deutschen König krönen, vielleicht gar zur Königin, trans geht ja immer, mit Helge Schneider im Rentierkostüm Cancan tanzen, einem Kamel auf der Bühne den Schwanz anzünden und dem Fellachen darauf gleich mit. So stelle er sich das vor.

Der Programmchef muss kichern, so ein kindisches, tuntiges Kichern, er kichert so unkontrolliert, dass Wein auf meinem Glitzerkleid landet.

»Genial mein Lieber, einfach genial.«

Ja, so ist es wohl, denke ich, die billige Metro-Plörre knallt genauso wie die teure.

Ich wische mir die Programmchef-Spucke mit der Hand vom Glitzerkleid, nehme einen Schluck aus meinem Weinglas und lege die Stirn in Falten, natürlich nur in theoretische wegen des Botox.

»Mal ganz ehrlich. So ein Alt-Herrengespann wie Schmidt und Feuerstein damals bei *Schmidteinander*, das ist doch von gestern. Die waren beide definitiv nicht Gendersprech-willig und die ganze Show, nun ja, wie soll ich sagen, etwas misogyn? Wer würde so was heute noch durchwinken?«

Betretene Gesichter schauen mich an.

»Ohne Frau läuft da gar nix.«

Kapitel 29

Zwei Wochen später wird per Pressemeldung ein neues Talk-showformat angekündigt, erstmal eine Staffel, zwölf Folgen, die Sendezeit ist später Nachmittag, nicht die beste, aber immerhin: »*Auf einen Latte*«, der bunte, experimentierfreudige Allround-Talk um popkulturelle und netzaffine Themen mit den Gastgebern Nils P. und Lotte Hohenfeld.

Ich bin Teil eines Moderatoren-Duos. Mir ist klar, dass ich niemals, nicht in hundert Jahren, ein eigenes Talkshowformat ergattert hätte, das funktioniert nur zusammen mit Nils P., dem alteingesessenen TV-Tausendsassa. Alles richtig gemacht, Lotte Hohenfeld, denke ich mir und bin ziemlich stolz auf mich. Ich habe mich reingeschummelt, naja, irgendwie hochgevögelt zur Talkshow-Gastgeberin, ich bin die Quoten-Frau, die mit ihren Social Media-Followern frischen, female empowerten Wind in eine öffentlich-rechtliche Nachmittagssendung bringen soll.

Auf den Talk-Namen »*Auf einen Latte*«, einigt man sich erst nach mehreren Sendersitzungen, »Latte« stehe ja nicht nur für ein koffeinhaltiges Heißgetränk, hihi, sondern auch für »*man wisse schon was*«, das unterstreiche den subversiven Charakter der Sendung. Meine Güte. Mehr Subversion ist dann aber auch nicht drin, das wird schnell klar. Würde man uns lassen, Nils P. und Lotte Hohenfeld könnten das TV-Zeitalter der Anarchie ausbrechen lassen, nicht nur dem Kamel den Schwanz anzünden, sondern gleich den Bildschirm sprengen. Stattdessen führen wir brave Interviews mit Youtube-Stars, plaudern mit TikTokern über die Vorteile offener Beziehungen, diskutieren mit einer Netz-Psychologin die No-Gos bei einem Dreier und singen Karaoke mit einer Jungstar-Rapperin. Gepflegte, harmlose Unterhaltung. Die Vorgaben des Senders sind eng, wer als Gast eingeladen wird, bestimmt die Redaktion. Von seinen Rüpelfähigkeiten packt er, Herr P., nur einen Bruchteil aus, die angezogene Handbremse ist Programm, es könnten ja Rentner einschalten, die zahlen schließlich auch Gebühren. Ich und Herr P. sind zwei domptierte TV-Gesichter, die hier brav ihre Performance abliefern, stromlinienförmig, in homöopathischen Dosen aufmüpfig und streng kuratiert. Kuratierte Anarchie, auch nicht besser als ehrliches Spießertum. Mir kommt wieder das Bild mit dem Boot in den Sinn, in dem er und ich sitzen. Die Reling, an die wir uns klammern, ist der Hals der Programmleitung. Er muss Unterhalt an mehrere Ex-Frauen zahlen, ich meine Miete. Dass er deutlich mehr Geld erhält als ich, fast doppelt so viel, wundert mich nicht, er macht das TV-Ding schließlich seit Jahrzehnten, und eigentlich kann ich dankbar sein, dass ich überhaupt mitmachen darf, oder? Andererseits. What the fuck? Wie kann es sein, dass ich nicht mal in Erwägung ziehe mich zu beschweren? Hat die Epigenetik aus mir eine »Ja«-Sagerin gemacht, eine verhuschte Kopfnickerin? Meine Güte, wir Weiber sind einfach zu servil, ich kann es kaum fassen. Ich hoffe, Alice Schwarzer kommt rein und gibt mir eine Ohrfeige, was aber unwahrscheinlich ist, denn, obgleich ich zweimal nachgefragt habe, will die Redaktion sie nicht in unsere Sendung einladen. Ihr Feminismus sei nicht mehr ganz konform mit dem Zeitgeist, wird mir gesagt. Was diese Aussage soll, erschließt sich mir nicht, ich frage mich, was Zeitgeist bedeutet, und ob die Zeit nicht besser ohne Geist auskäme.

Während einer Drehpause hole ich mir in der Senderküche einen Kaffee und treffe zufällig auf Jan S., den Moderator, der Nils P. ähnlich sieht. Er präsentiert aktuell das Wetter, allerdings nur als Urlaubsvertretung.

Auf dem Business-Kongress letztens, bei dem er als Moderator auf der Bühne stand, hatte ich ihn kurz kennengelernt. Man munkelt, dass unser Sendeplatz *Auf einen Latte* eigentlich Jan S. versprochen wurde, für eine unterhaltsam lehrreiche Jugendsendung, die er schon lange machen wollte. Am Ende hat man sich aber für Nils P. entschieden, klar, Nils P. hat mehr Fame und Reichweite, verstärkt durch mich, Lotte Hohenfeld, allemal. Budget für ein weiteres Talkformat ist beim Sender nicht vorhanden.

Wir grüßen uns freundlich, und während ich am Automaten meinen Kaffee ziehe, steht er neben mir.

»Guten Start für die Sendung«, sagt er und lächelt mich an.

Ich spüre, wie mir ein Schauer über den Rücken fährt. Das ist wahre Größe. Der Gedemütigte, der abgehängte Zweite, der, den das Glück im Stich lässt, schafft es trotzdem, sich ein freundliches Wort abzuringen. Und dazu noch zu lächeln. Ich schäme mich. Für mich, für Nils P., für uns alle.

»Danke, das ist nett«, sage ich.

Die Wochen gehen ins Land, *Auf einen Latte* hat akzeptable Einschaltquoten, nicht außergewöhnlich gute, aber eine zweite Staffel ist nicht auszuschließen.

Mein Girokonto füllt sich wieder, die Existenzangst ist vorläufig gebannt. Ich denke an den Spruch, der auf der anderen Straßenseite meiner Wohnung an der Hauswand prangt: »Existenzangst« steht dort in verschmierter, roter Schrift, das Wort in schwarz durchgestrichen, dahinter in leuchtendem Gelb: »Champagner!«

Aber mir ist nicht nach Champagner. Obwohl ich mich freuen sollte. Ein eigenes Talkformat, wer bitte kann so was vorweisen, meint Claudia immer wieder völlig hingerissen, komm schon, andere würden für so was töten. Aber so sehr ich mich bemühe, ich schaffe es nicht, meinem Gehirn Begeisterung abzuringen. In *Des Teufels Wörterbuch* hat Ambrose Bierce das Wort »Begeisterung« (die/ Substantiv) definiert: »... ist eine Jugendkrankheit, heilbar durch Reue in kleinen Dosen, verbunden mit äußerlicher Anwendung von Erfahrung.« Ich bin einfach zu alt. Es ist, als hätten mein Körper den Stromsparmodus angeworfen, vielleicht sind die elektrischen Signale meiner Nerven nicht mehr stark genug, mein Ich will sich zurückziehen, sich in einen Winterschlaf verabschieden.

Ich glaube, es sind die Gedanken. Was gäbe ich für ein Leben ohne Gedanken?

Ich sitze auf dem Sofa unserer Sendung, ein riesiges von Rolf Benz in zielgruppengerechtem Grün, ein Stück neben mir Herr P., der mit einem Jugendforscht-Youtuber diskutiert, ob Pokémon-Spielen noch »a thing« ist. Und ich frage mich, ob ich die Einzige hier bin, die merkt was los ist. Dass wir nur ein Haufen langsam absterbender Zellen sind, dass die Zeit unser Feind ist und das Ticken der Uhr nichts als der Countdown unseres Verfalls. Warum muss nur ich daran denken? Ich beneide die anderen um ihre unschuldigen Gehirne. Frage nur ich mich nach dem Sinn? Tessa war pragmatisch. Der Sinn unseres Daseins, sagte sie, sei es schlicht zu leben und dem Schicksal in den Arsch zu treten. Aber warum überhaupt die ganze Mühe? Mein alter Philosophieprofessor, ein ehemaliger Physiker, vertrat eine interessante Theorie: Wir alle sind Teil des Universums, und der Grund warum wir hier sind, ist, dass das Universum durch uns versucht, sich selbst zu verstehen. Eine irre Idee. Nur, ich verstehe eben nichts.

Das Angenehmste ist der Schlaf. Ich liebe es, abends unter die Bettdecke zu kriechen, in einem Schlafanzug, der nach frischer Wäsche duftet, wie damals als Kind, und dort auf ihn zu warten. In Gestalt des Morpheus, des griechischen Gott des Traumes, sinkt er dann langsam auf mich nieder, nimmt mich in seine schwarzen Schattenarme, träufelt mir Dunkelheit ins Hirn, der Körper gibt nach und gibt auf, dankbar und glücklich, rutscht rein in die Leere. Zack, weg. Eigentlich ist Einschlafen ja wie

Sterben. Man verliert das Bewusstsein, löst sich auf, das Ich verschwindet, ob für immer oder nur ein paar Stunden, wer weiß das vorher schon? Mir macht ja vieles Angst. Das aber nicht. Einschlafen ist so unglaublich friedvoll.

Im Fernsehstudio scheint es mir zuweilen, als sei die Luft zu dünn. Als befände ich mich auf einem Viertausender. Dann versuche ich stärker einzuatmen, um mehr abzubekommen von dem wenigen Sauerstoff, mein Herz pocht schneller, und ich fühle etwas, das nach Lehrmeinung eine heraneilende Panikattacke sein dürfte. Die Betablocker von Tessa helfen, ein paar habe ich noch übrig.

Irgendwie beginne ich zu zerfasern.

Nach der Sendungsaufzeichnung stehe ich im Toilettenraum vorm Spiegel, und plötzlich scheint sich mein Spiegelbild zu verändern, meine weichen, spöttischen Züge verziehen sich zu einer Grimasse, als würde sich das Gesicht meinem Inneren anpassen, als würde die Fassade abfallen und das wahre Entsetzen dahinter offenlegen, wie bei Edward Munch, ein stummer Schrei der Natur, die Wolken oben wie echtes Blut, der Schädel bereits ein Totenschädel, erstarrt im Anblick existenziellen Grauens. Ich habe das Gefühl, nicht mehr wirklich da zu sein, ich schaue von oben auf mich selbst runter, betrachte diesen stumm schreienden Körper und weiß, dass »Derealisation« das Fachwort dafür ist, Teil einer Angststörung. Ist es ein Fluch, dass ich weiß, was ich hier erlebe?

Später im Taxi auf der Fahrt zu Nils P.s Wohnung, wo ich jetzt häufig übernachte, habe ich einen eiligen Fahrer erwischt, er rast durch die Straßen, beschleunigt einmal sogar in der Kurve, ich sehe uns auf einen stehenden Laster zurollen, ich sehe den Crash, der folgen wird, mein Körper fliegt nach vorne, ich höre das knirschende, knackende Holz meiner Knochen, spüre die Hitze des Benzins, das sich unter mir in einer Stichflamme entzündet, der

Wagen nur noch ein glühender Metall- und Knochenhaufen.

Meine Fantasie ist eine Strafe.

Man sagt, in unserer Informationsgesellschaft breite sich ein neuer Nihilismus aus. Nicht Gott sei tot, sondern der Glaube an die Wahrheit. Ich kenne die Wahrheit. Die Wahrheit bin ich, ein organischer Körpersack aus biologischer Masse, Adern, Zellen, Haut und Knochen. Und zwei Augen, die hilflos daraus hinausstarren.

Ich übernachte bei ihm, und als wir im Bett liegen frage ich Herrn P., wie er es schaffe, seine Gedanken unter Kontrolle zu halten. Er versteht nicht, was ich meine. Naja, das Denken an sich, sage ich, das ist doch wirklich unsere schlimmste Bürde, oder etwa nicht? Was den Menschen auszeichnet, ihn an die Spitze der Nahrungskette hievt, das macht ihn gleichzeitig fertig.

»Ach ja?«, meint er. Dann zuckt er mit den Schultern: »Irgendwann sind wir eh alle tot.«

Mehr sagt er nicht. Und es scheint ihm keine Angst zu machen. Das flößt mir Respekt ein.

Gelobt sei der Nicht-Denker, die Frohnatur, der simple Mensch, der tut was getan werden muss und der denkt was gedacht werden muss. Selektive Wahrnehmung, der Tunnelblick, ein Geschenk der Evolution. Ich nehme mir vor, eine Hypnosestunde zu buchen. Herrje, ich werde Carola, die stupsnasige Mommy-Influencerin anrufen müssen, damit sie mir den Namen ihrer Therapeutin verrät.

Im Bett liege ich noch Stunden wach. Ich durchsuche Instagram nach meinem Namen und stelle fest, dass es inzwischen viele ähnliche Accounts gibt, eine LOTTE HOHENFELD1990, die wohl auch Psychologie studiert hat, gibt seit neuestem Dating-Tipps, irgendwie wirkt es fast verzweifelt, nur hundert Leute folgen ihr, dabei hat sie schon dreißig Videos hochgeladen. Eine andere mit Namen LOTTE_HOHENFELDX scheint den Dreh besser rauszuhaben, offenbar ist sie mit Paris Hilton befreundet, zumindest legen das ihre Uploads nahe. Die digitale Lotte fasert aus. Und ich verschwinde.

Ich lade die besten Fotos des Tages als Stories hoch, ohne tägliches Posten verliere ich Follower, und merke, dass es mir Angst macht. Ich muss an Adele denken und wie sie mir von ihrem Zwangsgefühl erzählte, obszönes Zeug statt schöner Fotos zu posten. Was wenn ich den gleichen Zwang entwickele? Vor jedem abgesetzten Post klopft mein Herz wie wild, dreimal kontrolliere ich, ob die hochgeladenen Bilder tatsächlich die richtigen waren. Ich tippe mit spitzem Zeigefinger, um bloß nichts Fehlerhaftes zu fabrizieren. Ich habe Angst verrückt zu werden. Mir irgendwann ein Ohr abzuschneiden wie van Gogh.

Ich denke wieder an Adele. Seit Wochen habe ich nichts von ihr gehört. Ich öffne WhatsApp und schreibe ihr eine Nachricht, frage nach, wie es ihr geht. Als ich sie abschicke, stutze ich, denn ich sehe, dass Adele seit zwei Tagen nicht online war.

Ich denke an Tessa und frage mich, ob ich sie anrufen sollte. Einfach so. Aber was soll ich ihr sagen? Einfach nur »Hallo« und »Wie geht's?«. Ich kann es nicht. Im schlimmsten Fall wird die Amerikanerin dran gehen. Weil sie gerade mit Tessa auf dem Sofa sitzt, zum Beispiel, und Tessas Smartphone direkt vor ihr liegt. Wie man das halt macht, wenn man zusammen ist und sich vertraut. Nein, ich kann es nicht. Nie zuvor haben Tessa und ich mehrere Wochen nicht gesprochen. Eigentlich haben wir täglich telefoniert. Das Mindeste war ein Emoji vorm Schlafen. Ich öffne unseren SMS-Verlauf. Tessa nutzt kein WhatsApp, WhatsApp könne man hacken, sagt sie. Ich kann nicht sehen, wann sie das letzte Mal online war, ein Profilbild gibt es nicht.

Am nächsten Tag gehe ich zu ihrem Haus in der Brunnenstraße. Eigentlich habe ich vor zu klingeln, aber ich kann mich nicht überwinden. Als ich meine rechte Hand ausstrecke, merke ich, dass sie zittert. Ich gehe auf die andere Straßenseite und setze mich dort auf die Treppenstufen eines Hauses. Und warte. Ich weiß gar nicht wie lange, und dann passiert tatsächlich was. Die Haustür gegenüber geht auf.

Sarah kommt raus. Sie trägt wie üblich ihre riesige Brille, dazu Jeans mit Schlag und eine größere Tasche, vermutlich ist ihr Laptop drin. Und hinter ihr kommt noch jemand: die Amerikanerin. Ich fasse es nicht. Die beiden stehen vorm Hauseingang und reden irgendetwas miteinander, die Amerikanerin trägt ebenfalls eine Brille, so eine angesagte mit dickem Horngestell, in der rechten Hand hält sie eine Louis-Vuitton-Aktentasche. Sie reden nur kurz, dann sagen sie Tschüss und gehen in getrennte Richtungen.

Ich schwitze wie ein Schwein. Mein Puls geht so hoch, dass mein Hals vibriert und ich habe fast das Gefühl, ich könnte hier auf der Haustreppe kollabieren. Sie haben mich nicht gesehen.

Abends im Bett kann ich an nichts anderes denken. Was war das für ein Gespräch vor Tessas Tür? Haben die beiden über etwas Geschäftliches geredet? Der Look der Amerikanerin sah nach Business aus. Nur Business? Nichts anderes? Was für Business war das? Blödsinn, Lotte, eine Aktentasche kann man auch in seiner Freizeit tragen, und mit dem Rest ihres Louis-Vuitton-Gepäcks hat sie sich längst in Tessas Loft breitgemacht. Ich merke, wie mein Körper sich zusammenzieht. Und ich frage mich, ob Tessa glücklich ist. Mir fällt ein Wortwechsel ein, einer, den wir häufig hatten. Immer dann, wenn ich spätestens vorm Wochenende mit meiner Sporttasche bei ihr einrückte.

»Wie war dein Tag?«, fragte ich.

»Arm an Attraktionen«, antwortete Tessa.

»Und wie geht's dir?«, fragte ich.

»Immer gut, wenn das Lottchen da ist.«

Vielleicht war es tatsächlich diese Anrede, diese entwaffnende

Verniedlichung, die es mir unmöglich machte, jemals zu vermuten, ersetzt zu werden.

Als ich einschlafe, träume ich diesen Satz immer wieder, wie in einer Endlosschleife. Ich spüre, dass ich aus dem Paradies vertrieben wurde.

Kapitel 30

Am Samstag darauf bin ich mit Claudia auf einer privaten Party. Eigentlich hatte ich keine Lust mitzukommen, aber Claudia drängelte so lange, bis ich nachgab. Klar, ich bin eine gute Begleitung. Schließlich bin ich jetzt Gastgeberin einer Fernsehtalkshow, quasi ein echter Promi. Ein Promi, den auch Leute mittleren Alters ernstnehmen, Leute, die wie ich nicht mit sozialen Medien großgeworden sind, die damals schon Facebook unter ihrer Würde fanden, die über Selfie-Berühmtheiten die Nase rümpfen und für die Influencer wie INFLUENZA klingt: quasi der Fußpilz des spätmodernen Zeitalters. Ich habe mich also breitschlagen lassen mitzukommen. Ein bisschen Zerstreuung tut mir gut. Außerdem will ich nicht zu oft bei Herrn P. abhängen, das Erfolgsgeheimnis unserer Verbindung ist das Unverbindliche, zu viel Präsenz wirkt bedürftig. Meine Güte, irgendwann schreibe ich doch noch einen Beziehungsratgeber.

Die Gastgeberin heißt Sophia Schlüter und ist eine Zahnarztgattin aus Zehlendorf, eine Freundin von Claudia aus Schulzeiten. Ich kenne sie von früher, sie ging manchmal mit uns aus. Ich habe die Hoffnung, dass der Wein auf ihrer Party anständig sein wird. Vor der Metro-Billigplörre, die es im Sender immer gibt, habe ich inzwischen richtig Respekt. Schon wenn ich die Weinflasche sehe, schlagen die Synapsen in meinem Gehirn Alarm: Hilfe, besorg uns Aspirin!

Die Schlüters wohnen in bester Gegend nahe dem Villenviertel. Vor der Tür stehen Autos, die mehr als hunderttausend Euro das Stück kosten. In Berlin kann jeder sein was er will, reich oder arm, niemanden kümmert's, reich sein gilt nicht unbedingt als sexy, aber wer die Kohle hat, hat sicher nichts dagegen. Reiche wie die Schlüters erkennt man sofort. Geerbter Wohlstand gemischt mit den Einkünften eines Kieferorthopäden. Riesige Altbauwohnung, an den Wänden meterhohe Bilder, darauf so bunte Streifen und Farbkleckse, belanglos aber bestimmt teuer, dazwischen, ganz unschuldig, ein Stich von Max Beckmann. Ein paar ausgewählte Möbelstücke, ein antikes Schaukelpferd, ein Sekretär, der Bismarck gehört haben könnte. Die riesige Pendelleuchte im Flur mit so zweireihigen Scherengittern nennt sich »ZOOM XL«, erklärt mir Claudia flüsternd, und sie koste fast zehntausend Euro. Meine Güte. Reiche wollen in Berlin natürlich nicht nur reich sein, sondern trotzdem hip, darum sind hier heute auch ein paar Kreative eingeladen und halt so jemand wie ich.

Mädels von einem Catering-Service huschen herum, schenken Wein nach und reichen Gläser mit Häppchen rum: Saibling an Champagnersauce, Schweinebacke auf Spitzkohl. Nichts zu meckern, nette Party. Ich stehe mit Claudia und Sophia an einem der Stehtische und nippe an meinem Glas Rotwein, ein Lagrein aus Südtirol, alle Achtung. Überhaupt bin ich positiv überrascht. Keine Kinder weit und breit.

Die müssen um die Zeit eh längst schlafen, und offenbar haben es alle anwesenden Paare geschafft, Babysitter oder Eltern fürs Aufpassen einzuspannen. Zu früh gefreut.

Der kleine Heinrich, fünf Jahre alt, betritt das Wohnzimmer und kommt zu unserem Stehtisch. Er trägt ein Tablet in der Hand, zieht an Sophias Hose, hebt das Tablet zu ihr hoch und deutet auf den Bildschirm.

»Was machen die Leute da?«

Genau kann ich nicht erkennen, was da zu sehen ist, aber es scheinen menschliche Körper zu sein. Ein ganzer Haufen.

»Die haben sich lieb, Heinrich«, erklärt Sophia.

Dann dreht sie sich um.

»Jochen?! Wolltest du nicht die Kindersicherung reparieren?«

Aber das ist jetzt erstmal sekundär, denn offenbar hat der Lärm die kleine Estefania, drei Jahre, geweckt. Mit ihrem Schnuffeltuch und hochrotem Kopf betritt sie das Wohnzimmer.

»Ich muss Aa.«

Gott sei Dank erscheint hinter ihr direkt das Au-pair, nimmt Estefania hoch und verschwindet mit ihr und Heinrich an der Hand wieder im Flur.

»Mensch, Sophia, ihr habt hier wirklich so eine schöne Wohnung«, sagt Claudia und prostet uns zu, um die Stimmung aufzulockern.

»Ja, die Wohnung ist ein Segen. Und Jochens Praxen sind ganz in der Nähe.«

Sophia hat auch Zahnmedizin studiert. Jetzt kümmert sie sich um die beiden Kinder, kocht vegan und fabriziert so lustige Armbänder aus Kügelchen, auf denen »Good vibes«, »Super-Mum« oder »Carpe diem« zu lesen ist. Damit nennt sie sich sogar Start-up-Unternehmerin. Basteln ist ja gut fürs Gemüt, entspannt und macht glücklich. Why not? Vielleicht deckt es sogar die Kosten. An ihrem Handgelenk über der Rolex trägt sie selbst so ein Bändchen. Es könnte auch von einem Markt in Bangkok sein. Aber was weiß ich schon?

»Und Lotte, wie geht's dir denn?« fragt Sophia und dreht sich mir zu, »toll mit deiner Talkshow, *Auf einen Latte*, das klingt nach einem witzigen Format.«

Die Neugier ist ihr aus dem Gesicht zu lesen. Natürlich hat sie mich vor der Party nochmal gründlich gegoogelt. Insofern weiß sie ohnehin alles über LOTTE HOHENFELD. Die Frage dient quasi nur der Überprüfung ihres Wissens.

»Ja gut geht's. Stimmt, das ist ein witziges Format.«

Ich merke, wie unbefriedigend diese Antwort ist.

»Und? Was machen die Männer?«

»Wie die Männer?«

»Hast du nicht mal einen Galeristen gedatet?«

Wie freundlich von ihr, dass sie den Weltstar-Kuss nicht erwähnt. Ich krame in meinem Gedächtnis. Ach ja, der Galerist. Das ist jetzt bestimmt sechs Jahre her. Damals hatte Sophia noch keine Kinder, arbeitete als Ärztin und konnte Drinks auf ex aus der Hand trinken, meistens Wodka Soda, ein Kunststück, das heute die Kids stolz auf TikTok vorführen. Das hat mich damals wirklich beeindruckt.

»Sein Schwanz war krumm.«

»Was?«

»Naja, sein Schwanz war krumm«, wiederhole ich.

»Darum hast du ihn abserviert?«

»Ja.«

»Meinst du nicht, es gibt Schlimmeres?«

Ich denke nach.

»Ja. Dürre Schwänze. So knochig dünne.«

Ich nehme einen Schluck Wein und grinse.

»Am schlimmsten sind diese knochig dünnen, die dann *auch* noch krumm sind.«

Ich hebe den rechten Zeigefinger und mache damit so eine Bewegung wie die alte Hexe, die Hänsel und Gretel zu ihrem Knusperhäuschen lockt.

»Kommt her zu mir, kommt zum Knochenonkel, kommt her, na kommt!«

Ich merke, dass Jochen, Sophias Ehemann, der hinter Sophia steht, von einem Bein aufs andere tritt. Das Thema scheint ihm nicht zu gefallen. Ein schlaksiger Dunkelhaariger mit runder Brille. Früher war er eigentlich ganz lustig. Er war sehr gut darin, politisch inkorrekte Witze zu erzählen. Seit er zwei Praxen für Kieferorthopädie betreibt, ist er vor allem gut darin, sehr viel Geld zu verdienen.

Irgendwie genieße ich meinen neuen Status. Ich arbeite jetzt in der Entertainment-Branche, ich bin Künstlerin, ich darf »krumme Schwänze« sagen. Sogar in Zehlendorf in einer Stuckdecken-

Kieferorthopäden-Bude mit etepetete Muttis um mich herum, die drei Pomellato-Ringe übereinander tragen, Zwei-Karat-Diamantohrstecker und Ralph-Lauren-Pullis mit Teddybären drauf, die so viel kosten wie meine Monatsmiete.

Sophia räuspert sich.

»Aber ein Mann hat ja noch andere Werte. Außer seinem Schwanz.«

Das Wort »Schwanz« sagt sie etwas leiser. Aus irgendeinem Grund kommt mir jetzt eine Erinnerung, nämlich die, dass Sophia mir damals mal einen Lippenstift empfahl, die Marke habe ich wieder vergessen, jedenfalls erklärte sie, dieser Lippenstift sei fantastisch wegen seiner langanhaltenden Farbe, selbst nach stundenlangem Blasen hielte das Rot wie eine Eins.

Claudia nickt Sophia zu.

»Ja, in einer Beziehung zählen ganz andere Sachen, Vertrauen, Respekt, ein Mann muss dein Partner in crime sein.«

»Den Vater seiner Kinder sucht man nicht nach seiner Schwanzform aus«, ergänzt Sophia.

Ich zucke die Schultern.

»So jemanden suche ich nicht.«

»Was? Keine Kinder?«

Ich lächle in mich hinein. Offenbar hält Sophia mich für deutlich jünger als ich bin. Kinderlose Frauen meines Alters haben in Kreisen wie diesen mindestens zwei erfolglose In-Vitro-Behandlungen hinter sich. Würde sie mich auf Vierzig schätzen, läge viel mehr Mitleid in ihrer Stimme.

»Nein, keine Kinder.«

»Wie traurig.«

Ich ziehe die Augenbrauen hoch.

»Traurig? Warum? Meinst du im Himmel hängen so kleine Babyseelen an einer Wäscheleine, und immer, wenn eine Frau sagt »Keinen Bock auf Kinder«, macht es Bumm und so eine Babyseele zerfällt unter lautem Babygekreische zu einem Häufchen Asche?«

Sophia guckt mich entsetzt an.

»Das ist ja eklig.«

»Entschuldigung«, sage ich kleinlaut, »ich hoffe ich habe jetzt keine Gefühle verletzt. Ich meine, sollte hier jemand an Seelen oder den Himmel glauben.«

Betretenes Schweigen.

Jetzt schaltet sich Susanne ein, Yoga-Lehrerin, Mutter von drei Kindern. Susanne wiegt bei ihren ein Meter achtzig Körpergröße höchstens sechzig Kilo, da knallt der Wein besonders, sie schwankt schon etwas. Vorhin hat sie mir von ihrer serbischen Kinderfrau erzählt, die ihr immer selbstgebrannten Schnaps mitbringt, eigentlich ist Susanne ganz lustig.

»Nein, nein«, erklärt Susanne und hebt den rechten Zeigefinger, »Seele und Himmel, das ist Blödsinn. Das Universum besteht aus Schwingungen, das ist bewiesen. Im Leben geht's darum, seine Schwingungen dem Universum anzugleichen.«

»Und dann manifestiert sich unser höheres Selbst?«

Susanne sieht mich überrascht an.

»Ja, genau, so ist das.«

Ich finde es immer wieder erstaunlich, was für eine Wirkung Laura-Malina-Seiler-Podcasts, Quantenbücher und Schamanenkurse auf intelligente, aufgeklärte Bürger entfalten können. Jeder glaubt an seine eigenen Märchen.

Derweil ist Jochen zurück vom Wein holen. Da das »Krummer Schwanz«-Thema durch ist, kann er auch wieder am Gespräch teilnehmen. Am Tisch nebenan wird über die Immobilienpreise auf Mallorca diskutiert, da ist es bei uns wohl interessanter.

Jochen prostet mir zu.

»Sag mal, Lotte, ich habe dieses Video von dir gesehen, es hieß ›Hilfe, ich bin ein Impostor!‹ Fühlst du dich denn auch wie ein Impostor?«

Ich schüttle den Kopf.

»Nein, überhaupt nicht.«

»Ach, schau an?«

»Beim Impostor-Syndrom hält man seinen Erfolg für reines Glück. Was ist es denn bitte sonst?! Das Leben ist scheiß ungerecht, und wer nicht nachhilft, bleibt auf der Strecke. Ich meine, wenn du in einem Slum in Mumbai geboren wärst, hättest du jetzt auch keine Praxis in Zehlendorf.«

»Naja, das ist ja wieder was anderes.«

»Warum? Ganz ehrlich, Frauen sind immer so mimimi, ich bin erfolgreich, arbeite wie bescheuert, ackere mich hoch, aber irgendwie schäme ich mich dafür. Meine Güte.«

»Oder man schläft sich halt hoch.«

Ich schaue Jochen überrascht an.

Er grinst zurück.

Nicht schlecht, der Punkt geht an ihn.

Ich merke die gespannten Blicke auf mir. LOTTE HOHENFELD, die, die früher eigentlich ganz normal war, die, die man jetzt wegen dieses Weltstar-Kusses kennt, die, die seit neuestem mit Nils P., dem bekannten Entertainer, so eine Nachmittags-Talkshow macht. Na, wie hat sie das denn wohl geschafft? Da sind wir aber mal neugierig.

Doch bevor ich irgendetwas sagen kann, ergreift Susanne das Wort, lallend, aber doch energisch:

»Hochschlafen? Was soll das heißen? Das klingt nach Patriarchat. Hochschlafen lässt sich auch neo-feministisch interpretieren! Jede Frau sollte längst überholte sexistische Mechanismen selbst aus der Trickkiste ziehen und einfach neu interpretieren! Nicht wahr? Sich hochschlafen, um das Patriarchat zu stürzen!«

»Susanne, du bist blau«, sagt Sophia.

Ich mag Susanne.

Alkohol enthemmt ja, vor allem, wenn er wie bei Susanne auf null Prozent Körperfett trifft.

»Sag mal«, meint Susanne und tippt Sophia dabei mit dem rechten Zeigefinger auf die Brust, »eins wollte ich dich und Jochen immer schon fragen: wo habt ihr euch eigentlich kennengelernt?«

»Bei Tinder«, sagt Sophia.

»Ach?«, ruft Susanne, »wie witzig, ich kenne den Jochen noch von Parship!« Sie kichert. »Meine Güte, er hatte damals so ein steifes Foto als Profilbild, da dachte ich erst, ne, den schreibst du besser nicht an, das ist so ein Korrekter, der ist nix für dich, Susanne, du bist ja eher so eine Wilde, ein bisschen alternativ ...«

Hui, jetzt könnte es peinlich werden.

Ich ziehe mein *iPhone* aus der Tasche und schaue darauf.

Und da fällt mir auf, dass wir kurz nach null Uhr haben.

»Ach herrje«, sage ich.

»Warum herrje?«, fragt Claudia.

»Ich habe Geburtstag.«

»Was, jetzt? Heute? Mensch, warum sagst du denn nix?«

Claudia strahlt und umarmt mich.

»Hört, hört, die gute Lotte hat Geburtstag!«

Ein Catering-Mädel bringt eilig eine Flasche Schampus und Gläser herbei. Jochen öffnet die Flasche, schnuppert am Korken und beginnt einzuschenken.

»Einundvierzig!«, sagt Claudia, »was für ein Alter, Lotte. Man ist viel reifer, erfahrener ...«

»... und frustrierter«, sagt Jochen und reicht mir ein Glas. Dann klopft er mir väterlich auf die Schulter.

»Herzlichen Glückwunsch zur Einundvierzig. Ein schönes Alter. Optisch hast du es ja längst erreicht.«

Ich grinse.

Jochen ist cool und immer noch witzig.

»Danke, Jochen. Und denk dran, auch mit einem krummen Schwanz kann man ein gutes Leben haben.«

Kapitel 31

Zwei Tage später, am Montag, findet die nächste Aufzeichnung von *Auf einen Latte* statt. Als ich das Studiogebäude betrete, sehe ich, dass wieder dieser Produktionsassistent da ist, der, der immer sexistische Anmachsprüche rauslässt. Als ich an ihm vorbei in den Schminkraum gehe, rolle ich die Augen, quasi vorsorglich, damit er gar nicht erst wieder anfängt mit seinem Mist. Doch offenbar kann er es nicht lassen.

»Na, Schneckchen? Jetzt ist es endlich offiziell.«

Ich drehe mich um.

»Offiziell? Was ist offiziell?

Aber der Typ grinst nur. Dieses eklige, besserwisserische Grinsen misogyner Arschlöcher.

»Was ist offiziell?«, frage ich die Visagistin, als ich mich auf den Schminkstuhl setze, »der Typ draußen meint, irgendetwas sei nun offiziell.«

Die Visagistin deutet auf die Klatschzeitung, die vor mir auf der Ablage liegt.

»Schau mal vorne drin.«

Ich nehme die Zeitung und blättere sie auf. Schon auf Seite drei werde ich fündig.

»*KNISTERTE ES IN IHRER SENDUNG? Nils P. und Lotte Hohenfeld sind ein Paar!*«

Meine Güte. Deutlich übler als die Überschrift sind die abgebildeten Fotos darunter. Zwei Schnappschüsse, die offenbar von draußen durchs Fenster von Herrn P.s Loft gemacht wurden. Nennt man so was nicht Hausfriedensbruch? Er und ich sind deutlich zu erkennen, seine Hand auf meiner Schulter, dann ein Foto von uns beiden vor seiner Haustür, wie wir gerade reingehen und dabei ziemlich vertraut lachen.

»... *der Arbeitsplatz ist und bleibt die Singlebörse Nummer Eins, so hat Amors Pfeil nun auch Nils P. und Lotte Hohenfeld bei der Arbeit erwischt, schon vor einiger Zeit, so munkelt man im Sender, habe es zwischen ihnen gefunkt ...*«

Ich überlege, wie ich die Sache finde. Natürlich ist es ziemlicher Blödsinn, gefunkt hat es nicht, wir sind Freunde, aber für solche feinen Unterschiede hat sich die Klatschpresse noch nie interessiert.

Vermutlich wird es besser sein, sich gar nicht zu dem Artikel zu äußern. Beim Blick in mein *iPhone* stelle ich fest, dass derartige Nachrichten sich schnell im Netz verbreiten. Der neueste Liebestratsch bringt offenbar mehr Klicks als das aktuelle Weltgeschehen.

Was soll's. So sieht es auch Herr P., dem ich den Artikel vor der Sendung zeige. Er zuckt die Schultern, jede Presse sei besser als keine Presse, das habe schon sein Lehrer in der Journalistenschule gesagt, im Showgeschäft allemal, und dass er LOTTE HOHENFELD flachgelegt habe, sei sicher gut für sein Image, auch wenn ich halt doch schon ziemlich alt sei. Ich knuffe ihn in die Seite aus Protest, muss aber doch drüber grinsen.

Irgendwie vergesse ich die Sache wieder.

Doch dann passiert etwas.

So ziemlich das Schlimmste, was überhaupt passieren kann.

Als ich ein paar Tages später am Abend Instagram öffne, um die Fotos des Tages zu posten, will die App, dass ich mich neu anmelde.

Fuck. Das gab es noch nie.

Ich tippe meine Login-Daten ein.

Sie sind falsch.

Ich gebe sie nochmal ein.

Sie sind immer noch falsch.

Ich merke, dass mir heiß wird. Ich fange richtig an zu schwitzen. Und schwindelig wird mir, als hätte ich von einem Moment auf den anderen die Kontrolle über mein Leben verloren.

Ich versuche, das Passwort zurückzusetzen. Es funktioniert nicht. Jemand hat auch die Kontaktinformationen geändert. Ebenso bei TikTok.

Ich bin raus, komplett raus aus meiner eigenen digitalen Existenz. Von jetzt auf gleich bin ich mir selbst entglitten. Ist das nur der Anfang?

Ich kontaktiere Instagram, melde das Konto als gehackt. Ich werde aufgefordert meine Identität zu verifizieren, per Video-Selfie versuche ich nachzuweisen, dass ich ich bin, vergeblich. Man erklärt mir, es gebe keinen Anlass tätig zu werden, die letzten Logins seien von IP-Adressen erfolgt, die schon sehr häufig, genauer gesagt über ein Jahr lang, für die Bearbeitung des LOTTE-HOHENFELD-Accounts genutzt worden seien. Ach, nicht nur ich, sondern zwei weitere Personen verfügen über meine Anmeldeinformationen? Nein, da könne man leider nicht helfen. Am besten sei es, sich direkt an die Polizei zu wenden.

Ich rufe Tessa an.

Keiner geht dran.

Kapitel 32

Am nächsten Morgen erwache ich in meiner Wohnung. Das Einschlafen hat nur mit Valium funktioniert, ich habe geschlafen wie ein Stein. Ich mache mir einen Kaffee, wickle mich in eine Decke und setze mich vor meinen Laptop.

Mich einloggen kann ich nicht, aber auch ohne Anmeldung lässt sich die Instagram-Seite von LOTTE HOHENFELD aufrufen. Ich erstarre.

Ein neues Reel wurde gepostet. Ich klicke es an. Und sehe mich selbst. Ich trage einen Schlafanzug, einen blauen mit Teddybären drauf, und schaue in die Kamera. Offenbar befinde ich mich in meinem Badezimmer und die Kamera ist der Spiegel überm Waschbecken, in den ich hineinblicke. Ich sehe verschlafen aus, die Haare stehen mir vom Kopf ab, ich greife eine Zahnbürste und beginne mir die Zähne zu putzen. Ich spucke Zahnpasta ins Waschbecken vor mir, dann blicke ich hoch, direkt in den Spiegel bzw. direkt in die Gesichter der Follower:

»Guten Morgen, ihr Hohlbrötchen. Na, auch schon wach? Und direkt wieder online, meine Güte. Habt ihr nichts Besseres zu tun? Ist euer Leben schon morgens so fad, dass ihr mir beim Zähneputzen zuschaut? Jetzt mal ehrlich, ihr könntet Sex haben, Joggen gehen, oder noch besser: ihr macht was aus eurem Leben, na, wie wäre das? Stattdessen stalkt ihr mir hier hinterher. Den ganzen Tag. Ziemlich jämmerlich, findet ihr nicht? Ihr seid so was von Scheiß-armselig. Verpisst euch. Ganz ehrlich, get a fucking life, ihr Arschlöcher!«

Dann bricht das Video ab, wie bei einer Bildstörung.

Fassungslos starre ich auf den Bildschirm.

Diese Lotte sieht aus wie ich. Ich bin es. Meine Stimme, meine Mimik, meine zerknautschten Haare, mein Schlafanzug, mein verquollener Blick am Morgen. Nur der Text? Bin ich es doch? Wann habe ich das gesagt? Nein, ich habe es nicht gesagt.

Nein, Lotte, du bist nicht verrückt.

Du bist real, und die Luft enthält genügend Sauerstoff.

Du steckst in deinem Körper, und dass du über dir an der Decke schwebst, ist nur eine Einbildung.

Reiß dich zusammen, Lotte, das Leben läuft nicht immer wie geplant, jetzt gilt es zu handeln! Tu was!

Was ist zu tun?

Nichts. Es ist zu spät.

Bereits achtzigtausend Views.

Selbst sollte es mir gelingen, das Video löschen zu lassen. Es ist längst auf Smartphones abgespeichert, geteilt, vervielfältigt, gescreenshottet, auf Servern eingelagert, verarbeitet in unzähligen Clouds.

Was hilft es zur Polizei zu gehen?

Vermutlich nichts. Man wird mich für verrückt erklären. Vielleicht nicht direkt, aber ganz offensichtlich bin ich verrückt, dass ich mich im Schlafanzug vorm Badezimmerspiegel filme.

Ich gehe wieder ins Bett. Eine Stunde später ruft der Programmleiter des Senders an. Was ich mir bitte dabei gedacht hätte? So was habe Auswirkungen auf das Image des Senders, ganz ehrlich, solle das etwa ein Scherz sein? Falls ja, dann könne er wirklich nicht darüber lachen. Mein Moderationsjob sei vorläufig auf Eis gelegt, die kommenden Sendungen werde Nils P. mit einer anderen Kollegin bestreiten, man suche gerade nach Ersatz.

Ich gehe wieder ins Bett.

Es gibt nichts zu tun.

Nachmittags, als ich aufwache, habe ich zwei Nachrichten auf meiner Mailbox. Von einer unbekannten Nummer und eine von Herrn P.. Herr P. fragt, was los sei, und warum ich ihm den blauen Schlafanzug mit Teddybären noch nie vorgeführt hätte.

»Ich wurde gehackt«, schreibe ich ihm zurück. Sonst nichts.

Ich sehe, dass die letzte Nachricht, die ich an Adele geschrieben habe, immer noch ohne blauen Haken ist. Dann höre ich die Sprachnachricht der unbekannten Nummer ab. Eine männliche, mittelalte Stimme sagt mir, ich solle zurückrufen. Das tue ich.

Es ist Adeles Bruder.

Adele ist tot.

Ich kenne Adeles Bruder nicht, weiß nicht, wie er aussieht, seine Stimme klingt nüchtern und fremd und erklärt mir, ihre Leiche sei an einem Strand in Bali gefunden worden, sie sei ertrunken, Fremdeinwirkung unwahrscheinlich. Ja, es sei schrecklich, ein wenig schwermütig sei sie in letzter Zeit gewesen, die Familie sei in Trauer, und er telefoniere gerade ihre Kontakte ab, um die traurige Nachricht zu übermitteln.

»Danke«, sage ich, »mein Beileid an die Eltern.«

Ich gehe an den Laptop und öffne Adeles Instagram-Seite. Ihr letzter Post ist zwei Wochen her. Offenbar hat sie Urlaub auf Bali gemacht, in einem Luxusresort, das Foto zeigt sie selbst, wie sie am Strand sitzt, hinter ihr über dem Meer geht postkartenreif die Sonne unter, ihr Gesicht sieht man nicht, es ist den roten Schlieren der versinkenden Sonne zugewandt. Ob ein Hotelbediensteter sie fotografiert hat?

»*Nothing can bring you peace but yourself.*" steht unter dem Bild, und dahinter: *#finally.*

Ich sehe Adeles Gesicht vor mir.

Wie man ihren schmalen Körper aus dem Wasser zieht.

Ich klappe den Laptop zu.

Und gehe wieder ins Bett.

Als ich am nächsten Morgen meinen Laptop öffne, ist ein weiteres Reel auf LOTTE HOHENFELDs Account online gegangen.

Wieder stehe ich im Badezimmer vorm Spiegel, wieder im blau-

en Schlafanzug mit Teddybären drauf, putze mir die Zähne, spucke Zahnpasta ins Waschbecken, dann blicke ich hoch, blicke
mich selbst direkt an:

»Ihr seid ja immer noch da? Hatte ich mich nicht klar ausgedrückt? Get
a fucking life! Es ist ganz einfach Leute, klickt »unfollow«, es ist nur ein
Klick, go ahead! Vermissen werde ich euch definitiv nicht, und wisst ihr
warum? Na? Weil ich euch gar nicht kenne! Woher auch! Na, seid ihr jetzt
enttäuscht? Tatsächlich, ihr seid mir schnurzpiepegal. Follower sein, mal
ehrlich? Ihr seid die armseligen Fans, die den Millionenaccounts ihren Lu-
xuslifestyle ermöglichen, rafft ihr das nicht? Ich bin Agent Nr. VZQ/374/a
und komme von der Zeitsparkasse. Ihr vergeudet eure Zeit auf ganz ver-
antwortungslose Weise! Drei Stunden Social Media am Tag macht über
Tausend im Jahr, zehntausend aufs Jahrzehnt, das ist die Zeit, die ihr schon
verloren habt. Der Countdown läuft, Leute, die Uhr tickt. Tick, tick, tick!«

Mein Gesicht kommt ganz nah ran an den Spiegel, meine mor-
gendlich verquollenen Augen blicken mich direkt an:

»Get a fucking life! Wird's bald? Verschwindet von meinem Account,
ihr Arschlöcher!«

Ich gehe wieder ins Bett.

Ich bin erstaunt, wie gelassen ich es hinnehme. Als würde es
mich schon gar nicht mehr wundern, mich selbst in einem Video
zu sehen, das ich nie gedreht habe.

Was habe ich gesagt? Ich bin Agent VZQ/374/a und komme von
der Zeitsparkasse? Es kann nur die Zeitsparkasse aus Michael En-
des Roman Momo sein. Ich muss lächeln. »Momo« ist mein all-
time-favourite. Nur Tessa weiß das. Ganz ehrlich, den Hype um
Harry Potter habe ich nie verstanden. Was kann JK Rowling im
Vergleich zu Michael Ende?

Im Bett frage ich mich, ob es irgendetwas zu tun gibt. Außer
auf das nächste LOTTE HOHENFELD-Video zu warten? Aber das
kommt sicher erst morgen. Ich sollte etwas zu Essen bestellen, geduscht habe ich auch lange nicht.

Was bezweckt Tessa mit den Videos? Will sie mich zum Abschuss freigeben? Mich dem Netz zum Fraß vorwerfen? Es macht keinen Sinn.

Bevor ich wieder einschlafe, muss ich an ein Abendessen denken, ein paar Jahre ist es her, bei einem Bekannten aus Tessas Freundeskreis. Ein Inder aus der IT-Branche, laut Tessa ein unglaublich intelligenter Kopf, der in L.A. gerade ein Start-up aufzog.

Irgendwann, ich glaube jemand hatte gerade von seiner letzten Urlaubsreise erzählt, kam das Thema auf diesen Flugzeugabsturz in den Anden vor fünfzig Jahren, bei dem die nicht verstorbenen Insassen nur überlebten, weil sie sich vom Fleisch ihrer verstorbenen Mitreisenden ernährt hatten.

»Würdest du mich essen, wenn wir abstürzen?«, fragte eine der anwesenden Frauen ihren Ehemann.

»Natürlich nicht, Schatz, allein die Vorstellung.«

»Wie kann man weiterleben, wenn man so etwas Schreckliches tut. Dann lieber gleich sterben«, meinte ein anderer.

»Niemals würde ich einen toten Menschen essen«, meinte der Inder und schüttelte sich bei der Vorstellung, »der Geist des Toten würde mich verfluchen, jede Sekunde Weiterleben wäre ein Alptraum!«

Irgendwann hatte jeder am Tisch seinem Sitznachbarn versichert, sich keinesfalls an dessen sterblichen Überresten zu bedienen. Nur Tessa und ich, die am Ende des Tischs nebeneinandersaßen, hatten noch nichts gesagt. Alle schauten uns an.

»Selbstverständlich würde ich sie essen«, meinte Tessa. Dann nahm sie einen Schluck Wein und aß weiter vom vorzüglichen Rehgulasch.

Ich schlafe wieder ein.

Irgendwann gehen meine Augen auf. Licht fällt rein, die Dunkelheit zieht sich auseinander, der Nebel lichtet sich, ein Zustand zwischen Schlafen und Wachen, Sekunden ohne Gedanken, nur ein waberndes Etwas, das noch nichts weiß und nichts vermisst, und sich erst langsam zusammensetzt zu einem Ich, das aufwacht und für einen winzigen, ahnungslosen Moment vollkommen glücklich ist.

Dann kickt die Realität rein. Und die bleierne Erkenntnis: Ich bin völlig allein.

Es gibt niemanden, der sich mit ernster Miene meine Beschwerden über das Leben anhört, dabei nickt, mir über den Kopf streicht und irgendwann sagt: »Jetzt geht's aber wieder, Lottchen?« Niemanden, der auf einer Harley vorm Hauseingang wartet, den Motor heulen lässt wie einst John Travolta, mir einen Helm reicht und sagt: »Wir fahren aufs Land, Alpakas und Kuchenessen.« Es gibt niemanden, der mich in den Blick nimmt. Ich bin mir abhandengekommen. Sie ist weg, und ich bin auch nicht mehr da.

Am Abend gehe ich mit Claudia etwas trinken, sie besteht darauf, man könne sich nicht einfach vergraben, auch wenn es natürlich schrecklich sei, dass ich gehackt wurde, unglaublich wie realistisch diese Videos von mir seien, aber die Sache würde sich schon klären. Ich sitze ihr gegenüber in einer Kneipe, es riecht nach modrigem Holz, sie erzählt mir das Neuste aus ihrer Praxis um mich abzulenken, ich erzähle ihr, dass ich das Gefühl habe, die Welt ziehe an mir vorbei, aber sie versteht nicht, was ich meine. Sie redet beschwichtigend auf mich ein, geradezu mütterlich, auf irgendeine Weise scheint es sie zu beflügeln, dass es bei mir gerade nicht läuft. Besser eine abbezahlte Praxis und nur zweitausend Follower aber dafür nicht solche Scheiße am Schuh wie ich jetzt. Gibt es Vampire, die sich von den gescheiterten Träumen anderer Leute ernähren? Vermutlich tue ich ihr Unrecht.

Als wir uns vor der Kneipe verabschiedet haben und ich zu Fuß nach Hause laufe, meine ich an einer Kreuzung Tessa zu sehen. Eine schlanke, weibliche Gestalt in schwarzer Lederkluft, neben ihr eine etwas kleinere, ebenfalls ganz in Schwarz mit kurzen Haaren. Ist die kleinere etwa Kristen Stewart?

Zu Hause liege ich im Bett und verbringe die halbe Nacht damit, Kristen Stewart zu googeln. Einmal denke ich tatsächlich, Tessa auf einem Foto hinter ihr zu entdecken. Aber es ist nur die Schauspielerin Carrie-Anne Moss.

Und sonst?

Die Tage vergehen und jeden Tag pünktlich um neun Uhr morgens geht ein neues, zorniges Schlafanzug-Video von LOTTE HOHENFELD online. Doch ihre Aufforderung, sich endlich von ihrem Account zu verpissen, scheinen ihre Follower nicht wirklich ernst zu nehmen. Im Gegenteil, die Zahl ihrer Follower steigt. Ein paar Zeitungsredakteure kontaktieren mich, wollen wissen, was meine neuesten Posts zu bedeuten haben, ich erkläre ihnen, dass ich gehackt wurde, und nein, das sei nicht wirklich ich, diese Person im blauen Schlafanzug.

Offenbar glaubt man mir nicht. Mehrere Artikel erscheinen, in denen spekuliert wird, LOTTE HOHENFELD habe einen neuen Marketing-Trick für sich entdeckt: die morgendliche Follower-Beschimpfung. Eine simple, doch geradezu perfide Methode, durch Provokation Aufmerksamkeit zu generieren. »*Follower-Wachstum durch Follower-Beschimpfung? Der neueste Coup der Lotte Hohenfeld*«, schreibt eine Berliner Tageszeitung und fühlt sich an Peter Handkes Publikumsbeschimpfung aus den Sechziger Jahre erinnert, die ja auch nur bezweckt hätte, den Krawallmacher Handke zum ersten Popstar der deutschen Literaturszene zu befördern. Prompt schaltet sich ein Berliner Künstlerkollektiv ein. Das sei kein Marketing, keineswegs, was auf diesem Account betrieben werde, nein, das sei Kunst! Der Badezimmerspiegel als Spiegel für eine Gesellschaft, die noch nicht mal nach eindringlicher Aufforderung in der Lage sei, ihren sensationslüsternen Blick und ihre Dopamin-getriebene Sucht nach Neuigkeiten in den Griff zu bekommen. Hört LOTTE HOHENFELD zu, ruft das Künstlerkollektiv, sie sagt euch, was zu tun ist!

Eine Woche später steht mein Name in der *New York Times*, ein längerer Artikel in der Sektion »Arts«: »*Die wütende Deutsche im blauen Schlafanzug.*« Dazu ein großes Foto.

Zwei Wochen später folgen mehr als sechshunderttausend Menschen dem Account von LOTTE HOHENFELD.

Um sich gründlich beschimpfen zu lassen.

Kapitel 33

Zwei Dinge sind schädlich für den Menschen. Erstens: zu viele Gedanken. Zweitens: zu wenig zu tun. Bei zweitem kommt man dann nämlich auf richtig dumme Gedanken. Zum Beispiel, jeden Abend in Berliner Uraltkneipen abzuhängen.

Mein gestriger Aufenthalt dort ging ziemlich misslich aus, eine Bande Jugendlicher hat mich verfolgt und Fotos von mir gemacht, wie ich in einer Pfütze liege. Arschlöcher. Aber was soll's. Vielleicht passt das zum neuen künstlerischen Image von LOTTE HOHENFELD. Mit der habe ich ohnehin nicht mehr viel zu tun.

Ich trinke inzwischen gerne Bier. Ja tatsächlich, ich gewöhne mich daran. Bier erzeugt so einen gemütlichen, traditionellen Dusel, kickt quasi zeitverzögert rein, während man sich in aller Seelenruhe mit Gleichgesinnten an der Theke austauschen kann, sei es mit Goran, dem jugoslawischen Bauarbeiter, oder der verlassenen Ursula mit zu kleiner Rente vom Kollwitzplatz. Sich gemeinsam mit Fremden, die nicht wissen wer man ist, in Zeitlupe volllaufen zu lassen, irgendwie hat das was. Vorsichtshalber trage ich bei meinen Ausflügen stets eine Baseballcap, ungeschminkt sehe ich eh nur aus wie LOTTE HOHENFELDs leicht verlotterte Cousine.

Heute sitze ich in einer Kneipe in der Nähe der Gedächtniskirche, reiner Zufall, dass ich hier gelandet bin, vorhin habe ich mir am Kudamm eine Currywurst reingezogen. Hauptsache es gibt Bier.

Irgendwie ist es heute besonders gemütlich, das zweite Getränk fängt schon an, einen angenehmen Dusel zu erzeugen. Das Buchenholz der Theke ist noch aus den Siebzigerjahren, und an der Wand neben mir hängt eine Werbung für alkoholhaltige Pralinen mit Günter Pfitzmann. Der ist auch schon zwanzig Jahre tot. Ich frage mich, ob ich in eine Zeitkapsel gestiegen bin, mir kommt alles etwas surreal vor. Die Musikanlage spielt *Let it be* von den Beatles. Irgendwie ist dieser Ort wie geschaffen für mich. Weit weg von der Realität.

Links neben dem Ende der Bar, wo ich sitze, ist an der Decke eine kleine Diskokugel befestigt, drehen tut sie sich nicht, aber sie markiert wohl so was wie eine Tanzfläche, und tatsächlich sind zwei ältere Damen unter der Diskokugel neben mir am Schwofen. Dazu trinken sie Schnäpse. Gute Mädchen. Das Wort »Schwofen« ist großartig, es hat so was Gemütliches. Schwofen bedeutet, im Fransenkleid mit Pfauenfeder im Haar die Hüfte zum Charleston zu schwingen, statt sich im Leder-String zu Acid Techno die schwarzen Plateausohlen abzuwetzen. Die zwei Frauen faszinieren mich, irgendwie kann ich gar nicht meinen Blick von ihnen wenden. Sie tragen flache, bequeme Schuhe, dazu Leggings und Blusen, irgendwas aus der Gerry-Weber-Damenabteilung. Aber was ich von ihrem Outfit halte, interessiert sie ohnehin nicht. Sie haben sich füreinander schick gemacht und für sonst keinen. Sie sind weder gestrafft noch gebotoxt. Die Falten sind vom Lachen und sie wissen, dass sie noch tiefer werden. Sie erzählen sich Geschichten von früher, kichern dabei wie Teenager, nur dass sie nicht so bescheuert sind, sich dabei zu filmen. Sie haben keine Follower dafür einen Hund oder Ehemann zu Hause. Sie wissen nicht, dass man in Deutschland schon mit Sechzig als »alt« gilt, sie sind weder schlank noch durchtrainiert, ihre Körper sind ein fröhlicher Stinkefinger. Auf einmal merke ich, dass ich neidisch bin. Giving a shit. Drüber hinwegkommen, das Spielchen mitspielen zu müssen. Drüber hinwegkommen, jemandem was beweisen zu müssen. Einfach drüberstehen. Einfach drüberleben, ohne sich was vorzumachen.

Das wünsche ich mir auch.

In dem Moment setzt sich jemand auf den Barhocker neben mich. Ich nehme einen Schluck Bier und schiele rüber. Eine Person mit breitem Kinn und roten Lippen, die ziemlich stark geschminkt ist, einen hellblonden, kinnlangen Pagenkopf trägt, offenbar eine Perücke, und dazu eine riesige, halbverdunkelte Brille. Und sie hat eine rosa Handtasche dabei. Passend zum blumigen Parfum.

Ist das die späte Hildegard Knef? Aber die ist auch schon zwanzig Jahre tot. Ich bin neugierig. Allerdings muss ich sensibel vorgehen, schließlich könnte dies eine Transfrau sein, eine Person mit Vulva *in the making*, eine noch nicht ganz weiblich gelesene Person, oder wie das auch immer heißen mag.

Ich proste meiner Sitznachbar-Person zu.

»Und? Was machen Sie hier?«

Die späte Hildegard Knef winkt dem Kellner, bestellt sich ein Bier.

»Was ich hier mache? Na, was wohl? Mir die Hirnrinde veröden, mir den Hopfenhut hochjagen, mir mit der Zwinge die Leber aushebeln, mich in die Sakristei orgeln, mir das Ei verdottern, mir einen hinter die Tanne harzen, mir einen hinter die Buche fichten.«

Der Kellner bringt das Bier.

Sollte sie tatsächlich trans sein, muss dringend der Testosteronspiegel runter. Diese Stimme ist echt tief.

»Ist das Ihr normales Outfit?«, frage ich neugierig.

»Meistens.«

»Hildegard Knefs Schwester?«

»Nein. Travestie-Künstler. Ich habe eine Show am Kudamm.«

Ah, so ist das, denke ich mir und bin erleichtert, also keine Fettnäpfchengefahr durch eine komplizierte Ansprache. Travestie-Künstler sind bunt, glitzernd und gut drauf.

»Wie ist dein Name?«

»Lotte Hohenfeld.«

Die späte Hildegard Knef mustert mich, zieht eine Augenbraue hoch.

»Naja, der Herr liebt alle seine Kinder.«

»Travestie«, sage ich schwärmerisch, »ich bewundere das, so eine tolle Kunst, ganz ehrlich, Pailletten, Perücken, Musik, ich liebe es.«

»Kunst ist schön, macht aber viel Arbeit.«

»Karl Valentin.«

»Richtig. Gilt auch für Travestie.«

Die späte Hildegard Knef nimmt einen Schluck Bier und seufzt:

»Aber es hat eh alles keinen Zweck.«

»Was?«

»Na, alles. Man müht sich ab. Man reißt sich den Arsch auf. Gibt alles, jeden Abend. Und wofür? Damit die Menschen einen lieben. Und was passiert?«

Ich zucke ahnungslos die Schultern.

»Wir werden geboren und wir sterben. Die Haut wird dünn, der Pimmel schrumpft, die Eier hängen, die Haare fallen aus, bums, aus, finito. Die Leute, die uns geliebt haben, denken noch eine Weile an uns, vergessen uns, vergessen alles und sterben, die Kinder dieser Leute sterben, die Kinder dieser Kinder sterben und dann auch deren Kinder, die Welt wird unbewohnbar, Hungersnöte, Gletscherfluten, neunzig Prozent der Leute sterben, zack, weg. Ein Asteroid kommt runter, paff, löscht den Rest aus. Das Universum dehnt sich aus, immer weiter und weiter, zack und plopp, zerfällt in Elementarteilchen, nichts bleibt übrig. Wofür bitte reißen wir uns den Arsch auf?«

Ich nehme einen Schluck Bier.

»Wusstest du, dass die NASA in den Siebzigern eine Raumsonde ins Weltall geschickt hat, die eine Datenplatte mit unseren musikalischen Grüßen an Außerirdische enthält?«

»Tatsächlich?«, sage ich.

»Wenn die Erde nicht mehr ist, wird von uns nur diese Datenplatte übrigbleiben. Und weißt du was drauf ist?«

Ich schüttle den Kopf.

»Edda Moser! Edda Moser, wie sie die Arie der Königin der Nacht aus Mozarts Zauberflöte singt!«

Die späte Hildegard Knef fasst sich an die Stirn, verzieht den rotgeschminkten Mund.

»Der Hölle Rache kocht in meinem Herzen? Geht's noch? Was sollen die Außerirdischen bitte von uns halten? Ganz ehrlich, warum nicht The Weather Girls? Warum nicht Gloria Gaynor »I am what I am«?«

Unser Gespräch bricht ab. Grund sind zwei Typen, die uns gegenüber auf der anderen Seite der Bar sitzen. Sie lachen so laut, dass es durch die ganze Kneipe schallt.

Den einen, der gerade besonders laut prustet, kenne ich. Es ist der Ehemann von einer prominenten Influencerin, die einen auf Umwelt und gutes Leben macht. Schlaksiger Typ, Dandy Look mit Tweedjacket und Einstecktuch, Schnurrbart, bestimmt gepflegt mit einem extra veganen Bartöl, das Haupthaar strähnig, etwas länger und schräg ins Gesicht gekämmt, wie so ein Möchtegern-Burschenschaftler aus Bogenhausen. Den Typ sieht man häufig im SUV durch Mitte fahren, wenn er die gemeinsamen Kids in den Montessori-Kindergarten bringt. Ach ja, und er betreibt einen Podcast über conscious coupling. Jetzt fängt der Typ an, lautstark und bierselig, als hätte er die Kneipe für sich allein gemietet, mit dem Kumpel neben sich zu diskutieren. Darüber, ob man in dieses Start-up für nachhaltige Sex-Spielzeuge investieren sollte, und ob dieses Ayahuasca-Retreat am Comer See wirklich was taugt.

Hildegard Knef und ich schauen uns an.

Dann bestellen wir zwei weitere Bier.

Als wir eine Stunde später die Kneipe verlassen und an den beiden Typen vorbei zur Tür gehen, bleibt Hildegard neben ihnen stehen. Erst bemerken die beiden sie gar nicht. Dann schaut der Influencer-Ehemann doch hoch.

In seiner Babyface-Schnurrbart-Visage erscheint ein breites Grinsen.

»Die Dame?«

Doch statt dass er eine Antwort bekommt, passiert etwas anderes: Hildegard hebt ihre rosa Handtasche, holt aus, richtig weit, und zieht ihm damit eins drüber. Aber so richtig, dass es scheppert.

Der Influencer-Ehemann fällt fast vom Stuhl, hält sich an der Theke fest und jammert wie unter starken Schmerzen. Dabei war es ja nur eine alte Damen-Tasche. Dieses Gewinsel ist wirklich furchtbar unmännlich.

Hildegard hebt drohend die rechte Hand.

»Was erlauben Sie sich, junger Mann! Finger weg, hatte ich gesagt! Und zwar deutlich! So eine Unverschämtheit, wirklich. Nächstes Mal gibt es eine Anzeige. Sie Rüpel!«

Dann verlassen wir die Kneipe.

Auf der Straße verabschieden wir uns. Es ist doch schon ziemlich spät, und so richtig gerade gucken kann ich auch nicht mehr. Erst jetzt, da sie mit ihrer rosa Handtasche vor mir steht, fällt mir auf, dass Hildegard ganz schön kräftige Waden hat, richtige Fußballerwaden, die in einer beigen Nylonstrumpfhose stecken.

»Sag mal, was ist denn in der Tasche?«, frage ich.

»Wieso?«

»Naja. Sie scheint recht schwer?«

Hildegard grinst. So breit, dass ihre gepuderten Wangen die Riesenbrille unter der hellblonden Perücke leicht anheben, und ihr geschminktes Gesicht richtig jung und glücklich leuchtet.

»Kieselsteine. Besser als Pfefferspray! Hab ich immer dabei, man weiß ja nie. Det is Berlin.«

Kapitel 34

Als ich am nächsten Morgen aufwache, habe ich einen ziemlichen Schädel, denke zurück an Hildegard und die Handtasche und halte es für möglich, dass ich das alles nur geträumt habe.

Da ich sonst nichts zu tun habe, beschließe ich, einen Gang hinter mich zu bringen, den ich seit Tagen vor mir herschiebe. Meine Sachen von Herrn P. abholen. Ziemlich blöd von mir, so viel Zeug in seiner Bude einzulagern, darunter mehrere Pullover und meine Winterschuhe. Seit den morgendlichen Follower-Beschimpfungen und LOTTE HOHENFELDs Rausschmiss bei *Auf einen Latte* haben wir uns nicht gesehen. Den Gedanken ihn zu treffen finde ich anstrengend. Fast so anstrengend wie mich morgens zu duschen.

Als ich ankomme, kommt mir im Treppenhaus der Hausmeister entgegen, der mich stirnrunzelnd mustert, als versuche er seinem Hirn abzuringen, woher er mein Gesicht kennt. Meine schminkfreie Baseballcap-Tarnung scheint zu funktionieren. Ich bin einfach nur noch eine ganz gewöhnliche Einundvierzigjährige, die gerne Bier trinkt. Auch schön.

Herr P. ist zu Hause. Während ich mein Zeug zusammensuche, erzählt er mir, Larissa, die Selbstbräuner-getunkte Talkshowmaster-Tochter, habe meine Vertretung in der Sendung übernommen. Das sei ja schön, und es freue mich für sie, sage ich. Prima, meint er, wirklich sehr souverän von mir, dass ich so locker mit der ganzen Sache umginge, meine *Morning Show* und den Teddybären-Schlafanzug finde er übrigens großartig, und wir sollten uns bald mal auf einen Kaffee treffen, auf einen *Latte*, versteht sich. Ja, sage ich, so machen wir das, meine Nummer habe er ja.

Dann verlasse ich seine Bude wieder, überm Arm meine voll-gepackte Sporttasche, was dem Hausmeister unten vorm Eingang abermals ein Stirnrunzeln abringt.

Am darauffolgenden Morgen, es muss etwa halb zehn sein, ich habe mir gerade einen Kaffee gemacht und die tägliche Follower-Beschimpfung von LOTTE HOHENFELD an meinem Laptop an-geschaut, passiert etwas.

Etwas, mit dem ich nicht gerechnet habe.

Wirklich so gar nicht.

Mal ehrlich, gefühlt lässt mich das Schicksal seit einiger Zeit einiges mitmachen.

Aber das?

Das übersteigt wirklich alles, was ich in meinem Leben noch für möglich gehalten hätte.

Es klingelt Sturm an der Tür.

Ich mache auf. Drei bewaffnete Polizisten stehen vor mir. Einer legt mir Handschellen an und erklärt mir, ich sei festgenommen, sie hätten einen Haftbefehl. Dringender Tatverdacht wegen Mor-des an Nils P., dem bekannten TV-Moderator.

Irgendwie kann ich es gar nicht fassen. Vielleicht träume ich ja noch. Oder hier wird gerade ein richtig schlechter Tatort gedreht, mit mir in der Hauptrolle ohne meine Zustimmung.

Scheiße. Im Knast gibt's bestimmt kein Bier.

Kapitel 35

Im Knast gibt es tatsächlich kein Bier. U-Häftlinge dürfen weder Alkohol noch Drogen konsumieren. Dafür darf man sich in seiner Zelle bewegen und trainieren, zum Beispiel Liegestütze machen. Und täglich geht es für eine Stunde an die frische Luft. Immerhin. An der frischen Luft war ich in letzter Zeit selten.

Meine Einzelzelle, in der ich den Großteil des Tages verbringe, abgesehen vom Mittagessen und einer Freistunde, hat weder einen Fernseher noch ein Radio. Und nur ein kleines, hohes Fenster, hinter dem man den Stacheldraht über dem Innenhof sehen kann. Also der perfekte Ort, um einfach nur auf der Matratze des Zellenbetts rumzuliegen und sich Gedanken zu machen. Und ich dachte immer, Folter sei in Deutschland verboten.

Vom stundenlangen Nachdenken kriege ich Kopfschmerzen aber keine neuen Erkenntnisse. Es muss alles ein großes Versehen sein. Es handelt sich um das Leben einer anderen Person, in das ich versehentlich hineingeraten bin. Ein Raum-Zeit-Teilchen der Primärrealität hatte Bock auf einen Quantensprung, und zack, hier sitze ich nun in einer Sekundärrealität mit schlechtem Essen und halbdunkler Zelle. Nur wegen der Scheißlaune eines Scheiß-Quants. Oder ich befinde mich in der Matrix, und Laurence Fishburne weigert sich, mir die rote Pille vorbeizubringen, weil die Schauspielgewerkschaft grad mal wieder streikt.

Es ist ein fucking Alptraum. Jegliche Normalität, zumindest die winzigen Reste davon, die in meinem Leben noch am Start waren, sind mir unter den Füßen weggezogen worden. Ich bin nur noch ein hilfloser Statist, der seiner eigenen Geschichte zuschaut. Ich habe das Gefühl, unfassbar tief gesunken zu sein. Aber es ist derartig surreal, dass es mich fast schon nicht mehr schockiert. Vielleicht bin ich in den letzten Wochen vollkommen abgestumpft. Nur, nicht mal beim sozialen Bodensatz angekommen zu sein, überrascht mich noch. Ich kann mir beim besten Willen nicht vorstellen, wie es von hier aus wieder aufwärtsgehen könnte. War ich nicht mal eine sehr ordentliche Bürgerin? Meinetwegen, die letzten anderthalb Jahre waren etwas wild. Aber ansonsten? Ich habe studiert, anständiges Geld in einem anständigen Job verdient, ich habe brav meine Steuern gezahlt, eigentlich habe ich mich immer bemüht, mir immer den Arsch aufgerissen. Und das ist das Ergebnis. Ich sitze im Knast. Tessa sagt, man müsse dem Schicksal in den Arsch treten. Aber wie bitteschön, wenn man im Knast sitzt?

Ich habe Herrn P. nicht ermordet. Das weiß ich, soweit reicht meine geistige Kapazität noch. Wer dann? Das Ermittlungsergebnis weist darauf hin, dass ich die letzte Person war, die Herrn P. lebend gesehen hat. Dafür gebe es einen Zeugen, sagt man mir, nämlich den Hausmeister, der mich gestern im Flur bei Herrn P. beobachtet, und mich, na schau an, tatsächlich als LOTTE HOHENFELD aus dem Fernsehen identifiziert hat. Ich erfahre, dass Herr P. wenige Stunden später von seinem Vater leblos in seiner Wohnung aufgefunden wurde. Offenbar getötet durch einen gezielten Messerstich in den Hals.

Ich stelle mir Herrn P. auf dem Parkettboden seines Lofts vor, wie er leblos in einer riesigen Blutlache liegt. In den geöffneten, toten Augen ein Ausdruck von Unverständnis. Vielleicht auch Entsetzen. Die strubbeligen Haare rotgefärbt vom Blut. Es erscheint mir unwirklich. Zum Weinen bringt es mich nicht.

Ich weiß, dass ich ein Schweigerecht habe. Auf keinen Fall irgendwelche unbedachten Aussagen tätigen. Man gestattet mir ein Telefonat mit meinem Vater. Dem fehlen erstmal die Worte, aber dann ist er doch in der Lage, mir über einen Freund eine Strafverteidigerin zu organisieren.

Die ist wenige Stunden später da. Eine attraktive Fünfzigjährige mit platinblonden Haaren, HERMES-Halstüchlein und großer, schwarzer Brille. Sie hat bereits die Ermittlungsakte zu meinem Fall gelesen. Leider bestehe kein Zweifel, dass ich tatverdächtig bin, der Haftbefehl sei rechtlich zulässig, sagt sie, sofort freikommen oder Kautionsstellung sind nicht drin. Ob jemand mir vielleicht diesen Mord in die Schuhe schieben wolle, fragt sie und sieht mich dabei prüfend an. Ich wüsste nicht wer, sage ich. Sie erklärt mir, dass sie sich meine Instagram-Seite angeschaut habe. Diese Badezimmer-Filmchen in letzter Zeit, nun ja, die seien jetzt nicht unbedingt günstig in meiner Situation, schließlich könne man daraus eine gewisse Verwirrung ablesen. Oder aber, das Ganze sei eben Kunst, fügt sie hinzu und sieht mich dabei fragend hinter ihrer großen Brille an. Ja, das war Kunst, erkläre ich und seufze. Meiner Strafverteidigerin darzulegen, dass nicht wirklich *ich* das war, die in diesen Videos die Zuschauer anpöbelt, erscheint mir aussichtslos. Warum sollte sie mir glauben?

In der U-Haft gibt es kein Internet. Telefonieren ist nur nach vorheriger Genehmigung erlaubt. Sollte LOTTE HOHENFELD auch morgen wieder eine Follower-Beschimpfung absetzen, wäre immerhin klar, dass nicht *ich* meine Follower beschimpfe. Aber was würde das bringen? Im Knast sitze ich trotzdem. Und verbringe die Nacht dort.

Während des Mittagessens am nächsten Tag lerne ich an der Tellerausgabe eine Mitgefangene kennen, Olga heißt sie, und ich hätte Stein und Bein geschworen, dass es sich um eine Prostituierte handelt. Aber das zeigt nur, wie wenig Ahnung ich habe. Sie sei eine erfolgreiche Rapperin, erklärt sie mir stolz, bekannt für diesen Song, der mit »*Suck it, bitch*« anfängt, und den ich natürlich auch wieder nicht kenne. Überprüfen kann ich es ohnehin nicht, aber wenn es stimmt, dass Olga hunderttausend zahlende Follower auf *OnlyFans* hat, muss sie gut verdienen. In U-Haft sitze sie wegen einer Steuersache, ihr Anwalt regle das gerade, morgen komme sie garantiert wieder raus. Olga erzählt mir, nicht ohne Begeisterung, dass sie mich gestern in der Tagesschau gesehen habe. Im Gemeinschaftsraum, wo die Gefangenen Schokolade und Kippen kaufen können, gibt es wohl einen Fernseher. Und in der Tagesschau war das Thema Nummer Eins der Mord an Nils P..

Nein so was, sage ich nur. Olga behandelt mich ziemlich freundlich. Richtig respektvoll, als sei ich irgendwie ein Super-Promi. Vielleicht hat sie auch nur Angst, dass ich ihr sonst ein Messer in den Hals jage.

Später, nach der Freistunde im eingezäunten Innenhof, gehen wir durch den Gemeinschaftsraum zurück zu unserer Station. Und dort im Gemeinschaftsraum steht eine Traube von Frauen um den Fernseher herum. In dem läuft gerade wieder eine Berichterstattung über den Mord an Nils P., und es wird ein Foto von mir, der Tatverdächtigen, eingeblendet. Ein echtes Scheiß-Foto, auf dem ich nicht nur muffig, sondern richtig verschlagen gucke. Meine Güte.

Als ich mit Olga den Raum betrete, drehen sich alle zu uns um, mustern mich, beäugen mich von oben bis unten, und ganz ehrlich, ich rechne damit, dass sie wie die Hyänen auf mich zustürmen werden, um mich, die vermeintliche Mörderin, irgendwie zu lynchen oder zumindest krankenhausreif zu schlagen. Ich sehe mich schon mit blutender, gebrochener Nase auf dem Fliesenboden liegen.

Tatsächlich geschieht etwas anderes:

Die Frauen sehen mich an. Sehen sich gegenseitig an. Dann heben sie ihre Hände. Und beginnen zu klatschen. Erst zurückhaltend, dann immer lauter, immer enthusiastischer, sie klatschen sich richtig in Stimmung, wie bei einer gelungenen Opernpremiere, nur dass sie mir nicht »*Brava!*« für die weibliche Hauptrolle zurufen, sondern »*You go, girl!*« »*Yeah. yeah!*« und »*Fuck Nils P.*«, so begeistert, dass die zwei Wachleute, die an der Tür stehen, richtig nervös werden und der eine seinen Gummiknüppel zückt, um einschreiten zu können, falls das hier irgendwie eskaliert. Als ich kurz darauf wieder in meiner Einzelzelle bin, setze ich mich aufs Bett. Ich versuche zu verstehen, was hier gerade passiert ist. Es kommt mir surreal vor. Völlig fernab der Realität. Was bitte war das gerade? Ich verstehe es nicht. Aber plötzlich überkommt mich ein warmes Gefühl. Ein Haufen Frauen hat mir zugejubelt. Ich muss grinsen. Yeah, Lotte! Du bist ein Scheiß-fucking Popstar.

Nachts kann ich nicht schlafen und wälze Gedanken. Ich versuche, mir über meine Situation klarzuwerden. Langsam wächst in mir die Erkenntnis, dass ich völlig machtlos bin. Nach mir wurde niemand mehr im Haus von Herrn P. gesehen. Natürlich recherchiere man weiter, sagt meine Strafverteidigerin, führe Gespräche mit Personen aus Herrn P.s Umfeld, aber bislang ohne Ergebnis. Die Tatwaffe wurde nicht gefunden, aufschlussreiche Fingerabdrücke gebe es nicht. Was wenn man nichts findet? Wer könnte Herrn P. getötet haben? Ein Feind aus der TV-Welt? Eins seiner zahlreichen Verarschungs-Opfer? Es gäbe genügend, keine Frage. Wer auch immer Herrn P. in den Hals gestochen hat, vielleicht ist die Person völlig unbemerkt davongekommen, niemand, kein Nachbar, kein Hausmeister kann Auskunft geben. Ein Stich in den Hals, in einem überraschenden Moment durchgeführt, vielleicht völlig geräuschlos. Ein kurzes Röcheln des Opfers, nichts weiter. Irgendwie mache ich mir keine großen Hoffnungen. Ich fühle mich wie in einem fremden Land im Nirgendwo ausgesetzt, niemand spricht meine Sprache, jede Handlungsmöglichkeit ist mir genommen, die Papiere, das Telefon, die Identität. Man ist nur noch ein Etwas, kein Jemand mehr. Wer außer mir könnte Herrn P. getötet haben?

Plötzlich kommt mir ein Gedanke. War es Tessa? Ich spüre, dass mein Puls schneller geht, wieso komme ich erst jetzt darauf? Warum hätte sie es getan? Weil sie eifersüchtig war? Eine andere Erklärung macht keinen Sinn. In der Boulevard-Presse wurde Herrn P. und mir eine Affäre nachgesagt, kurz darauf ging es los mit den Follower-Beschimpfungen, und jetzt der Mord. Ich stelle mir eine eifersüchtige Tessa vor. Wie sieht sie aus, was macht sie, wenn sie eifersüchtig ist? Ich habe keine Ahnung. Doch der Gedanke beflügelt mich auf erstaunliche Weise, eine unerwartete, aufregende Wendung? Andererseits. Tessa ist die geschickte Drahtzieherin im Hintergrund, sie ist Sigourney Weaver in *Alien*. Ein banaler Mord passt nicht zu ihr.

Am nächsten Tag ist wieder meine Strafverteidigerin da. Weiterhin keine neuen Ermittlungsergebnisse, sie versuche ihr Möglichstes, aber ich müsse wohl erstmal in U-Haft bleiben. Dann sieht sie mich prüfend an, lehnt sich ein Stück vor über den Tisch, an dem wir sitzen. Sie habe Post erhalten und zwar einen Umschlag mit nichts drin außer einem Taschenbuch. »Tatsächlich?«, sage ich. »Ja«, sagt sie, und dieser Umschlag sei an mich adressiert gewesen, LOTTE HOHENFELD. Und um welches Taschenbuch handle es sich, frage ich. Um den Roman *Faserland* von Christian Kracht, sagt sie.

Ich merke, dass mein Herz klopft. Meine Strafverteidigerin mustert mich hinter ihrer großen, schwarzen Brille. Ob ich eine Idee hätte, wer mir dieses Buch zukommen lassen wolle. Nein, keine Ahnung, sage ich. Sie presst die Augen zusammen. Wirklich? Wirklich nicht, sage ich. Könnte die Person, die dieses Buch geschickt habe, etwas mit dem Mord an Nils P. zu tun haben, fragt sie. Ich habe wirklich keine Ahnung, erkläre ich. Ob ich das Buch erhalten könne, frage ich. Nein, leider nicht, sagt sie. Die Übergabe von Büchern an U-Häftlinge sei verboten, Lesematerial könne nur direkt beim Buchhandel bestellt werden, und dafür sei ein Antrag nötig. Ich frage, ob sie wisse, wovon der Roman handelt.

Nein, leider nicht, aber sie habe mal gehört, Sylt, ja, diese Ferieninsel, spiele darin eine Rolle.

Als ich später wieder in meiner Zelle bin, geht mein Puls immer noch wie wild. Mir ist richtig heiß.

Das Buch ist von Tessa.

Was will sie mir mitteilen?

Faserland. Ich kenne das Wort, es ist Bestandteil von Tessas PC-Passwort. Ein Romantitel von Christian Kracht also. Wer Christian Kracht ist, weiß ich nicht. Wovon der Roman handelt? Ich habe keine Ahnung. Was hatte Tessa noch gesagt? Ich solle die relevanten, zeitgenössischen Klassiker lesen. Ist dies ein zeitgenössischer Klassiker?

Ich frage Olga, meine Mitgefangene, in er Mittagspause. Aber auch sie kann mit dem Buchtitel nichts anfangen.

Faserland. Was bedeutet dieses Wort? Wenn es zeitgenössisch ist, sagt es etwas aus über den Zustand unserer Gesellschaft. Faserland, ein Land aus Fasern? Vielleicht das Vaterland? Ein Roman über das schwierige Verhältnis zu den Vätern, zu den Vorfahren? Aber das klingt nicht sonderlich originell. Ein Land, das ausfasert? Zerfasert in sich gegenseitig bepöbelnde Lager, die reflexhaft nacheinander schnappen? Ein zerfaserndes Ich? Das sich zerstreut im Netz, nur noch eine leere Körperhülle, ein strukturloses, klaffendes Nichts zurücklässt? Ausfasert in Taps, Hyperlinks und unzählige Realitäten? Zerfasert in Optionen, Erregungsmomente, synaptische Zuckungen, eine sensorische Wolke aus Nervenblitzen, ein Tsunami aus Informationen, die sich wie reale Erlebnisse über das Gedächtnis legen? Zerfasert im Schatten von Möglichkeiten. Das Faserland, todtraurig, melancholisch, voller Weltschmerz, ein niemals endendes Weiterscrollen, ein ewiges Swipen nach rechts und links, ein digitales, sinnloses Rauschen, am Ende nicht die Erlösung, sondern nur ein selbstzerstörerischer Strudel aus Teilnahmslosigkeit und Leere.

Vielleicht steht Faserland auch einfach für die Verbreitung von Kunstfasern. Eine Persiflage auf die aktuelle Fast-Fashion-Kultur. Ein Land gekleidet in chinesische Polyester-Fasern. Das könnte es sein. Vielleicht sind es die Fasern eines PRADA-Pullis. Oder einer Barbour-Jacke. Was auch immer. Ich werde das Rätsel nicht lösen. Und bleibe eine weitere Nacht im Knast.

Kapitel 36

Acht Tage sind um und ich bin immer noch im Knast. Mein Vater hat frische Kleidung und Wäsche für mich abgeben lassen. Ich bin froh, dass ich ihn nicht sehen muss. Jeden Morgen um sechs Uhr geht die Zellentür auf, ein JVA-Beamter macht die Lebendkontrolle und reicht ein Frühstück rein. Mittags gibt's wieder Essen, dann Sammeln im Innenhof, Spazierengehen um das winzige Basketballfeld. Freistunde im Gemeinschaftsraum, im Fernsehen immer wieder Berichte über den Mord an Nils P. Olga wurde vorgestern aus der Haft entlassen. Offenbar konnte ihr Anwalt die Steuersache klären. Du bist meine Heldin, sagt Olga zum Abschied und drückt mich an ihren Silikonbusen. Wie oft soll ich es dir noch sagen, seufze ich, ich habe Nils P. nicht umgebracht. Das ist schade, sagt Olga, dann sei es wohl definitiv ein Freier gewesen. Ich denke nicht, dass Nils P. einen Freier hatte, sage ich. Jeder TV-Fuzzi hat Freier, lacht Olga, ich solle nicht so naiv sein. Dann ging sie und warf mir noch einen Kuss zu.

Heute ist wieder meine Strafverteidigerin da. Sie habe einen Antrag auf Haftprüfung gestellt, erklärt sie mir, aber leider gebe es weiter keine neuen Ermittlungsergebnisse. Feinde habe Nils P. zweifellos eine Menge gehabt, allein die vielen Reality-Sternchen, die er über die Jahre veräppelt habe, aber neue Erkenntnisse gebe es keine.

Sie sieht mich an.

»Übrigens, es gab wieder Post.«

»Tatsächlich?«

Sie mustert mich durch ihre Brille. Sie will herausfinden, ob ich irgendeine Reaktion zeige. Aber den Gefallen tue ich ihr nicht. Meine Strafverteidigerin ist schlau. Ich glaube, sie hat schon viel gesehen, und eigentlich kann ihr keiner was vormachen. Ich bin mir sicher, sie weiß, dass ich ihr nicht alles sage.

»Ja. Diesmal ist es eine Postkarte, wieder ohne Absender, an Sie adressiert.«

»Und was ist drauf?«

»Ein Foto von Ihnen. Sie sitzen im Bikini im Sand am Meer. Mit irgendeinem Cocktail in der Hand. Und Sie tragen einen Sonnenhut.«

»Einen Sonnenhut?«

»Ja, so einen geflochtenen, ziemlich breit. Und auf diesem Sonnenhut ist vorne ein Buchstabe.«

»Ein Buchstabe?«

»Ja, ein aufgestickter.«

Meine Strafverteidigerin versucht mich zu testen, schon klar. Aber diesmal habe ich wirklich keine Ahnung. Ich zucke die Schultern.

»Ein großes T.«

Ich schaue sie ungläubig an.

Natürlich weiß ich, wofür »T« steht. Für Tessa.

»Waren Sie in letzter Zeit im Urlaub und haben so einen Sonnenhut getragen?«, will meine Strafverteidigerin wissen.

»Das kann schon sein. Aber wann und wie, keine Ahnung.«

»Und Sie wissen wieder nicht, wer Ihnen die Karte geschickt haben könnte?«

Ich schüttle den Kopf.

Meine Strafverteidigerin seufzt.

Sie klappt die Mandantenmappe vor sich zu, hebt ihre schwarze Aktentasche vom Boden hoch und steckt die Mappe hinein.

»Na dann«, sagt sie und steht auf.

»Übrigens. Ich weiß, das dürfte jetzt kein großer Trost für Sie sein. Aber ich habe heute Morgen auf Ihre Instagram-Seite geschaut.«

»Gab es einen neuen Post?«

Sie sieht mich verwirrt an.

»Nein. Wie sollte es? Sie haben hier doch kein Internet?«

Ich nicke.

»Aber Ihre Follower-Zahl, die hat sich verändert.«

Mit ihren fünfzig Jahren und ihrem angesehenen, gut bezahlten Job dürfte meine Strafverteidigerin wenig Interesse am Social-Media-Business haben, trotzdem scheint sie beeindruckt.

»Fast eine Million Follower.«

»Schau an«, sage ich.

»Sie sind jetzt ziemlich berühmt.«

Meine Strafverteidigerin mustert mich.

Und seufzt noch einmal.

»Ganz ehrlich. Ich wünsche Ihnen, dass wir Sie hier rauskriegen. Sie sind nicht der Typ Mörderin. Und jetzt, wo die ganze Nation Sie kennt, da wär's schon irgendwie schade, nichts draus zu machen.«

Was für ein Satz. Meine Strafverteidigerin ist längst gegangen, aber der Satz geht mir immer noch durch den Kopf. Genau wie das Foto von mir am Strand mit einem »T« auf dem Sonnenhut. Ich besitze überhaupt gar keinen Sonnenhut. Erst recht keinen mit einem »T« darauf. Aber die Realität hat Tessa ja nie interessiert. Ich merke, dass ich lächle. Ich bin quasi am Dauerlächeln. Es sieht sicher total bescheuert aus. Ich lächle während des gesamten Spaziergangs im Innenhof, und auch danach noch im Gemeinschaftsraum, wo ich mir ein paar Kippen kaufe.

»Gute Laune?«, fragt eine Mitgefangene.

»Und wie!«, sage ich, während ich die Boulevard-Zeitung aufblättere, die als Lesestoff für die U-Häftlinge auf dem Tisch ausliegt.

Auf er Titelseite prangt ein Foto von Olga. Da schau an, Olga hat nicht übertrieben. Sie ist eine von Deutschlands erfolgreichsten Rapperinnen, Nummer Eins-Hits sogar im Ausland, berühmt für ihren freizügigen Look, ihr nicht gerade dezent operiertes Gesicht und ihre Po-Implantate. Offenbar hat Olga der Zeitung gestern ein Interview gegeben. Und darin geht es auch um Herrn P.. Ein riesiges Arschloch sei dieser gewesen, recht geschehe es ihm, ums Eck gebracht worden zu sein, unzählige, unschuldige Frauen des Showgeschäfts kenne sie, die wegen ihm depressiv oder gar suizidal geworden seien, ihre Freundin Xenia S., die habe er mit der Bezeichnung »Tittenursel« definitiv in die Psychiatrie getrieben, Nils P., ein frauenverachtendes Monster. Und LOTTE HOHEN-FELD? Eine tolle Frau, das könne sie persönlich bezeugen, ganz ehrlich, selbst sollte sie's gewesen sein, nichts anderes als eine Jeanne d'Arc der Frauenbewegung mache das aus ihr. Im Kampf gegen das Patriarchat müsse man ganz neue Wege einschlagen.

Ach herrje, denke ich, was soll das heißen? Erstaunlich, dass so was gedruckt wird.

Abends in meiner Zelle liege ich wach.

Ich denke an das Foto mit dem Sonnenhut. An Tessa. An meine Strafverteidigerin.

Und bevor ich irgendwann einschlafe, merke ich, dass ich schon wieder am Lächeln bin.

Es wird alles gut.

Ein Masterplan ist hier am Werk. Ich weiß es.

Ich kenne den Plan nicht und irgendwie macht alles wenig Sinn. Aber ist das nicht das Merkmal der genialsten Pläne überhaupt? Völlige Undurchschaubarkeit. Würde der Teufel sich in die Karten schauen lassen? Niemals.

Tessa ist der Teufel. Ich erinnere mich an die Bar in Pankow damals, als wir uns begegneten. Ich sehe sie vor mir, wie sie auf der anderen Seite der Bar steht in ihrer Lederjacke mit dem blau-weißen

Hemd darunter. Mit ihrem Drink in der Hand und wie sie zu mir rüberschaut mit ihrem dunklen, rätselhaften Blick. Und jetzt weiß ich auch wieder, was ich damals dachte. Nämlich, dass ich niemals zuvor in meinem Leben eine attraktivere Person gesehen habe. Ja, so ist es wohl. Eigentlich war es mir die ganze Zeit klar. Nur irgendwie wollte ich es nicht wahrhaben. Es war die Furcht vorm Teufel, warum ich es mir nicht eingestanden habe. Den Teufel kann man nicht bezwingen. Aber man kann mit ihm ins Bett gehen. Vom Teufel gibt es keine Fotos im Netz, der Teufel lässt sich nicht googeln, man kommt ihm nicht auf die Schliche und man wird ihn nicht durchschauen. Der Teufel macht was er will. Aber man kann, wenn man viel Glück hat wie ich, das Privileg haben, dass er einen mag. Auch der Teufel hat Gefühle. Dann bringt er sogar Hühnersuppe ans Bett.

Der Teufel kann ein kleiner Hacker sein und als Punk in einem Keller die ganze Welt ins Chaos stürzen. Aber was ist das Chaos schon? Chaos ist das Leben. Jawohl, das pure Leben, das echte Leben, das Leben, das lohnt. Ohne den Teufel ist nichts los, der Teufel ist ein Macher, bei ihm gibt's keine Harmonie, keine Trivialität, keine Ödnis und keine Langeweile. Meine Güte. Liefert der Teufel gar am Ende den Beweis, dass es einen Jesus geben muss? Einen phlegmatischen Spießer in Feinrippunterwäsche vorm Rosamunde Pilcher-Programm.

In der Nacht habe ich einen Traum. Wie ich aus dem Haupteingang des JVA-Gebäues trete, am Himmel hängen Wolken, darüber die Sonne. Vogelgezwitscher ist zu hören, und ich schreite hocherhobenen Hauptes die grauen Treppenstufen hinunter in die Freiheit. Rechts neben mir meine Strafverteidigerin mit ihrer Aktentasche, links neben mir Tessa. Mit ihrer schwarzen Lederjacke und dem blau-weißen Ringelshirt.

Beide lächeln zufrieden.

314

Kapitel 37

Eigentlich ist fast alles gesagt. Nur dass mein Auszug aus dem JVA-Gebäude, der am darauffolgenden Nachmittag stattfindet, sich dann doch etwas anders gestaltet. Aber immerhin. Mein Traum hat die grundsätzliche Stimmung schon recht treffend eingefangen.

Kurz nach dem Mittagessen, als die U-Häftlinge wieder in ihre Zellen geführt werden, winken mich zwei Beamte raus. Ich werde zu einem Besucherraum begleitet, in dem meine Strafverteidigerin wartet. Sie war immer schick angezogen, aber diesmal hat sie noch eins draufgelegt: ein elegantes Kostüm in Azurblau, hohe beige Pumps, farblich passendes HERMES-Tüchlein, dazu top geschminkt mit richtig viel rotem Lipgloss. Meine Güte, irgendetwas muss vorgefallen sein.

Was sich als richtige Einschätzung erweist.

Ein Hinweis aus anonymer, jedoch vertrauenswürdiger Quelle ist eingegangen, und zwar bereits gestern. Die Staatsanwaltschaft wurde informiert, dass sich im Loft von Nils P. eine Überwachungskamera befinde. Und zwar oben an einem der Stahlrohre unter der Decke. Vermutlich von Nils P. selbst angebracht, genau ließ sich das nicht nachvollziehen. Dem Hinweis wurde nachgegangen. Und tatsächlich. Man fand die Kamera, montierte sie ab und ließ sie von Experten auswerten. Die Aufzeichnungen legten in guter Auflösung alles offen, was sich im Loft von Herrn P. während der letzten vier Wochen zugetragen hatte. Inklusive am Abend, als er ermordet wurde.

Der Täter steht fest: es ist Jan S.

Bei seiner Festnahme kurze Zeit später leistete Jan S. keinen Widerstand.

Kaum zu glauben. Der sympathische Jan S., der Herrn P. nicht nur ähnlichsah, sondern auch im gleichen Metier, nämlich der TV-Moderation, tätig war. Allerdings weit weniger erfolgreich.

Der ewig Zweite, der vom Glück Ungeküsste, der äußerst fähige Moderator, der doch nie auch nur ansatzweise in die Top-Liga von Nils P. hatte aufsteigen können. Die Aufnahmen sind beweistauglich, sie lassen keine Zweifel. Ein Mord aus Eifersucht.

Meine Strafverteidigerin ist hochzufrieden. Sie strahlt richtig. Ein großer Tag, nicht nur für mich, sondern auch für sie.

Die Presse wurde bereits informiert.

Meiner Haftentlassung steht nichts entgegen.

Ich kann raus.

Meine Strafverteidigerin umarmt mich. Dann nimmt sie mich zur Seite. Und gibt mir einen Umschlag.

»Neue Post für mich?«, frage ich.

»So ist es«, sagt sie, »und diesmal darf ich sie übergeben.«

Der Umschlag ist recht groß, ich glaube, es ist DIN A3-Format, und jemand hat darauf mit schwarzem Stift meinen Namen geschrieben. Die Schrift kenne ich.

Ich öffne den Umschlag und ziehe den Inhalt hervor.

Es handelt sich um eine Maske. Sie besteht aus einem bedruckten Plastikmaterial und ist an einem dünnen Stiel aus Holz befestigt. Und diese Maske zeigt mich. Das Gesicht von LOTTE HO-HENFELD, so wie es auf der LOTTE HOHENFELD-Homepage zu finden ist, mein interaktives KI-Gesicht, das reagiert, wenn man es anklickt. Mein Gesicht schaut mich an, das rechte Auge dabei zugekniffen. Als würde LOTTE HOHENFELD mir just in diesem Moment verschmitzt lächelnd zuzwinkern.

Ich greife den Holzstiel und hebe die Maske vor mein Gesicht.

Meine Strafverteidigerin tritt einen Schritt zurück, um meinen Anblick zu würdigen.

»Einfach genial!«, ist ihr einziger Kommentar.

Etwa eine halbe Stunde später trete ich aus dem Haupteingang des JVA-Gebäudes. Neben mir meine Strafverteidigerin in ihrem azurblauen Kostüm. Vor uns und hinter uns mehrere Polizisten als Begleitung und Schutz. Vor dem Treppenaufgang wartet ein riesiger Pulk von Leuten. Es scheinen Presseleute zu sein, aber auch normale Leute, alle möglichen Leute, die alle irgendwas rufen, meinen Namen vor allem, dazwischen lautes Geklatsche, Jubeln und Kamerablitzen.

Irgendwie fühle ich mich wie im Film. Aber nicht wie in irgendeinem Gerichtsdrama, sondern wie in *Notting Hill*, der romantischen Komödie. Definitiv der beste Film aller Zeiten, oder nicht? Mit dem schönsten Soundtrack überhaupt. Und ganz am Ende in der Schlussszene, wenn sich wider Erwarten alles zum Guten gewendet hat, wenn sie, der internationale Filmstar, ihn, den unbekannten, schüchternen Buchhändler aus Notting Hill doch noch erhört hat und künftig ihr Leben mit ihm fernab vom Hollywood-Glitzer verbringen wird, läuft *She* gesungen von Elvis Costello. Dazu Julia Roberts glückliches Strahlen in Großaufnahme. Jaja, ich weiß schon, dass ich nicht Julia Roberts bin.

Am Himmel hängen Wolken, darüber die Sonne.

Aber so genau sehe ich das alles nicht.

Denn vor mein Gesicht halte ich meine Maske.

Die Maske ist ein Stückchen größer als mein Gesicht, sie verdeckt mein Gesicht komplett. Niemand kann mich erkennen.

Und das ist gut so.

Langsam schreiten wir die Treppe hinunter, einer der Polizisten umfasst meinen Oberarm um mich zu stützen, sein Griff ist fest, aber gleichzeitig fürsorglich, er will nicht, dass ich stürze, mit dem anderen Arm drängt er einen Reporter zur Seite. Neugierige Fragen schwirren durch die Luft, Gejubel in meinen Ohren, immer wieder mein Name, irgendwoher eine hohe Stimme, ich glaube es ist die von Olga, vielleicht irre ich mich aber auch.

LOTTE HOHENFLED ist zurück.

Aber ich bin einfach nicht da.

Wie sagte Tessa noch? Nur Aufmerksamkeit hat noch einen Wert. So reich wie heute war ich noch nie.

Aber ich bin einfach nicht da.

Ich blicke in die dunkle Rückseite meiner Maske. Mensch, Lotte, denke ich und merke, dass ich dabei anerkennend lächle, du bist echt eine Nummer, mit dir kann man arbeiten, du hast das Spielchen drauf.

Und während LOTTE HOHENFELDs Gesicht der Menge vor sich verschmitzt lächelnd zuzwinkert, lasse ich sie einfach machen. Ganz ehrlich, sie kann machen was sie will, und ich schließe hinter ihr einfach meine Augen.

Ich denke an Adele, wie sie von Gischt und Meerwasser umspült am Strand von Bali im Sand liegt. Ihr blasses Gesicht mit den geschlossenen Augen sieht irgendwie friedlich und wunderschön aus. Ich denke an Daniela und ihre abgewetzten Hasenhausschuhe; an Lorenzos prachtvolle Locken, die so schön nach Flieder duften. An den geschändeten Plüschpanda mit dem riesigen Loch am Hintern. An Claudia, wie sie in ihrer Praxis ein Tänzchen für TikTok aufführt, als habe sie zehn Tüten Lachgas zum Frühstück inhaliert. An Kati, wie sie mich mit einer Mischung aus Fröhlichkeit und totaler Verzweiflung anlächelt, während ihre anorektischen Ärmchen kameratauglich Wasser aus einem Pool hochspritzen; ich denke an den Kuss mit dem Weltstar, sein schwitzendes Gesicht und seinen penetranten Zwiebelatem, der mich fast würgen ließ. An die verstrubbelten Haare von Nils P., an das nette Lächeln von Jan S., ich denke an meine Mutter und dass ich unbedingt auf mich achtgeben müsse.

Epilog

Wenn man aus dem Fenster blickt, muss man die Augen zusammenkneifen. Denn hinter den blauen Fensterläden und den bunten Blümchen, die ordentlich arrangiert aus dem länglichen Blumenkasten hervorsprießen, erstreckt sich reine Helligkeit. Ein Meer aus hellweißen, ja geradezu weiß geputzten kleinen Häusern, die meisten würfelförmig, dazwischen ein paar mit Dächern wie Halbkugeln, jede Halbkugel azurblau leuchtend. Ein weißes Häusermeer mit blauen Punkten, das sich an die Hänge unterhalb des Fensters schmiegt. Dahinter direkt das Meer, darüber der Himmel, mindestens ebenso azurblau. Hier scheint die Sonne, selbst wenn sie nicht scheint.

Gerade schaue ich nicht aus dem Fenster, denn ich liege in dem riesigen Himmelbett, das einen Großteil des Zimmers in Anspruch nimmt, mitten in einem weiteren Meer aus weißen und blauen Kissen. Azurblau, versteht sich.

Ein Frühstückstablett steht auf dem Bett. Die Gläser mit dem Orangensaft sind bereits leer, ebenso wie die Schalen mit dem geschnittenen Obst in Joghurt. Immerhin, ein paar Croissants sind noch da. Und etwas Kaffee. Vielleicht essen wir später weiter. Zeit haben wir ja genügend.

Die Tür geht auf und Tessa kommt rein. Sie trägt einen dieser typischen Fünf-Sterne-Hotel-Plüschbademäntel und grinst über das ganze Gesicht.

»Halt dich fest, sie sind da.«

»Was?«, frage ich.

»Na, die Belegexemplare.«

»Was? Jetzt schon?«

»Ja, ganz offenbar haben die im Verlag Gas gegeben. Der Erscheinungstermin soll jetzt schon im Juni sein, stand in dem Begleitbrief.«

»Das ist ja bald. War nicht August angesetzt?«

»Eigentlich schon. Ich könnte mir vorstellen, dass die schon vor der NETFLIX-Premiere mit dem Buch an den Markt wollen. Das hat bestimmt Marketinggründe.«

Tessa öffnet die Tür weit und schiebt mit dem rechten Fuß eine Kiste in den Raum. Pakete mit Büchern sind ja immer ganz schön schwer. Selbst wenn leichte Kost drin ist.

Tessa nimmt eins unserer Frühstücksmesser, öffnet damit den Paketverschluss, greift in die Kiste und zieht ein Buch raus.

Damit setzt sie sich neben mich aufs Bett.

Sie gibt mir einen Kuss.

»Eigentlich sollten wir erst Schampus besorgen«, sage ich.

»Soll ich bei der Hotelbar anrufen?«

»Ach geh, jetzt erstmal schauen.«

Tessa hält das Buch in der Hand, hält es so, dass wir es gemeinsam betrachten können.

Geiler Umschlag schon mal. Genauso wie ich es wollte. In kräftigem DeepPink mit gelbem Lichtkegel. Das Buch hat ein handliches Format, rund dreihundert Seiten. Ideal, das liest man so weg. Kein schwerer Wälzer, kein überfrachteter Mist.

»Ich liebe ja den Titel«, sagt Tessa.

»Der ist echt super«, sage ich.

Tessa lächelt.

»Gut, dass das Lottchen endlich mal auf mich gehört hat.«

Ich betrachte die in Großbuchstaben gedruckten Worte.

Und grinse.

»Ganz ehrlich, da könnte noch ein weiteres FUCK rein.«

– ENDE –

Anhang

Inspiration und Playlist zum vorliegenden Roman:

Erasure: Oh L'Amour (1986)
Milli Vanilli: Girl You Know It's True (1988)
The Weeknd: Can't Feel My Face (2015)
Madonna: Like a virgin (1984)
Sabrina Setlur: Du liebst mich nicht (1997)
Culture Beat: Mr. Vain (1993)
Lützenkirchen: 3 Tage wach (2008)
Paolo Conte/Adriano Celentano: Azzuro (1968)
Lionel Richie: Ballerina Girl (1986)
Charles Aznavour: Hier encore (1964)
Roberto Blanco: Ein bisschen Spass muss sein (1973)
The Beatles: Let It Be (1970)
Elvis Costello: She (1999)

»Am Tag, als Janis Joplin starb, unterschrieb mein Vater den Kaufvertrag für unser Reihenhaus. Er legte so den Grundstein dafür, dass eine große Liebe zu einer Gütergemeinschaft verkam.«

»Es gibt Bücher, die sind so gelungen, das man sie kaum aus der Hand legen mag – es sei denn, um sich die Lachtränen abzuwischen. Frank Jöricke ist mit seinem Erstling ein derartiges Kunstwerk gelungen.«

Badisches Tagblatt

Frank Jöricke:
Mein liebestoller Onkel, mein kleinkrimineller Vetter und der Rest der Bagage
Münster: Solibro Verlag 2010
[cabrio Bd. 2]
ISBN 978-3-932927-36-2
Broschur • 256 Seiten
eBook: eISBN 978-3-932927-53-9

mehr Infos & Leseproben:
www.solibro.de

»Es erinnert ein
wenig an **Bridget
Jones** und ihre
Turbulenzen,
aber die Pointen
sind noch viel
schärfer.«

kues.de

Bea hat einen Plan: Die
ganz knapp nicht mehr
Enddreißigerin, setzt sich
das Ziel, so viele Frösche
zu küssen, bis endlich der
richtige Mann dabei ist.

Yvonne de Bark
1001 Date. Roman
Münster: Solibro Verlag 2017
[amora Bd. 2]
ISBN 978-3-96079-017-4
Broschur • 240 Seiten
als eBook:
eISBN 978-3-96079-018-1
als Download-Hörbuch:
eISBN 978-3-96079-019-8
gelesen von der Autorin

mehr **Infos & Leseproben:**
www.solibro.de

»Das ist
moderner
Widerstand.«

»Also, auf die
Straße zu gehen
halten Sie für
altbacken?«

»Was sollen wir
denn tun? Uns
auf der Straße
festkleben?«

solibro

2023 im geteilten
Deutschland. Der
Widerstand in der DDR
findet nicht mehr auf
der Straße statt,
sondern im Netz.

»Auf geschickte Weise
lässt Kreymeier die geteilte
Vergangenheit Deutschlands
und Phänomene der
Gegenwart miteinander
verschmelzen.«

Rheinische Post

Holger Kreymeier:
Hashtag #DDR. Roman
Münster: Solibro Verlag 2023
[subkutan Bd. 11]
ISBN 978-3-96079-108-9
Klappenbroschur • 304 Seiten
E-Book: eISBN 978-3-96079-109-6

»Lakonisch,
eindringlich,
messerscharf:
Hans-Hermann
Sprado dürfte mit
›Tod auf der
Fashion Week‹
schwer in Mode
kommen.«

Frank Schätzing

Der Tod eines Supermodels
während der New Yorker Fashion Week und eine Serie mys-
teriöser Morde an Prominenten
rufen den deutschen Reporter
Mike Mammen auf den Plan.

Nach **Risse im Ruhm** recherchiert Mammen nun in der
Glitzerwelt des internationalen
Fashion Business. Er stößt dabei
auf die tragische Liebesge-
schichte eines Supermodels und
verstörende Voodoo-Rituale.

Hans-Hermann Sprado:
**Tod auf der Fashion Week.
Roman.**
Münster: Solibro Verlag 2022
[subkutan Bd. 2]
ISBN 978-3-96079-006-8
Broschur • 384 Seiten
eBook: eISBN 978-3-932927-68-3

mehr Infos & Leseproben:
www.solibro.de

»Sehnen ist
nicht Mangel –
das Ende des
Sehnens ist
Mangel.«

BETTINA
STEINBAUER

ZWEI IM SINN

ROMAN

solibro

»... das Buch ist ein
subtiles Psychogramm
einer Frau zwischen
erotischer Verwirrung
und erbarmungsloser
Selbstanalyse, also
kein happy end, aber
trotzdem ein Bekenntnis
zu Sinnlichkeit und
Liebe – ein tolles
Debüt.«

Dr. Paul Kersten in:
**NDR Fernsehen,
Kulturjournal**

Bettina Steinbauer:
Zwei im Sinn
Solibro Verlag 2008
[solibro literatur Bd. 1]
ISBN 978-3-932927-40-9
Gebunden mit SU • 272 Seitenals
eBook:
eISBN 978-3-932927-69-0

mehr Infos & Leseproben:
www.solibro.de

»Liebe. Ich
scheue diese
fünf Buchstaben.
Wenn es Liebe
war, wäre nichts
Größeres mehr
vorstellbar.«

»Ein kluges Psychogramm
voller Ambivalenz und
messerscharfer Dialoge!«

Emotion

Elsa, Anfang 40, stellt
unbequeme Fragen. Denn:
»Ich warte noch immer auf
Wesentliches. Auf einen
Kern, etwas Radikales, das
mich zutiefst irritiert.«

Vergeblich hält sie
Ausschau nach einem
Mann, der ihren Fragen
nicht ausweicht. Stattdessen
findet sie Männer mit
Hobbys ...

Bettina Steinbauer:
**Das Unbehagen der Elsa
Brandt**
Solibro Verlag 2015
[solibro literatur Bd. 2]
ISBN 978-3-932927-93-5
Gebunden mit SU • 224 Seiten
als eBook:
eISBN 978-3-932927-94-2

mehr Infos & Leseproben:
www.solibro.de